基金项目：江苏省政策引导类计划（软科学研究）资助项目（编号：BR2021007）；2022年江苏高校"青蓝工程"资助；苏南资本市场研究中心资助项目（编号：2017ZSJD020）。

创新空间与产品空间

汪小龙　著

吉林大学出版社

·长春·

图书在版编目（CIP）数据

创新空间与产品空间 / 汪小龙著. -- 长春：吉林大学出版社，2022.10
ISBN 978-7-5768-0936-7

Ⅰ.①创… Ⅱ.①汪… Ⅲ.①产业结构优化-研究-中国 Ⅳ.①F121.3

中国版本图书馆CIP数据核字（2022）第208977号

创新空间与产品空间
CHUANGXIN KONGJIAN YU CHANPIN KONGJIAN

作　　者	汪小龙
策划编辑	吴亚杰
责任编辑	吴亚杰
责任校对	单海霞
装帧设计	崔　威
出版发行	吉林大学出版社
社　　址	长春市人民大街4059号
邮政编码	130021
发行电话	0431-89580028/29/21
网　　址	http://www.jlup.com.cn
电子邮箱	jldxcbs@sina.com
印　　刷	三河市九洲财鑫印刷有限公司
开　　本	787mm×1092mm　　　　1/16
印　　张	13
字　　数	250千字
版　　次	2022年10月　第1版
印　　次	2023年1月　第1次
书　　号	ISBN 978-7-5768-0936-7
定　　价	88.00元

版权所有　翻印必究

前　言

　　创新空间与产品空间成为推动国家经济增长的重要因素。创新空间是对区域内技术和管理创新能力的量化，创新空间理论是关于产业技术、管理、创新集中程度的一种理论，这一理论以古典经济学的分工为核心，对产业集群的产生进行解释，假定纵向分工和产业组织的关系是相互的，一方面在某一地区形成经济集聚的网络经济分工（如硅谷），另一方面，这些区域生产系统促进了生产和劳动的进一步分工。外部规模经济和范围经济可促进这一过程，新技术的出现特别是柔性生产技术进一步促进了企业与当地的劳动力市场和制度间的交流。创新空间部分可以直接地体现为国家经济的增长，例如专利权使用、转让获益，效率的提高带来生产成本的降低以及就业率的提高带来生产总量的增加等。

　　但是，创新空间促进经济增长，更多的是通过优化产业结构和提高产品空间能力进行的，例如国家产业结构从价值链低端向高端转移、增加产品复杂度、将产品沿着比较优势和产品邻近的方向向产品空间中心转移以及实现低碳、绿色产业经济等。产品空间理论最早由哈佛大学教授团队提出，其核心观点认为产品空间具有"先发优势"，较早进行技术创新型产业布局的国家将产生核心竞争能力，而且，部分产业具有"资源诅咒效应"且无法向其他产业进行转移。此外，产业迁移路径除遵循"资源禀赋效应"外，还服从政府资源配置能力。这一理论为产品空间与创新空间的理论交叉提供了研究空间，意味着政府可以通过提升创新空间能力，进而优化产品空间结构，达到促进国家经济增长的目的。

本书从创新空间和产品空间的视角，基于世界银行和哈佛大学Atlas数据库的199个经济体1995—2019年经济运行数据，探讨了以下几方面的内容：

首先是创新空间方面，1995年技术创新和政府效率对2019年经济增长具有正相关关系；对外投资、税收政策、城镇化、基础设施建设、就业率、净移民、教育水平、碳排放、实际利率和政策安全指数对人均国民收入和国内生产总值具有显著性。洲别、政体形式和贝叶斯分组数据显示，城镇化和基础设施建设在所有类别中具有正向关系。通过熵值法构建国家创新空间指数，实证对经济增长为倒U形关系，发达经济体和最不发达经济体分别具有"转移效应"和"起点效应"。

其次是产品空间方面，产品空间要素促进经济增长存在"资源诅咒"现象，纺织类、农业类、钻石类和电子类产品比较优势度与经济增长呈负相关关系，矿产类产品与经济增长为正U形结构，相关系数为负，曲率为正。金属类、化工类、汽车类、设备类产品比较优势度、经济复杂度和产品邻近度对经济增长有正向促进作用。经济体按洲别、经济周期、发展程度和资源密集类型进行分组检验，产品空间转移基本遵循资源禀赋路径，但政策引导产品空间向中心区域和产品邻近度高的区域适度偏离形成最优经济性。

再次是中介效应研究方面，理论上，创新空间可以通过提升产品空间，赋能经济高质量发展。实证上，创新空间显著促进了高质量发展，这一结论在进行产品空间中介变量和分组检验等稳健性检验后仍然成立，作用机制的分析显示，产品空间是创新空间释放经济高质量发展红利的重要机制。通过多元二次回归模型发现，创新空间的积极影响存在"边际效应"非直线性递增以及空间溢出的特点，产品创新与资源配置创新对经济增长具有倒U形关系，技术创新、市场创新和组织创新具有直线型的正向关系。

前言

最后是作用机制案例研究方面。韩国最大的商品出口是高度复杂的产品，即电子产品和机械，基于半导体产业的产品比较优势度，在经济复杂度最复杂的国家中排名第四位，展望未来，韩国将利用其现有的专业知识，利用许多机会实现生产多元化。韩国的收入水平比预期的要复杂。因此，其经济预计将温和增长。美国因其半导体产品出口多元化程度降低，美国自2004年以来增加了5种新产品，这些产品在2019年为人均收入贡献了263美元。美国的多元化产品太少，无法促进收入的大幅增长，因此，其经济预计将缓慢增长。中国是一个中上收入国家，过去5年人均国内生产总值依赖半导体类产业的发展稳定提升，经济复杂度在过去5年中，上升了10位，位列第16位。中国将利用其现有半导体技术，利用许多机会实现生产多元化，中国在过去5年中新增了54项新产品，因此，预计未来十年其经济将以每年6.2%的速度快速增长。

本书不足之处，祈请读者和专家批评指正。

2022年6月

目 录

第一章 绪论 ·· 001
 一、研究背景与意义 ·· 001
 二、研究方法 ·· 005
 三、本书的分析框架 ·· 011
 四、本书的创新点 ·· 016
 五、本章小结 ·· 017

第二章 理论及文献综述 ·· 019
 一、经济增长理论 ·· 019
 二、文献综述 ·· 029
 三、经济体分组定义界定 ··· 037
 四、本章小结 ·· 044

第三章 创新空间、产品空间与经济增长关系的实证研究 ·········· 045
 一、创新空间与经济增长关系的实证研究 ······················· 045
 二、产品空间与经济增长关系的实证研究 ······················· 064
 三、创新空间、产品空间与经济增长分位数回归检验 ····· 073
 四、本章小结 ·· 092

第四章 结果分析与稳健性检验 ·· 094
 一、描述性统计 ·· 094
 二、主效应与稳健性分析 ··· 097

四、中介效应分析 ………………………………………… 151
　　四、本章小结 ……………………………………………… 173
第五章　国家经济增长现状、成因与作用机制 …………………… 176
　　一、国家经济增长概况 …………………………………… 176
　　二、国家经济增长成因 …………………………………… 189
　　三、国家经济增长作用机制 ……………………………… 194
　　四、本章小结 ……………………………………………… 214
第六章　结论与展望 ………………………………………………… 216
　　一、研究结论 ……………………………………………… 216
　　二、对策建议 ……………………………………………… 221

参考文献 ……………………………………………………………… 223

后　记 ………………………………………………………………… 259

第一章 绪 论

一、研究背景与意义

（一）研究背景

自依据对比分析法研究资本与劳动对国家经济增长的影响以来，世界经济体为何呈现差异化增长的问题受到了广泛关注（Lewis等，1954；杨开忠，1994；Kanbur等，2005；姚枝仲，2014）。普遍观点认为，影响经济增长的因素除资金和人力外，还包括教育程度（孙冶方，1981）、城镇化（周一星，1982）、地理位置与发展阶段（魏后凯，1997）、移民与职业选择（Stark等，2002）、人力资本（Blanchard等，2003）、实际利率（Acemoglu等，2008）、税收政策（Paula等，2010）、技术创新（Connor等，2012）、政府效率（鲁桐等，2015）、外资吸引（肖文等，2014）、互联网建设（Chen等，2012）、社会公平（陈斌开等，2012）、绿色经济（李阳等，2014）以及出口贸易、军费支出、政府债务、政策开放程度等（林毅夫，2003；牛晓健，2009；夏诗园，2017；梁权熙2019）。

但是，多数研究基于静态视角，忽略了指标对经济增长的"先发优势"，得出的结论不能为未来国家经济增长布局提供借鉴。而且，此前研究基于单一指标或者单一经济体数据，并未形成融合多指标的分析框架，视角存在偏颇，甚至结论存在误读可能。尽管部分经济学家提出经济指标与经济增长的最优效应，比如劳动收入（龚刚，2010）、基尼系数（杨明海，2012）、政治关联性（袁建国，2015）和"中国特色腐败"（罗新远，2018）等的倒U形关系，但由于选取指标多为短时期区域性数据，可能存在样本选择偏差，因此，现有文献并未获得世界经济体各经济指标如何影响"国内生产总值GDP"和"人均国民收入GNI"的关系全貌。

技术创新是经济增长的微观基础，政府效率是影响经济增长的重要外部环境，二者共同构成了经济体的创新空间。创新空间提升后，转化为区域经济体的产品竞争能力提升。研究创新空间、产品空间对经济增长的影响具有现实必要性和重要性。尤其在当前全球新冠疫情冲击经济的大环境下，明确政府资源配置方向，提高资源配置效率，对于提升经济体经济增长具有重要意义。在理论方面，关于现有技术创新影响经济增长（Connor等，2012；林洲钰等，2014；易信等，2015；苏治等，2015；万建香等，2016）和政府效率影响经济增长（鲁桐等，2015；乔志程等，2018；梁权熙等，2019）的研究颇丰，论证视角逐渐从单一指标转向与市场环境、金融环境、法治环境、开放程度和政策稳定性的交互影响。

实践中，世界经济体对技术创新和政府效率促进经济增长开始关注。例如英国2019年《政府白皮书》强调发展3D打印、海底焊接和生物材料技术创新的同时，一改"不干预"的立场，突出政府在推动创新战略中的重要作用；美国2018年10月5日发布《先进制造业美国领导力战略》报告，提出了政府主导的新一轮科技创新计划；德国推出了《国家工业战略2030》，认为应当充分发挥政府对国家创新能力和竞争能力的促进作用。中国2019年《政府工作报告》强调要充分发挥创新第一动力、人才第一资源作用，加强国家创新能力建设，编制新一轮中长期科技发展规划，强调政府和企业的创新协同基础平台建设。上述理论和实践层面说明，研究技术创新与政府效率对经济增长的驱动影响和改善路径，将是未来一段时间内经济体可持续发展研究的重点。

尽管，自Simon（1984）基于世界生产总量数据评估人口增长率和劳动生产率对经济增长的影响，提出国家比较优势理论以来，经济学家围绕一国为何会获得经济增长的讨论从未停止过。比较优势理论能指出经济增长的来源，但是，仍不能解释为何相似资源禀赋的经济体，擅长生产的产品不同，以及这些产品结构应该如何升级以继续推动经济增长的问题。Hausmann和Klinger（2006）利用世界银行数据评估影响国家生产不同产品的要素指标，首次建立产品空间理论框架，引入"比较优势度RCA""产品邻近度PCI"和"经济复杂度ECI"指标。认为产品是一国资源禀赋的最终载体，能够反映不同经济体的经济发展水平和竞争能力。从产品角度观测产业转型升级，能够突破比较优势理论的静态观点，强调经济变迁的复杂性和动态性。Arnelyn Abdon和Jesus Felipe（2011）评估结构转型背景下的南部非洲经济发展，提出产业升级的异质性，认为升级路径需考虑历史、政策、国内和国外四个维度的因素。Jankowska（2012）对产品空间设计如何避免中等收入陷阱的作用机制展开研究，依据东亚与拉美国家出口数据，认为产品空间布局能力与合理的政策设计对产业升级有促进作用。中国对产品空间理论的研究也较为充分，认为产业升级潜力和推动地区产业升级中的作用并不完全相同，还取决于产业类型、技术关联程度、地理邻近度和产品空间初始外置等（张其仔，2014；贺灿飞等，2016；毛琦梁和王菲，2017；马海燕和于孟雨，2018；毛琦梁，2019）。因此，本书构建创新空间、产品空间对国家经济增长影响研究完整的分析框架，对于创新空间理论、产品空间理论和经济增长理论的发展起到一定的推动作用。

（二）研究意义

世界范围的学者普遍认为创新空间对国家经济增长影响重大，但研究结论见仁见智，百家争鸣。自梅农·戈登等（1991）首次运用动态购买力平价方法核算中国的国民生产总值以来，学者开始关注促进经济增长的指标体系研究，研究出现两个分支：

一方面是基于"优先顺序"的探讨。杨开忠（1994）提出国防目标等政府政策对经济的影响，开创性地提出了政府促进经济的视角。林洲钰等

（2014）认为技术创新表现出不随政府效率变化而变化的稳定性，对提高国家竞争力具有更优的正向作用。在"资源有限假说"的前提下，对经济体优先发展技术创新还是政府效率，经济学界仍存争议。对此，部分学者支持"技术创新优先"（易信等，2015），而部分学者支持建设"效率型政府"（马卫等，2019）。

另一方面是基于"正负效应"的探讨。唐未兵等（2014）运用GMM方法实证了中国技术引进对经济增长短期有利，中长期抑制国家经济增长。袁建国等（2015）提出政府关系"资源诅咒"学说，认为执政党政治关联会弱化技术创新和业绩敏感性，进而对经营增长产生抑制作用。进一步说，上述研究未能列出世界范围的经济增长数据，技术创新与政府效率促进国家经济增长的结论不具有全球普遍性价值。另外，当前阶段关于国家经济增长模式异质性的文献多利用分样本估计和门限回归技术手段，无法避免先验主义的主观性和样本选择的偏差性问题。

产品空间理论指出了产品空间结构特征决定比较优势演化路径，进而影响经济体经济增长的作用机制。刘守英和杨继东（2019）形象地比喻这一机制为"猴子跳树"理论。经济增长的过程就像猴子从贫瘠的产品森林跳向富饶的产品森林的过程，而将其中的"比较优势度"比喻成猴子跳跃的能力，将"产品邻近度"比喻为树木的远近程度，"经济复杂度"比喻为现有森林对其他森林的增益程度。比喻形象地说明了因素之间的相互关系，但是，忽略了不同产品空间的树木"茂密程度"对经济增长的影响程度是不同的，甚至，某些产品空间的"茂密程度"与经济增长的关系为显著负向关系。尽管，后期经济学者补充研究了产品密度（刘威，2020）、资源型行业（张丽和盖国风，2020），以及资源依赖程度（熊若愚和吴俊培，2020；海琴和高启杰，2020）的不同，产品空间要素对经济增长的作用有所区别，但是，数据选取以中国省级为样本，时间跨度多为2004—2017年，可能存在数据样本选择偏差的问题，并且，并未计量产品空间中的9个大类产品不同的比较优势度，部分研究对技术复杂度和经济复杂度的概念界定也存在混同的问题。

全球经济一体化程度日益加深，经济体日益积极发挥政府产业政策引导作用和提高资源禀赋能力扩大出口优势，发展本国经济。在新的经济形势下，特别是近期全球新冠疫情对经济的抑制作用下，如何在外部市场萎缩的情况下，通过内循环、外循环两种手段促进国家经济增长成为重要的议题。内循环强调创新空间要素对经济增长的作用，强调促进生产要素在生产、分配、流通和消费环境的经济利益最大化、包括劳动资源、科技创新资源、金融市场资源、税收政策资源等。最早提出生产要素促进经济增长的中外学者分别是Lewis，S. A.（1954）和孙冶方（1981），认为劳动需求和资本需求富有价格弹性，以及教育水平是推动经济增长的重要因素。外循环强调产品空间要素促进经济增长的影响，认为提高产品出口复杂度、经济复杂度和产品邻近度的方式能够提高产品国际竞争能力，进而促进经济增长。王直等（1997）利用世界银行数据，实证劳动密集型产品在人口红利国家能够从扩大出口中促使国家经济增长，而且是实现工业化的关键步骤。

二、研究方法

（一）逐步回归法

逐步回归（stepwise regression，SR）是将变量逐个引入模型，每引入一个解释变量后都要进行F检验，并对已经选入的解释变量逐个进行t检验，当原来引入的解释变量由于后面解释变量的引入变得不再显著时，则将其删除。以确保每次引入新的变量之前回归方程中只包含显著性变量。这是一个反复的过程，直到既没有显著的解释变量选入回归方程，也没有不显著的解释变量从回归方程中剔除为止，以保证最后所得到的解释变量集是最优的。依据上述思想，可利用逐步回归筛选并剔除引起多重共线性的变量。

其具体步骤如下：先用被解释变量对每一个所考虑的解释变量做简单回归，然后以对被解释变量贡献最大的解释变量所对应的回归方程为基础，再逐步引入其余解释变量。经过逐步回归，使得最后保留在模型中的解释变量既是重要的，又没有严重多重共线性。逐步回归分析的实施过程是每一步都要对已引入回归方程的变量计算其偏回归平方，然后选一个偏回归平方和最小的变量，在预先给定的水平下进行显著性检验，若显著，则该变量不必从回归方程中剔除，这时方程中其他几个变量也都不需要剔除。相反，如果不显著，则该变量需要剔除，然后按偏回归平方和由小到大地依次对方程中其他变量进行检验。

（二）后向回归法

向后选择法（backward elimination，BE）也称向后剔除法、向后消元法，是一种回归模型的自变量选择方法，其过程与向前选择法相反：首先将全部自变量都选入模型，然后对各个自变量进行偏F检验，将最小的F值记为"FL"，与预先规定的显著性水平"F0"进行比较，若FL<F0，就剔除该变量，将余下的变量重新拟合回归模型，重复上述步骤，直到模型中所有自变量都不能剔除为止。从所有变量一次加入回归方程开始，然后按顺序剔除对回归方程影响不显著的变量。换言之，一个备选自变量如果与因变量的偏相关系数是最小的，且其F值小于"剔出标准"，则被剔出模型。下一个被剔出模型的自变量是在剩余的自变量中偏相关系数最小，且其F值小于"剔出标准"的备选自变量。这种迭代过程一直进行下去，直到再也没有备选自变量符合"剔出标准"为止，一旦一个变量被从模型中剔出，它就不能在下一步再重新进入模型。

具体过程如下：先对因变量拟合包括所有k个自变量的线性回归模型。然后考察p（$p<k$）个去掉一个自变量的模型，这些模型中的每一个都有$k-1$个自变量，使模型的SSE值减小最少的自变量被挑选出来并从模型中剔除。然后，考察$p-1$个再去掉一个自变量的模型，这些模型中的每一个都有$k-2$

个自变量，使模型的"SSE值"减小最少的自变量被挑选出来并从模型中剔除。如此反复进行，一直将自变量从模型中剔除，直至剔除一个自变量不会使SSE显著减小为止。这时，模型中所剩的自变量都是显著的。上述过程可以通过F检验的P值来判断。

（三）贝叶斯分类法

贝叶斯分类算法（Naïve Bayes，NB）亦称为贝叶斯定理，是统计学的一种分类方法，它是一类利用概率统计知识进行分类的算法。在许多场合，朴素贝叶斯分类算法可以与决策树和神经网络分类算法相媲美，该算法能运用到大型数据库中，而且方法简单、分类准确率高、速度快。这个定理解决了现实生活里经常遇到的问题：已知某条件概率，如何得到两个事件交换后的概率，也就是在已知$P(A|B)$的情况下如何求得$P(B|A)$。$P(A|B)$表示事件B已经发生的前提下，事件A发生的概率，叫做事件B发生下事件A的条件概率。贝叶斯定理之所以有用，是因为我们在生活中经常遇到这种情况：我们可以很容易直接得出$P(A|B)$，$P(B|A)$则很难直接得出，但我们更关心$P(B|A)$，贝叶斯定理就为我们打通从$P(A|B)$获得$P(B|A)$的道路。

（四）熵值法

熵值法（the entropy method，EWM）是指用来判断某个指标的离散程度的数学方法。离散程度越大，该指标对综合评价的影响越大。可以用熵值判断某个指标的离散程度。在信息论中，熵是对不确定性的一种度量。信息量越大，不确定性就越小，熵也就越小；信息量越小，不确定性越大，熵也越大。根据熵的特性，我们可以通过计算熵值来判断一个事件的随机性及无序程度，也可以用熵值来判断某个指标的离散程度，指标的离散程度越大，该指标对综合评价的影响越大。因此，可根据各项指标的变异程度，利用信息熵这个工具，计算出各个指标的权重，为多指标综合评价提供依据。具体步骤为：选取n个国家，m个指标，则为第i个国家的第j个指标的数值为（$i=1, 2\cdots, n$；$j=1, 2, \cdots, m$）。指标的标准化处理为异质指标同质化，由于各项指标的计量单位并不统一，因此在用它们计算综合指标前，先要对它们进行标准化处理，即把指标的绝对值转化为相对值，从而解决各项不同质指标值的同质化问题。

（五）OLS回归模型

最小二乘法（ordinary least squares，OLS）是一种在误差估计、不确定度、系统辨识及预测、预报等数据处理诸多学科领域得到广泛应用的数学工具。最小二乘法又称最小平方法，是一种数学优化技术。它通过最小化误差的平方和寻找数据的最佳函数匹配。利用最小二乘法可以简便地求得未知的数据，并使得这些求得的数据与实际数据之间误差的平方和为最小，最小二乘法还可用于曲线拟合。

根据样本数据，采用最小二乘估计式可以得到简单线性回归模型参数的估计量。但是估计量参数与总体真实参数的接近程度如何，是否存在更好的其他估计式，这就涉及最小二乘估计式或估计量的最小方差或最佳性、线性及无偏性，简称为BLU特性，这是广泛应用普通最小二乘法估计经济计量模型的主要原因。普通最小二乘估计量具有三个特性：线性特性，是指估计量分别是样本观测值的线性函数，亦即估计量和观测值的线性组合。无偏性，是指参数估计量的期望值分别等于总体真实参数。最小方差性，是指估计量与用其他方法求得的估计量比较，其方差最小，即最佳。

（六）分位数回归模型

分位数回归（quantile regression，QR）是回归分析的方法之一。最早由Roger Koenker和Gilbert Bassett（1978）提出。一般地，传统的回归分析研究自变量与因变量的条件期望之间的关系，相应得到的回归模型可由自变量估计因变量的条件期望；分位数回归研究自变量与因变量的条件分位数之间的关系，相应得到的回归模型可由自变量估计因变量的条件分位数。相较于传统回归分析仅能得到因变量的中央趋势，分量回归可以进一步推论因变量的条件概率分布，分量回归属于非参数统计方法之一。

研究X对于Y的影响关系（Y为定量），当前通常是使用线性OLS回归，并且通过回归系数的显著性进行判断是否有影响,影响方向如何,但是OLS回归无法看出影响的趋势情况如何,而且OLS回归要求因变量Y为正态分布,并且OLS回归对于异常值较为敏感,以及OLS回归对于异方差问题也较为敏感;正态分布、异常值问题和异方差问题,当前均有着非常多的解决办法,但是回归系数的变化趋势无法查看。因此,X对于Y的影响关系及影响趋势情况,则可以使用分位数回归;分位数回归可以查看X对Y的影响趋势及变化情况,而且分位数回归对于异常值、因变量正态性或者异方差问题均有着很强的稳健性。因而有时候也可以使用分位数研究回归模型的稳健性问题,即分别使用OLS回归和分位数回归的结果进行汇总,通过分析回归系数的显著性变化情况,判定模型的稳健性,其原理是将数据按因变量进行拆分成多个分位数点,研究不同分位点情况下时的回归影响关系情况。

(七)中介效应模型

Baron和Kenny(1986)提出中介效应,指的是自变量对因变量的影响是通过中介变量(mediator)实现的,也就是说中介变量是自变量的函数,因变量是中介变量的函数。考虑自变量对因变量的影响,如果自变量通过中介变量影响因变量,则称为具有中介变量,中介效应量又可以分为完全中介效应量和部分中介效应量。例如,本书研究国家经济增长问题,那么经济增长的归因研究如下:

创新空间通过产品空间部分或者全部地影响国家经济增长,其中"产品空间"为中介变量。假设自变量、中介变量、控制变量和因变量均已经中心化或标准化。其中,系数c是创新空间对国家经济增长的总效应,系数a、b是经过中介变量产品空间的中介效应(mediating effect)数值,系数c'是直接效应。当只有一个中介变量时,效应之间有如下关系:$c=c'+ab$,中介效应的大小用$c-c'=ab$来衡量。

中介变量是一个重要的统计概念,如果自变量创新空间通过产品空间对因变量国家经济增长产生一定影响,则称产品空间为创新空间和国家经济增长的中介变量。研究中介作用的目的是在已知创新空间和国家经济增长关系的基础上，探索产生这个关系的内部作用机制。在这个过程中可以把原有的关于同一现象的研究联系在一起，把原来用来解释相似现象的理论整合起来，而使得已有的理论更为系统。产品空间中介变量的研究不仅可以解释国家经济增长关系的作用机制，还能整合已有的产品空间理论与创新空间研究或理论，具有显著的理论和实践意义。

中介效应模型一般使用因果步骤法，其检验步骤分为三步。第一，创新空间对国家经济增长的回归，检验回归系数c的显著性；第二，创新空间对产品空间的回归，检验回归系数a的显著性；第三，创新空间和产品空间对国家经济增长的回归，检验回归产品空间系数b和创新空间系数c'的显著性。如果系数c，a和b都显著，就表示存在中介效应。此时，如果系数c'不显著，就称这个中介效应是完全中介效应（full mediation）。如果回归系数c'显著，但$c'<c$，就称这个中介效应是部分中介效应（partial mediation），中介效应的效果量（effect size）常用ab/c来衡量。

总结：本书研究方法从四个方面展开，首先是文献分析方面，通过国内外文献调研、分析创新空间、产品空间与国家经济增长的历史、特征和路径等。其次是从理论分析、经济学分析、公共政策分析和规范分析方面，构建创新空间与产品空间作用经济增长的路径机制。再次，从全球新冠疫情背景出发，对增长国家经济的方法提供政策建议。最后是从实证案例出发，系统分析韩国、美国和中国的半导体经营，总结创新空间、产品空间作用经济增长的一般性规律，完成创新空间、产品空间与经济增长的理论构建和推进工作计划。具体如图1所示。

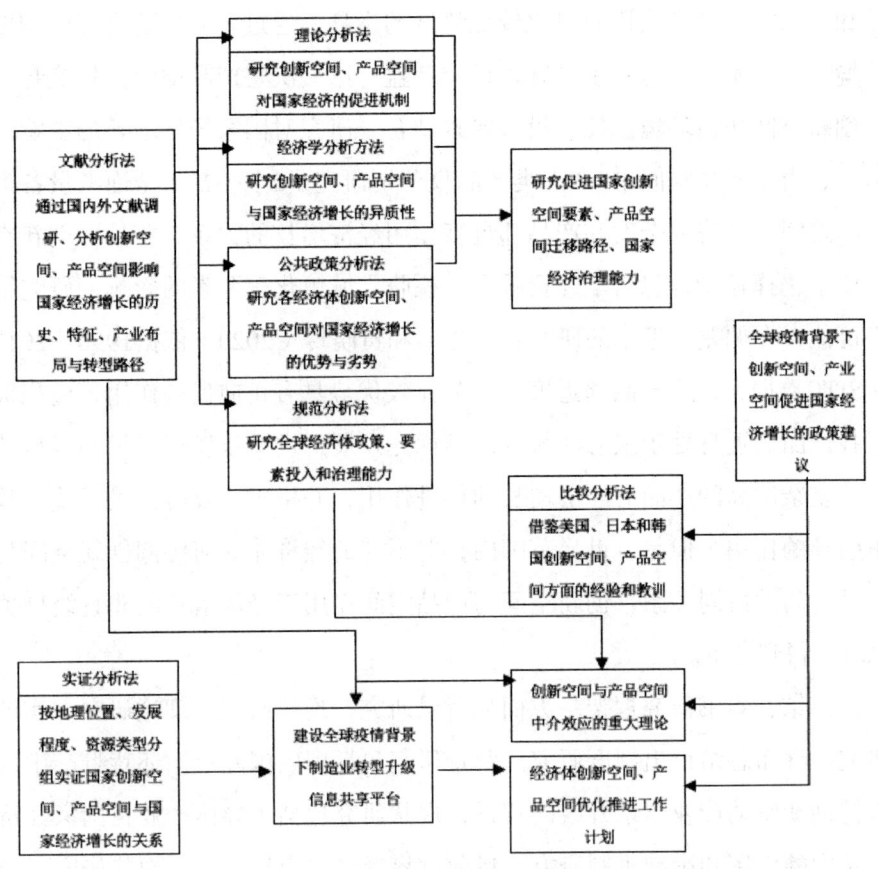

图1 研究方法图

资料来源：作者整理

三、本书的分析框架

（一）本书的研究框架

从以往研究看，将创新空间、产品空间对经济增长的影响结合起来并入到统一分析框架的研究文献相对比较匮乏。李晓华（2006）和黄兴年（2006）分别利用对比分析法和1992—2001年世界银行数据，指出电子产品和纺织类产品应当摆脱对比较优势度的崇拜，通过政府创造良好的制度环境，从技术进步与自主品牌建设中获益，第一次将产品空间比较优势度与创新空间法治环境、技术投入要素结合，研究对国家经济增长的影响。但是，由于产品空间中9个大类产品仅分别研究了2个，并未全面考量各类产品之间、经济复杂度和产品邻近度作用经济增长的关系。并且，创新空间要素选择较少，忽略了外资吸引、税收、城镇化等要素的影响，研究结果可能存在偏差。近期的研究者，陈砺和黄晓玲（2020）依据1996—2017年SITC数据，认为产品邻近度对产品比较优势具有正向促进作用，应积极寻找产品邻近且处于核心区域的产品优先发展，进一步发现了核心区域的经济复杂度高的产品对经济增长的促进作用，并指出了政府积极寻找的政策引导的作用。但是，世界范围内，对不同的经济体如何协调创新空间与产品空间的协同关系，创新空间与产品空间作用于经济增长的非直线型关系并未得到考量。

总结：本书研究框架一方面从背景研究、现状研究、理论研究、实证研究、继而总结得出制度研究。背景研究包括国内国际双循环背景、中国坚持创新驱动产业体系升级的背景；现状研究包括半导体产业在国家经济增长中的作用和影响机制研究、目前世界经济体半导体发展现状研究以及国内国外双循环经济体系中半导体转型升级路径研究；理论研究包括中国双循环经济体系理论研究、半导体转型在制造业升级中的指导理论研究、半导体转型影响国家经济增长异质性理论研究，以及半导体产业转型加快发展现代产业体系理论研究。实证研究包括国家创新空间要素实证研究、产品空间实证研究以及国家经济治理能力实证研究。制度研究包括创新驱动制度研究、现代产业体系制度研究、国内国际双循环制度研究，以及半导体产业相关供应链现代化制度研究。

另一方面是结合中国研究、国际研究、前瞻研究、"国际经贸摩擦"和"全球新冠疫情大环境"的制度研究。中国研究方面，系统梳理1995年至2019年半导体产业政策，研究产品空间作用机制的路径问题。国际研究从韩国、美国的成功案例出发,分析成功经验。同时,也从阿联酋和沙特阿拉伯两个经济体的产品空间失败案例中,寻找解决"国家收入陷阱"问题的办法。前瞻研究,从实证和案例层面,得出创新空间促进国家经济增长的机制路径,同时指出,产品空间是创新空间促进经济增长的重要中介因素,创新空间作用经济增长的路径,需要与产品空间之产业升级形成合力。最后,为经济体之间国际贸易摩擦与全球新冠疫情大环境下,如何增长国家经济提出了可行的建议。具体见图2所示。

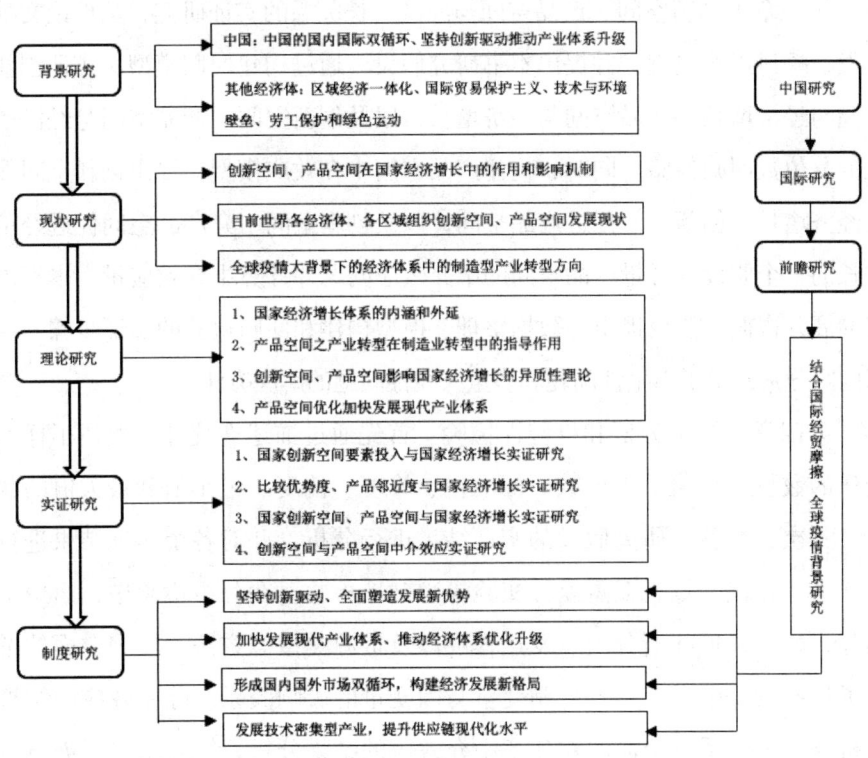

图2 研究框架图

资料来源:作者整理

(二)本书的结构安排

为研究上述问题,本书的结构安排如下:

第一章为绪论,介绍本书的研究背景、研究意义、研究方法、研究逻辑、结构安排，以及论文在模型设定、数据选择、研究设计和混合分组方面的创新。

第二章为理论及文献综述。理论方面，详细介绍了国家创新空间理论与产品空间理论的演化路径；文献综述方面，按照时间顺序，厘清了世界范围内主要的研究学者的研究目标、研究对象、研究数据、研究方法、研究结论、以及可能的进一步研究方向等，而且本章解释了世界经济体的内生、外生分组原因，定义了国家经济增长指标。

第三章为创新空间、产品空间与经济增长关系的实证研究，从理论文献出发，探讨影响机制，并提出本书研究假设。通过构建回归模型，实证创新空间与经济增长、产品空间与经济增长，以及创新空间、产品空间与经济增长的分位数回归检验。同时，构建产品空间中介效应模型，提出创新空间促进经济增长、创新空间促进产品空间，以及创新空间中介产品空间促进经济增长的三个假设，考量产品空间的中介效应问题并计算中介效应量。本章内容的展开遵循了假设提出、数据整理、模型构建和回归检验的实证步骤，各章内容分别介绍了内生性问题和多重共线性问题的解决方法。

第四章为结果分析和稳健性检验。首先通过描述性统计，概述了样本变量的数量、均值、中位数、标准差、峰度、偏度、最小值和最大值的状况。其次，对各个研究假设的实证结果进行分析，并对各个实证结果进行分样本、替代变量、双重差分实验等稳健性检验。在分组检验中，运用了洲际、政体、贝叶斯分组、发达程度以及资源类型等方法，较为全面的考察了自变量、中介变量、控制变量与因变量的影响关系。除主效应的结果分析外，本书系统全面的构建了中介效应的结果分析，综合给出了创新空间、产品空间与经济高质量发展的研究结论和政策含义。

第五章为国家经济增长现状、成因与作用机制，从洲、政体形式、发展程度、资源类型等方面，较为全面地介绍了1995—2019年世界199个经济体的经济增长情况。本章结合第3章的研究设计、第4章的结论分析，提出了经济增长遵循产品比较优势度的先发优势效应、政策引导产业升级实现技术追赶的效应以及产业转移遵循产品邻近度的效应等三个经济增长成因。同时，结合分析结果，选择了3个成功经济体经济增长作用机制与2个失败经济体经济增长作用机制分析，提出创新空间、产品空间影响经济增长的普遍规律。

  第六章为结论与展望，在前述各个章节的基础上，对研究结论进行整体的梳理，进而提炼出具有普遍性和代表性的研究结论，结合当前新冠疫情情况、各国经济特征，综合提出各个洲的经济体的经济增长建议，该建议具有一定的时效性和针对性。同时，基于研究时间和篇幅的限制，本书提出了一些后续可能的研究方向和建议。具体见图3。

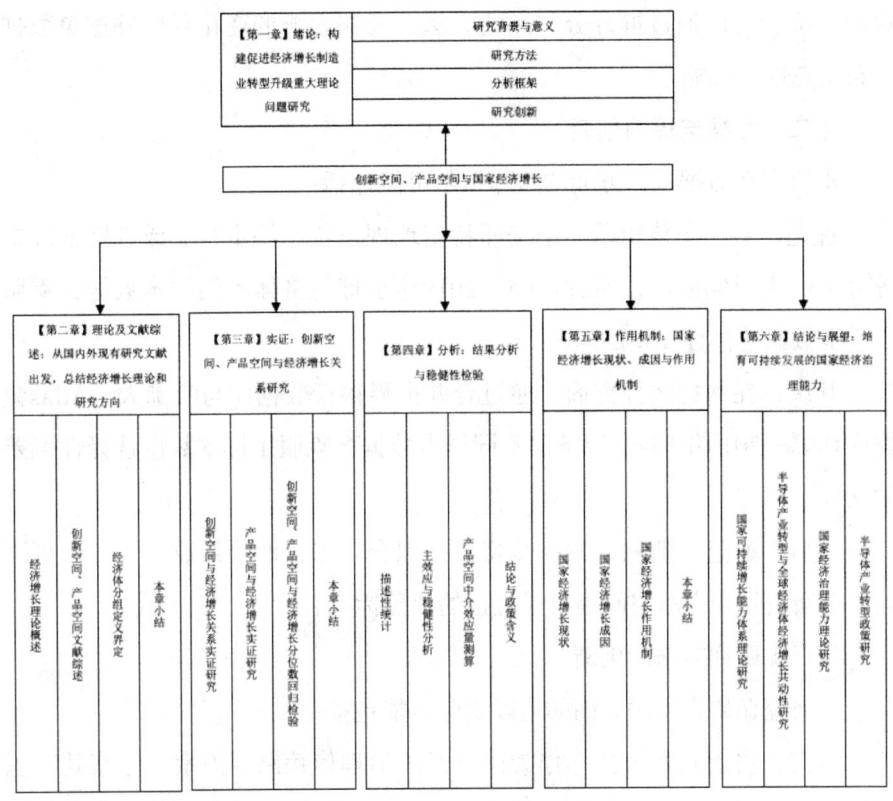

图3　结构安排图

资料来源：作者整理

四、本书的创新点

（一）模型设定的创新

不同于已有研究，本研究在模型设定方面的边际贡献可能包括：

首先，利用逐步回归和后向回归方法，对国家经济增长路径进行分类，通过观测每一变量的 F 值和 T 值变化，构建最优模型。

其次，对9大类产品比较优势度影响国家经济增长路径进行多元多次项回归，观测直线型关系和非直线型关系，构建最优模型。

最后，区别于传统的OLS回归无法观测相关系数的趋势情况，使用分位数回归检验可以通过拆分分位点的方法，观测影响的变化程度并避免数据分布正态性的影响。

（二）数据选择的创新

本研究在数据选择方面的边际贡献可能包括：

首先，避免了传统研究中按照特定地理位置、特定行业或者资本因素等分类的主观偏向性，通过1995—2019年全球经济体不同样本数据，克服了样本数据选择性偏差的问题。

其次，在数据选择方面，通过合并世界银行数据库与哈佛大学Atlas数据库1995—2019年199个经济体不同样本数据，克服了样本数据选择性偏差的问题。

最后，通过熵值法，进一步将数据拟合为综合评价系数，为评价是否处于创新空间和产品空间提供了直接的评价标准。

（三）研究方法的创新

本研究在研究方法方面的边际贡献可能包括：

首先，将宏观经济指标作为国家经济治理依赖路径因素，考察其对国内生产总值、人均国民收入的影响，并考察外生给定分组数据和内生分组数据对国内生产总值的影响。

其次,首次计量了9个产品类别的RAC系数,同时结合ECI和PCI系数,全面厘清了作用于经济增长的影响关系和程度。

最后,首次通过熵值法,拟合了包括技术创新、政府效率、外资吸引、税收政策、城镇化、基础设施、就业率、人居环境、基尼系数、教育水平、碳排放、金融市场和政策安全,建立了创新空间综合系数。同时,也拟合了纺织类优势度、农业类优势度、钻石类优势度、矿产类优势度、金属类优势度、化工类优势度、汽车类优势度、设备类优势度、电子类优势度、经济复杂度和产品邻近度,建立了产品空间综合系数。全面厘清了创新空间与产品空间作用于经济增长的影响关系和程度。

(四)有限混合分组的创新

本研究在有限混合分组检验方面的边际贡献可能包括:

首先,在实证层面,综合运用OLS回归和熵值法权重系数,系统梳理不同洲、不同政体形式和贝叶斯分组因素的影响,并给出了199个经济体创新空间综合系数,对技术创新和政府效率选择的最优路径进行了计量。

其次,运用分组检验方法,系统梳理不同经济周期、发展程度以及资源密集类型的经济体交互效应,对不同分组经济体优先发展创新空间或者产品空间的最优路径选择进行了计量。研究结果,为处在全球新冠疫情冲击下的当前国际社会,提供了如何促进国家经济增长的理论支撑与实践指导。

最后,在案例分析方面,从成功经济体、失败经济体两个层次对创新空间、产品空间作用于国家经济增长的路径进行探讨,成功经济体案例为韩国、美国和中国半导体产业促进国家经济增长,失败经济体案例为阿联酋、沙特阿拉伯国家经济增长面对"收入陷阱"问题的成因分析。

五、本章小结

本章主要介绍了论文的研究背景与意义,在肯定经济增长先发优势

的同时，也提出了政府政策引导和产业升级的因素。从逐步回归、后向回归、贝叶斯分类、熵值法、OLS回归检验和分位数回归检验等规范性方法运用出发，构建本书创新空间作用经济增长、产品空间作用经济增长及其交互效应。

第二章 理论及文献综述

一、经济增长理论

（一）国家创新空间理论

熊彼特（1928）认为创新是现代经济增长的核心，并将创新分为：新产品、新生产方法、新供应链、新市场和新的组织管理方式。腾堂伟等（2017）认为创新不仅是一种结果而且是一种过程，创新是互动的而不是孤立的。国外学者ANNA A（2012）研究表明企业层面的创新不能孤立地构思和实施，而是与企业所处创新空间中的人力资源、基础设施、研发部门、创新环境，以及经济、科技、社会、政治和地理生态互相作用的结果。创新空间是为了推动知识经济发展而出现的物质空间的形式，这一空间概念大于工业集聚空间，除了包含物质形态要素外，还取决于其环境中的产权保护、税收优惠、资金贷款、高校研发、人才引进等。在全球化背景与知识经济时代，创新空间已经成为提升国家、地区和城市竞争力的重要因素。城市作为创新空间要素的载体，成为企业战略选择的重要内容。各个各经济体都提出实施创新驱动发展战略，强调科技创新提升国家综合实力，并相继出台《促进科技创新若干政策》《区政府关于细化鼓励创新创业、促进众创空间发展的若干政策的实施细则》等一系列法律法规，这些都明确指出创新空间在促进经营增长方面应发挥的作用。

但是，创新空间对产业增长和区域经济增长的影响并非是单一的，而是存在双重属性：既扮演着"推动者"角色，又充当了"阻碍者"角色。一方面，创新空间加强了产业的集聚，增加了知识的溢出效应，另一方面，随着城市创新竞争能力的增强，吸引优秀的国外企业投资，不仅提高了区域人力成本，并加剧了对本地企业的冲击。当前，围绕创新空间效应的研究结果多为普遍意义上的，而对创新空间要素指标具体影响中国半导体产业的异质性尚未有明确的答案。现有研究主要包括以下几个方面：（1）王俊松等（2017）基于省、地级市的专利面板数据，刻画创新能力对企业经营绩效的影响，这一研究方法能够量化专利数量对经营增长的作用，但并不能指出区域创新空间要素投入对经营增长影响的程度。（2）方创琳等（2014）通过实地调查数据，构建自主创新、产业创新、人居环境创新和体制创新四个创新空间要素对经营增长的影响，这一研究方法初步构建创新空间要素投入的指标框架，但是对于不同企业的异质性并未深入探讨，并且指标框架未包含教育科研、城镇化、碳排放、税收政策、金融市场化和政府效率等而稍显粗糙。（3）程中华（2015）和梅琳等（2019）评估产业集聚和空间溢出效应对制造业绩效的影响，利用2005—2007年工业企业面板数据，分技术含量、企业规模和生命周期实证研究影响的异质性，尽管已有的研究发现了异质性并进行计量，但数据时期较短且指标较少，难以连续和多角度观测自变量对因变量影响的交互效应。另外，随着近几年国家创新空间格局的演化和创新驱动发展战略的实施，进一步分析创新空间对中国半导体产业增长的影响显得尤为重要。

（二）产品空间理论

产品空间理论最早来源于资源禀赋理论（resources gift theory，RGT），资源禀赋理论又称为要素禀赋理论，指一国拥有的各种生产要素，包括劳动力、资本、土地、技术、管理等的方面。俄林的要素禀赋说也被称为"赫--俄模式"（H-O理论）。该模式是现代国际贸易理论的新开端，与李嘉图的比较优势理论（law of comparative advantage，LCA）并列为国际贸易理论的两大基本模式。

一国要素禀赋中某种要素供给所占比例大于别国同种要素的供给比例，而价格相对低于别国同种要素的价格，则该国的这种要素相对丰裕。反之，如果在一国的生产要素禀赋中某种要素供给所占比例小于别国同种要素的供给比例，而价格相对高于别国同种要素的价格，则该国的这种要素相对稀缺。要素禀赋代替大卫·李嘉图的劳动成本，用生产要素的丰富、稀缺来解释国际贸易的产生和一国的进出口贸易类型。根据资源禀赋学说，在各国生产同一种产品的技术水平相同的情况下，两国生产同一产品的价格差别来自产品的成本差别，这种成本差别来自于生产过程中所使用的生产要素的价格差别，这种生产要素的价格差别则取决于各国各种生产要素的相对丰裕程度，即相对禀赋差异，由此产生的价格差异导致了国际贸易和国际分工。

要素禀赋学说得出的结论是："一国的比较优势产品，是他在生产上密集使用该国相对充裕而便宜的生产要素生产的产品。一国的比较劣势产品，是它在生产上密集使用该国相对稀缺而昂贵的生产要素生产的产品"。比如，劳动力丰裕的国家出口劳动密集型产品，而进口资本密集型产品。相反，资本丰裕的国家出口资本密集型产品，而进口劳动密集型产品。这种理论观点也被称为狭义的要素禀赋论。广义的要素禀赋理论指出，当国际贸易使参加贸易的国家在商品的市场价格、生产商品的生产要素的价格相等的情况下，以及在生产要素价格均等的前提下，两国生产同一产品的技术水平相等，或生产同一产品的技术密集度相同的情况下，国际贸易取决于各国生产要素的禀赋，生产结构表现为每个国家专门生产密集使用本国具有相对禀赋优势的生产要素的商品。

但是，要素禀赋理论无法解决"为何富国也会陷入收入陷阱的问题"以及"经济体是如何实现经济追赶"的问题。产品空间理论认为，国家之间的竞争力取决于产品空间的变化，一国经济增长水平高低关键看其出口产品的类型（张亭等，2018）。根据产品类型分布与产品出口数量绘制的产品空间结构图可以反映国家竞争能力和持续发展潜力（Anna Jankowska, Arne Nagengast & José Ramón Perea, 2012）。研究者根据非洲南部地区（Dietzenbacher, E. & M. Lahr, 2001）以及东亚及拉丁美洲地区（Cabral, L, 2000）出口数据，研究不同产业的产品空间升级路径对经济增长能力的影响。在一定程度上为经济体避免收入陷阱和强调合理政策设计提供了新视角。图4所示的2019年世界各洲主要经济体经济增长情况，亚洲经济体在全球经济增速中，平均值最高，而且中国、越南、印度尼西亚和印度排名前列。

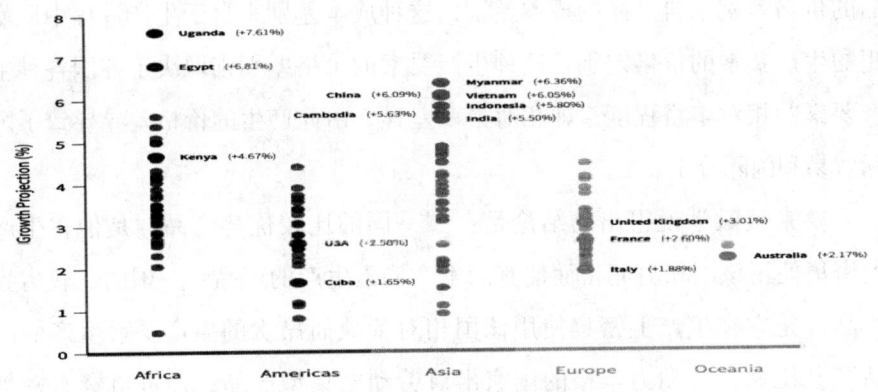

图4 世界各洲主要经济体经济增长表

数据来源：Atlas数据库

按照产品空间理论，新产品往往依托旧产品所拥有的技术、资本以及政策所产生的优势，根据技术相关性程度向具有产品邻近度的区域升级，即产业升级路径基本遵循产品的初始位置和比较优势积累路径（白重恩和张琼，2017）。经济增长速度靠前的几个经济体，其比较优势有无遵循产品空间结构理论呢？显示所列经济体1995—2019年产品空间指标变化情况，经济增长速度前列的几个国家中，中国、越南、印度尼西亚、印度和马来西亚半导体比较优势分别提高了172.8%、5900.2%、141.37%、250%和149.25%，如表1所示。

表1 亚洲经济增长前列的经济体产品复杂度

	中国	越南	印度尼西亚	印度	马来西亚
1995	1.25	0.05	0.29	0.06	2.01
2000	1.23	0.32	0.74	0.15	2.68
2010	2.10	0.81	0.56	0.25	2.76
2019	2.16	2.96	0.41	0.15	3.00

数据来源：Atlas数据库

利用全球主要半导体出口数据，描述亚洲经济体与非亚洲经济体半导体产品空间演进与产业升级进程，比较创新空间要素投入水平。基于产品空间视角分析亚洲半导体产业变迁及经济增长对升级路径影响，理想的方法是收集全球所有国家的半导体产品出口数据与专利出口数据，但是，世界银行数据库和哈佛Atlas数据库有数据延迟1年左右时间的局限性。本书使用了最具有代表性的商品贸易数据和年半导体出口金额超过0.01B的主要经济体数据。基于数据驱动方法的理念，数据集广泛收集了碳排放（CARB）、城镇化（CITY）、地理邻近度（COUT）等，弥补此前文献仅作定性研究的不足（章树荣，1998；沈敏辉2010；郑江淮，2018），并且指标体系上在胡立法（2015）和中国社会科学院（2013）创新空间指标体系基础上，新增人居环境指标，可能为经济一体化与多元文化对经济增长的效用提供新视角。如表2显示亚洲经济体相比非亚洲组，在半导体产品空间指标方面：比较优势（RAC）提高250%，产品邻近度（PCI）提高2.59%，产品空间密度（PSI）降低23.07%。创新空间要素方面：教育程度（EDUC）降低25.05%，城镇化率（CITY）提高1.65%，碳排放（CARB）减少10.91%，税收政策（TAX）降低7.06%，金融市场化程度（INTE）提高22.07%，政府效率（GOVE）提高15.17%，人居环境（LIVE）移民迁入14.36万人。半导体出口占比提高14.19%。

表2 亚洲组与非亚洲组半导体数据对比

变量名称	亚洲组	非亚洲组	变量名称	亚洲组	非亚洲组
EDUC（%）	78.26	97.87	PSI	0.77	0.79
CITY（%）	2.47	0.82	ECI	0.78	0.96
CARB（人均吨）	6.78	7.61	FDI（%）	25	75
PCI（%）	11.90	18.96	RAC（%）	1.40	0.56
INTE（%）	112.39	90.32	GDP（万美元）	1.61	2.10
GOVE（天）	26.36	30.36	SPE（B）	72.55	15.68
LIVE（万人）	14.36	342.99	TPE（B）	337.51	214.92

注：数值为均值数据。

数据来源：世界银行数据库和Atlas数据库

研究产品空间对经济增长的影响为何选择半导体产业？半导体产业是其他高科技产业的基础，起到了贯通所有产业生产效率的作用，比如电子科技产品承载的高端技术在农业、制造业和服务业中的应用。并且半导体行业承接了化学工业、机器制造业、汽车制造业和轻工业发展的连接作用。张其仔和李颢（2013）基于比较优势理论，根据联合国商品贸易数据库的SIRAC4位码产品数据，计算了产品接近矩阵。将全球商品贸易种类划分为电子类、化工类、设备类、汽车类、金属类、矿产类、石材类、纺织类和农业类，共9种。原点的分布代表了各类产品对其他产品的相关性程度，原点的大小则代表了该类产品的全球贸易份额。

本书选择半导体产业作为研究产业升级与经济增长关系的对象：第一个原因是：半导体行业的出口占比较大，且与核心位置的电子类、化工类、设备类、汽车类和纺织类产品相关程度较高。第二个原因是：基于亚洲经济体半导体产业发展的共动性，孙楚仁和易正容（2019）研究亚洲经济可持续发展能力就不能离开亚洲经济整体协调性的问题。通过整理1995—2019年亚洲主要经济体半导体出口数据，观察半导体出口数据的共动性，如表3所示，除中国香港和日本外，亚洲经济体半导体产业发展普遍具有共动性，相关系数均在0.7以上。其中，韩国作为亚洲半导体产业强国，与亚洲其他经济体保持0.81—0.99的高相关性。有关中国香港和日本非共动性的表现，两者原因大相径庭，通过对比发现，中国香港1995—2019年产品空间结构图显示，化工、设备和汽车类产品可能有撤离现象，相应的半导体产业也受其负面影响（毛琦梁和王菲，2017）。而日本的可能结果则是主动的科技前沿型战略，优先发展核心区域的产品类别，通过更高经济复杂度（ECI）的产品降低了半导体产业的出口比重。

表3 亚洲主要经济体经济分区及半导体发展协动性

	（1）					（2）					（3）		
	KOR	JPN	SGP	TWN	HKG	CHN	TUR	THA	MYS	ARE	VNM	IDN	IND
KOR		0.53	0.96	0.99	0.22	0.98	0.94	0.99	0.99	0.81	0.81	0.84	0.90
JPN	0.53		0.70	0.50	0.46	0.44	0.67	0.60	0.53	0.27	0.01	0.80	0.58
SGP	0.96	0.70		0.96	0.35	0.93	0.98	0.97	0.96	0.74	0.64	0.92	0.90
TWN	0.99	0.50	0.96		0.23	0.99	0.95	0.98	0.99	0.82	0.81	0.84	0.89
HKG	0.22	0.46	0.35	0.23		0.15	0.32	0.24	0.24	0.16	0.01	0.46	0.07
CHN	0.98	0.44	0.93	0.99	0.15		0.93	0.97	0.98	0.82	0.84	0.80	0.91
TUR	0.94	0.67	0.98	0.95	0.32	0.93		0.95	0.94	0.77	0.60	0.94	0.94
THA	0.99	0.60	0.97	0.98	0.24	0.97	0.95		0.99	0.75	0.76	0.88	0.91
MYS	0.99	0.53	0.96	0.99	0.24	0.98	0.94	0.99		0.79	0.80	0.86	0.89
ARE	0.81	0.27	0.74	0.82	0.16	0.82	0.77	0.75	0.79		0.74	0.64	0.70
VNM	0.81	0.01	0.64	0.81	0.01	0.84	0.60	0.76	0.80	0.74		0.42	0.58
IDN	0.84	0.80	0.92	0.84	0.46	0.80	0.94	0.88	0.86	0.64	0.42		0.86
IND	0.90	0.58	0.90	0.89	0.07	0.91	0.94	0.91	0.89	0.70	0.58	0.86	

备注：大于0.3说明具有较强协动性，0.7以上为强相关。
来源：世界银行数据库和Atlas数据库

第三个原因是：亚洲经济体半导体比较优势度最高，半导体产业升级对亚洲整体经济增长具有显著的重要性。而且如表4所示，亚洲多数经济体面临"低收入陷阱"或者"中等收入陷阱"（闫森，2017），如何通过产业升级跨越收入陷阱，是当前亚洲可持续发展迫切应对的议题。产品空间理论认为产品在空间中的分布不是均匀的，有的地方具有比较优势因而茂密，某些地方反之稀疏，而生产者的产品转换能力是有限的，当生产者因为技术能力或者生产意愿不能或者不愿意改变生产时，收入陷阱随之产生。创新空间理论主张通过教育、科研、税收、金融市场化等要素投入的方式，改变产品空间分布和提高生产者转化意愿，促使经济体避免陷入收入陷阱，成力为和关书（2019）认为越南、印度尼西亚、印度、土耳其、泰国、马来西亚和阿联酋陷入收入陷阱，而中国是否陷入中等收入陷阱还需要观察。

表4 亚洲主要经济体增长区间

国家或地区	低收入转中低收入			中低收入转中高收入			中高收入转高收入		
	年份	GDP	年数	年份	GDP	年数	年份	GDP	年数
越南	2002	1.6%	43						
印度尼西亚	1986	1.0%	27						
印度	2002	1.5%	43						
阿联酋				1975	5.2%	25			
马来西亚				1986	5.1%	17			
中国				2009	7.5%	17			
土耳其				1992	4.1%	32			
泰国				2004	4.7%	28			
中国台湾							1993	5.9%	7
日本							1977	4.7%	9
新加坡							1988	5.1%	10
中国香港							1983	5.9%	7
韩国							1995	6.5%	7

数据来源：世界银行（2021）数据库和Atlas（2021）数据库

亚洲经济体产品空间是否具有竞争力，体现在半导体产业是否具有比较优势以及这些比较优势与其他邻近产品的相关程度。本书将亚洲经济体的创新空间结构图分三组进行对比：第一组是韩国、日本、新加坡、中国台湾和中国香港组。第二组是中国、土耳其、泰国、马来西亚和阿联酋组。第三组是越南、印度尼西亚和印度组。内容见表5所示。

表5　1995—2017年亚洲经济体产品空间图趋势

地区	1995年	2019年
韩国		
日本		
新加坡		
中国台湾		
中国香港		
中国		

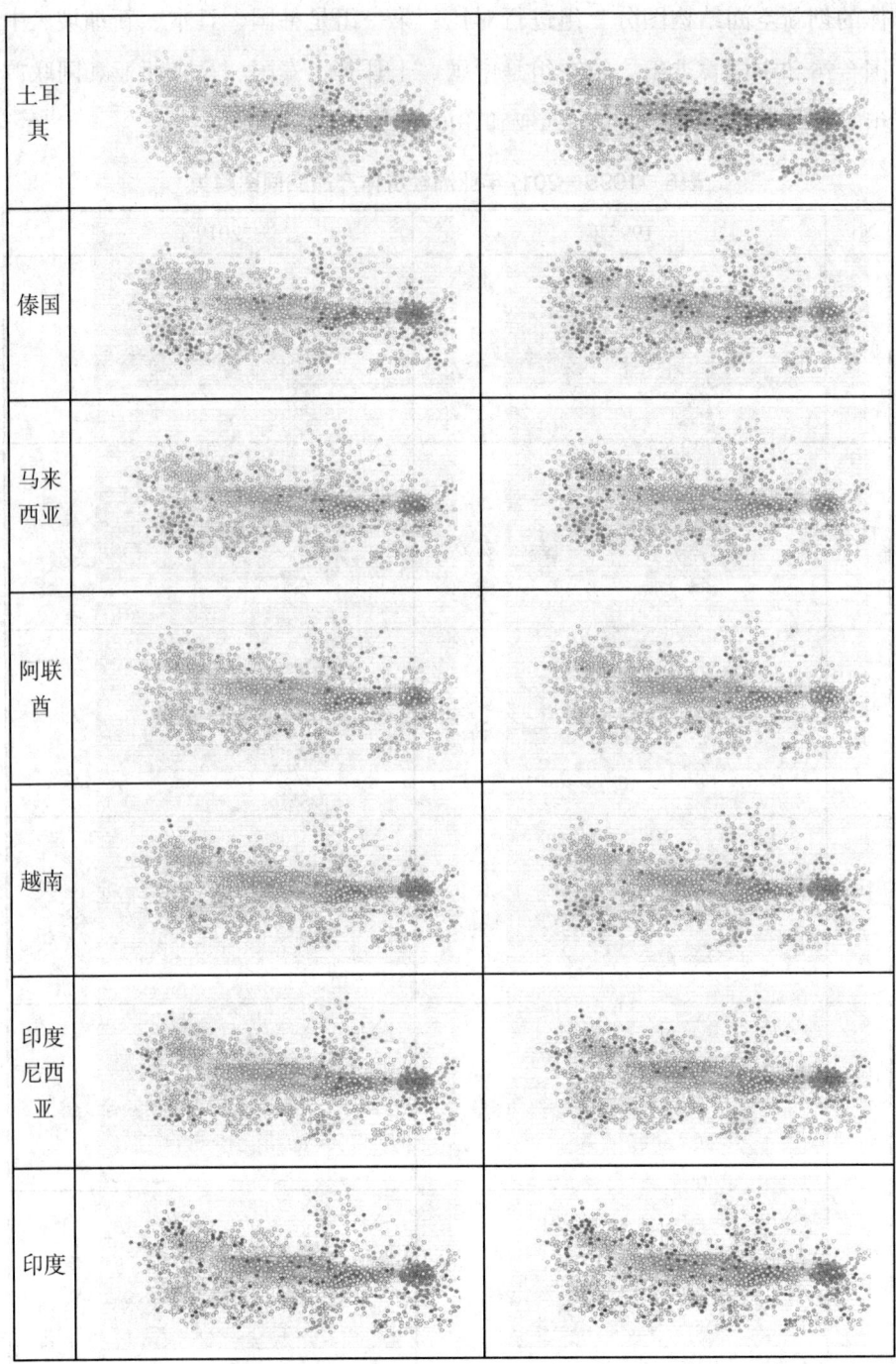

数据来源:哈佛大学Atlas(2021)数据库

结果显示亚洲产品比较优势变化如下：

第一，亚洲高收入经济体半导体产品初始位置比较优势较高，且有研发前沿技术和向核心产品位置迁移的趋势（胡贝贝等，2019）。韩国：①纺织类、农业类出口逐渐缩减。②半导体产品初始位置比较优势较高，并向化工类、设备类和汽车类等核心产品迁移。③半导体产品经济复杂度不再成为重点，取而代之的是半导体技术与核心产品的结合。日本：①世界上经济复杂程度最高的国家。②半导体比较优势较高。新加坡：①产品空间显示半导体和化工类产品是主要的优势产品。中国台湾：①逐渐减少纺织类和能源类产品出口。②与韩国产品空间布局类似，但是比较优势和经济复杂性不及韩国。中国香港：①半导体产业相关的核心产品可能出现迁出的迹象。

第二，亚洲中等收入的几个经济体，即中国、马来西亚和泰国产品空间结构图显示：①1995年半导体产品初始位置具有一定比较优势。②具有显性比较优势产品的经济复杂度不断提高，半导体、化工、设备和汽车四类产品优势的初始建立，对于亚洲经济可持续发展具有显著性影响。③亚洲的产业演化路径遵循优先发展半导体产业获得比较优势，进而朝向复杂度更高的化工、设备和汽车类产品转移升级，以实现经济可持续增长。

二、文献综述

（一）创新空间要素研究现状

创新空间是研究当代经济的重要课题，对于是否为创新空间的界定指标，国外和国内存在一定的差异。目前国际上具有代表性的三个创新空间评价指标为：欧洲委员会提出的（IUS）欧盟创新记分牌，波特和斯特恩提出的（NICI）国家创新能力指标以及波士顿咨询公司提出的（GII）全球创新指数。中国关于创新空间评价指标，具有代表性的是中国科学院提出的区域创新能力评价指标,包含了5个一级指标和53个二级指标。本书界定区域是否具有创新空间的总体标准是GDP产值是否高于全国平均值。创新空间要素具体包括:(1)教育科研指标,为年大专以上学历毕业人数。(2)城镇化指标,为房地产开发企业年竣工面积。(3)李婧等(2010)提出的碳排放指标,为年人均碳排放吨数。(4)税收政策指标,为年综合税负率,用区域年财政预算收入除以年GDP产值。(5)赵增耀等(2015)提出的金融市场化指标,为年信贷规模与年GDP产值的比值。(6)纪玉俊等(2015)提出的政府效率指标和人居环境指标。

自从美国经济学家熊彼特(1928)提出创新的概念以来,经济学家、社会学家、经济地理学家均参与了对创新的讨论。对于创新空间的概念,有研究者认为创新空间具有"正向的外部性",是引领产业增长的第一动力,是区域和国家发展的重要增长极。但是,也有研究者认为目前的创新空间存在"拥挤的外部性",即城市重复建设、资源浪费、政治关联性增强也对经营增长有显著负面影响。创新空间一般是指一定空间区域内资金、人才、专利技术、供应商和技术服务企业的集群创新网络,对一定区域内的企业具有同构性作用。资金资本要素的研究表明,资金集聚与区域经济增长存在空间水平上的差异,当半导体上市公司往创新空间移动时,企业获得资金集聚的成本优势会更加明显,筹资的多样性与便利性可以通过正式的或者非正式的方式获取。人力资本要素的集聚与产业结构升级存在相互促进的正向作用,并且通过高校、技术服务企业和供应商的集聚,促进区域经济的发展。谢家智等(2014)认为,创新空间在提供企业国际化视野和创新思维方面的贡献也是明显的。吕拉昌等(2010)还认为创新空间有利于促进经济增长和劳动生产率的提高,节约运输成本进而降低交易成本。

技术投入是企业在市场竞争中保持竞争优势和发展壮大的手段,体现了企业对技术创新的重视程度,是影响企业持续增长的重要指标。CARLSSON B(2006)认为不同的企业主性别、教育程度和学科背景等因素，引起企业进行技术投入的动机有所不同，如增加公众持股人、获得政府研发补助、提高生产效率、增长企业经营状况等。企业进行技术投入的行为既受政府鼓励技术研发、成本加计扣除等政策驱动，也受创新空间环境的影响。"技术投入理论"强调市场环境压力对企业行为施加的约束，认为企业需要顺从市场规则和规范，忽略了创新空间促进企业加大技术投入的主动性。实际上，JEL BERCOVITZ（2007）认为创新空间本身对企业提出技术投入的要求，且对于技术投入的效果起到保障的效果。

创新空间效应是否存在？理论机制上，虽然由于区域间缺乏信息沟通造成重复建设，引进外资企业加剧本土市场竞争，以及提高了人力成本等。但是，创新空间的设计目标与企业的需求导向是一致的，城市的管理者以城市经济发展为导向，而企业的创新行为以经营增长为导向，最终也体现在城市的经济增长上。实践操作中，既要适度加大政府创新研发补助力度，使政府干预成为技术创新的第一外在动因，又要注意避免企业的过度政治化，发挥市场化机制。既要确保官员晋升竞争充分，又要注意财政分权对企业技术投入的影响。白俊红等（2009）认为充分发挥创新空间的知识外溢效应和发挥产学研合作，破除地区垄断和加强城市间信息沟通，可以避免出现"拥挤的外部性"。

半导体产业的创新空间效应是否一致？即半导体产业创新空间是否存在异质性的问题？关于异质性实证的文献主要有以下几类：（1）按创新投入分类，JEROME和FRIEDMAN（2001）证明了政府技术投入对企业技术投入的导向作用，外资技术短期内对本地企业创新正向促进，但长期的影响不显著。（2）按地理位置分类，白俊红等（2010）实证了各区域的投资效率问题：低投入高效率城市为天津，高投入高效率城市为北京、高投入低效率省份为上海、江苏、山东和广东，低投入低效率城市为西安等。（3）按企业特征分类，韩玉雄和李怀祖（2015）认为国有上市公司的技术投入强度显著小于非国有产权上市公司，企业的政治关联性降低企业创新效率等。国内关于创新空间对经营增长的影响，创新空间对技术投入的影响，以及不同特征的企业创新空间效应的异质性研究，文献整理如表6所示。

表6 国内相关研究文献简表

作者	研究议题	数据来源	研究结论
（一）按创新空间影响经营增长分类			
刘潋（2016）	评估人力资本对韩国半导体产业经济增长的关系	韩国三星电子2007—2014年可持续发展报告	韩国三星的海外员工占比从2008年的47.8%增长到2012年的61.5%，企业所在城市的国际开放度对经营增长有显著促进作用
方远平，谢蔓（2011）	评估中国省域创新要素对创新产出的空间影响差异	中国31个省份面板数据	每万人大学生对专利水平负相关性，高等院校除新疆和内蒙古具有负相关性
（二）按创新空间影响技术投入分类			
陈羽，李小平，白澎（2007）	评估市场结构对技术投入的影响	中国1995—2003年制造业大部分产业的面板数据	区域中外资占比对技术投入具有正向促进作用
谢家智，刘思亚，李后建（2014）	评估创新空间之融资约束对技术投入的影响	世界银行投资环境大型微观调查数据	城市信贷规模对企业研发投入具有显著正向作用
（三）按创新空间影响的异质性分类			
张倩肖，冯根福（2007）	评估三种技术投入与本地企业技术创新绩效的影响	中国1995—2005年16个高校技术产业大中型企业的面板数据	外商投资程度对本地企业创新正向促进，技术引进对本地企业经营绩效影响不显著
程中华，刘军（2015）	评估城市空间对制造业创新的影响	中国285个地级以上城市2005—2007年工业企业数据库	专业化对制造业创新影响不显著，多样化和产业内竞争对制造业创新正向促进
（四）按其他因素分类			
柴俊武，万迪（2003）	评估半导体企业研究开发投入产出效率	中国海尔、韩国三星和美国通用电气公司经营数据	研究开发资金投入对企业国际化初期阶段销售额影响显著，但是后期的企业规模经济对经营绩效影响加大
周艳，曾静（2011）	评估所有权结构对技术投入的影响	中国上市公司所有权结构数据	国有上市公司的技术投入强度显著小于非国有产权上市公司，企业的政治关联性降低企业创新效率

注：作者根据相关文献整理而得

(二)产品空间要素研究现状

产品空间理论认为产业升级依赖一国产品初始位置,基本遵循比较优势理论。但是也存在政府引导实现技术追赶和跨越式发展的路径(张海冰,2003)。经济体一旦明确了产品空间结构就能进一步计算该经济体经济的复杂度,同时与其他国家和地区经济复杂度进行对比,并利用创新空间投入要素的改变,预测产业升级与经济增长动态关系(Hausmann, R. J. &Hwang & D. Rodrik, 2005)。

Balassa(1965)提出比较优势指标(RAC)是衡量一国(地区)产品或产业在国际市场竞争力最具说服力的指标。旨在定量地描述一个经济体各个产业相对出口的表现。通过RAC指数可以判定经济体的哪些产业更具出口竞争力,从而揭示经济体在国际贸易中的比较优势。其计算公式为:

$$RCA_{c,i,t} = \frac{\exp_{c,i,t}/\sum_{i,t}\exp_{c,i,t}}{\sum_{c,t}\exp_{c,i,t}/\sum_{c,i,t}\exp_{c,i,t}} \quad (1)$$

公式(1)中$RAC_{c,i,t}$表示某一经济体半导体比较优势指数,$\exp_{c,i,t}$表示某一经济体t时期半导体出口金额,$\Sigma_{i,t}\exp_{c,i,t}$表示某一经济体t时期所有产品出口金额,$\Sigma_{c,t}\exp_{c,i,t}$表示全球t时期半导体出口金额,$\Sigma_{c,i,t}\exp_{c,i,t}$表示全球t时期所有产品出口金额。一般认为,$RAC=1$为某一经济体某种产品是否具有比较优势的临界值,$RAC>1$,说明该产品具有显著性优势,反之,则不具有显著性优势。

Hausmann(2006)提出产品密度(density)概念,用以测量具有显著比较优势的产业,对于其他产业发展具有潜在促进作用的大小。反映半导体产品为周边(i)产品累积的生产能力禀赋的大小,半导体的产品密度越大,说明周边(i)产品开发成功的可能性越大,见公式(2)所示:

$$\omega_{c,i,t} = \frac{\sum_j x_{c,j,t}\varphi_{ij}}{\sum_j \varphi_{ij}} \quad (2)$$

公式(2)中$\omega_{c,i,t}$表示某一经济体半导体产品的密度,$\Sigma_j x_{c,j,t}$是某一经济体半导体产品是否具有比较优势的逻辑值,见公式(3):

$$x_{c,j,t} = \begin{bmatrix} 1, RCA > 1 \\ 0, RCA \leq 1 \end{bmatrix} \quad (3)$$

Hidalgo（2009）提出产品空间另一个重要的概念产品邻近度（proximity），是指经济体同时拥有两种具有显著比较优势的概率。两种产品的距离越近，产品邻接值越高，实现产品升级的难度和幅度就越小，如果半导体产业和其他产业之间的产品邻接度越高，则认为同时生产两种产品所需的生产能力是相似的，两种产品间转换难度较低，技术相关性程度也较大，如公式（4）所示：

$$\varphi_{i,j,t} = \min\{p(RCA_i | RCA_j), p(RCA_j | RCA_i)\} \quad (4)$$

上述公式（4）中，$\varphi_{i,j,t}$表示半导体i产品具有比较优势的情况下，产品j具有显著性比较优势的条件概率，即半导体产品和其他产品同时具有显著性比较优势的概率。由于两种产品条件概率不完全相等，故取值为两种产品条件概率的最小值作为产品邻近度的标准值。在企业利润最大化的目标下，产品的升级路径会基本遵循距离当前产业距离最近和利润最高的方向演进。

Klinger（2006）为克服基于经济体人均收入计算的产品复杂度（prody）和平均价格水平（expy）指标的局限性，提出基于产品普遍性和国家多样性的经济复杂度指数（ECI），利用网络反射方法对经济体某一时期生产的具有显性比较优势的产品数量与某一时期该产品具有显性比较优势的国家数量，进行比较计算。ECI>1，表示产品的普遍性大于国家的多样性，能生产这一产品的国家越少，产品越具有复杂性和竞争力。公式（5）所示如下：

$$k_{c,i} = \sum_j x_{c,i} \quad (5)$$

对于经济体而言，$k_{c,i}$中i为奇数变量时，k_{c1}、k_{c3}、…用来衡量出口产品的普遍性，则$k_{c,i}$中i为偶数变量时，k_{c0}、k_{c2}、…用来衡量国家能力的多样性。设$(\vec{k})$是$k_{c,i}$的特征值变量，则有公式（6）所示。

$$ECI = \frac{\vec{k} - mean(\vec{k})}{stdev(\vec{k})} \quad (6)$$

经济复杂度指标（ECI）避免了相对比较优势指标和平均价格水平指标的"富国出口复杂产品，穷国出口简单产品"的逻辑。而是指出：①某一经济体具有比较优势，生产的产品普遍性将提高。②这些增加的具有比较优势的产品，只有少数国家能够生产时，才具有经济转化性。因此该指标同时考虑了产品的市场需求能力和提供能力。

通过对比1995—2019年亚洲主要经济体，半导体比较优势与经济复杂度指数，如表7所示。①1995亚洲主要经济体，半导体产品相对比较优势RAC值均较高。②随着技术的积累，至2017年半导体RAC程度较高的韩国、中国、泰国和马来西亚，ECI指数分别提升218.08%，433.33%、575%和206.52%。③亚洲经济体2017年半导体RAC=1.40，相比全球半导体RAC=0.56，具有较大优势。但ECI指数0.78仍低于世界平均值0.96。亚洲应该利用产业升级和全球知识经济的大背景，重点发展半导体产业，增加亚洲经济可持续发展能力。

表7　1995—2019年亚洲经济体RCA与ECI排名

1995				2019			
排名	国家或地区	ECI	RAC	排名	国家或地区	ECI	RAC
1	日本	2.69	2.1249	1	日本	2.28	1.0547
2	中国台湾	1.47	1.6387	2	韩国	2.05	2.1308
3	新加坡	1.2	2.2041	3	中国台湾	1.95	4.1878
4	韩国	0.94	2.1152	4	新加坡	1.81	1.8457
5	中国香港	0.73	1.8672	5	中国	1.3	2.1598
6	马来西亚	0.46	3.0089	6	泰国	1.15	1.1966
7	中国	0.3	1.2549	7	中国香港	0.98	1.439
8	泰国	0.2	1.1744	8	马来西亚	0.95	2.9974
9	土耳其	0.06	0.2309	9	土耳其	0.65	0.3173
10	印度	−0.01	0.1553	10	印度	0.32	0.1471

来源：Atlas数据库

(三)文献评述

创新空间研究结论从不同角度实证创新空间对技术投入和经营增长之间的关系。然而，已有研究大多在省级或地级市面板数据上分析区域创新能力高低，而对于同一地区创新空间的各个要素对经营增长效应的不一致性并未考量，仍存在以下的空白：①缺少对创新空间组与非创新空间组的效应对比研究。已有的研究多为直接针对特定区域、特定产业、特定规模或较短时期的研究，由于样本的选择性偏差，难以多角度、多年连续地观测创新空间效应。②缺乏对控制变量的影响评价，例如企业主性别、教育程度、学科背景、技术所有权、融资负债和经营年限等指标，可能影响创新空间效应的解读。③已经建立的创新空间理论框架，还需要高校科研、城镇化率、绿色经济、税收政策、金融市场化、政府效率和人居环境等内容的补充。对于创新空间效应在企业不同所有制形式、地理区域、发展阶段和战略类型等特征的情况下，影响程度的差异并未予以阐明。即创新空间效应在同一产业内部，会根据企业特征不同而产生不一致的效果，不同的企业可能有不同的外部经济性。

理论上，产品空间与经济复杂度的关系表现为：①经济复杂度增加经济体产品多样化的机会，使得产业更容易实现升级。②经济复杂度促使产品向空间结构的中心移动，位于产品空间中心位置的高复杂性产品呈现出高度相关性。意味着在高附加值的产品类别中占据竞争优势。③1995—2017年亚洲出口产品，总体上呈现出"前密后疏"的发展趋势，资源类和农业类产品缩减，电子类、化工类和设备类出口量增加。意味着亚洲整体初步具备了技术优势，后期的产业升级应基本遵循这一发展路径。④亚洲经济复杂度与世界平均值还有差距，经济复杂度决定亚洲多数国家（地区）能否避免收入陷阱。而半导体相对比较优势的提高是决定经济复杂度的关键因素。

三、经济体分组定义界定

（一）外生给定分组

经济体外生给定分组按经济体发展程度可以分为发达经济体、发展中经济体，按照地理位置可以分为亚洲经济体、欧洲经济体、美洲经济体、大洋洲经济体和非洲经济体，按照政体形式划分为总统制经济体、君主立宪制经济体和民主共和经济体，按照资源类型划分为人力资源密集型经济体、自然资源密集型经济体和技术密集型经济体。

为克服内生性问题，本书使用有限混合模型和分组检验方法，构建最优拟合模型：

首先，对于第一类内生性，即解释变量与被解释变量互为因果问题。理论上，虽然国家经济增长会通过居民受教育水平、移民引进的方式促进技术创新和政府效率，但是，国内生产总值的增加不以技术创新和政府效率为最终目标，而是体现在居民人均收入的提高上。因此，不存在第一类的内生性问题。

其次，第二类内生性为是否遗漏变量的问题。根据国家经济治理理论，国家经济增长的结果还受到经济发展水平、经济结构、经济运行机制、国家政策取向和税收政策的影响。本书将外国投资FDI、税收政策TAX、城镇化CITY、基础设施建设IPHO、就业率EMPL、人居环境LIVE、基尼系数GINI、教育水平EDUC、绿色经济CARB、金融市场INTE和政策安全COI指数等国家宏观指标作为控制变量，对不同国家和经济体的增长路径进行解析，采用逐步回归方法拟定最优模型。基于"节俭模型"的原则，使用一元一次模型作为基础回归方程。

基本回归方程如下所示：

$$E(y) = \beta_0 + \beta_1 PATE_{it} + \beta_2 GOVE_{it} + \beta_3 (Group_{it}) + \beta_4 (Z_{it}) + \varepsilon_{it} \quad （7）$$

其中，两者（$\beta_0 + \varepsilon_{it}$）共同刻画的是经济体$i$在时期$t$的多路径作用关系，$Z_{it}$ 表示经济体 i 在时期 t 的控制变量。

区别于传统增长模型，有限混合模型放松了所有经济体服从相同增长路径的基本假定，将不同经济体异质性纳入分析框架加以考虑，连续型数值变量和类别虚拟变量整合到统一框架内，且增长路径的数量依据内生要素决定。故有限混合模型表达式如下所示。

$$Group_{it} : y = x\beta_{it} + \varepsilon_{it} \quad \varepsilon_{it} \sim N(0, \sigma_{it}^2) \tag{8}$$

其中，y 代表被解释变量，x 为解释变量矩阵，待估计系数矩阵为 β_{it}，ε_{it} 分别代表独立同分布的零均值正态分布。在不同组别中，β_{it} 在10%的统计水平应当显著不相等，以刻画解释变量 x 在不同组别中所承担的差异化作用。

（二）内生分组

需要说明的是，自变量与控制变量的作用存在显著性区别，自变量有助于解释同一组别内部不同经济体的国家经济增长差异，而控制变量有助于解释不同组别之间的经济增长差异。给定经济体 i，有限混合模型表达式如下所示。

$$f(y|x, Z, \Theta) = \sum_{k=1}^{k} \pi_k(Z, \alpha_k) f_k(y|x, \beta_k, \sigma_k) \tag{9}$$

其中，k 为组别数量，Z 为控制变量矩阵，对应的待估计矩阵系数为 α_k，$\pi_k(Z, \alpha_k)$ 表示经济体 i 隶属于组别的概率，β_k 表示自变量矩阵 x 在组别的待估计矩阵。

运用后向回归方法，对多元一次回归模型中不具有显著性的就业率和净移民对经济增长的影响进行二次项检验，通过绘制散点图发现，就业率及移民数量对经济增长呈曲线关系。

最终，构建的多元二次回归模型包含了外国投资FDI、税收政策TAX、城镇化CITY、基础设施建设IPHO、就业率EMPL、人居环境LIVE、基尼系数GINI、教育水平EDUC、绿色经济CARB、金融市场INTE、政策安全指数COI等变量，其表达公式如下所示。

$$E(y) = \beta_0 + \beta_1 PATE_{it} + \beta_2 GOVE_{it} + \beta_3 FDI_{it} + \beta_4 TAX_{it} + \beta_5 CITY$$
$$+ \beta_6 IPHO_{it} + \beta_7 GINI_{it} + \beta_8 EDUC_{it} + \beta_9 CARB_{it} + \beta_{10} INTE_{it} \quad (10)$$
$$+ \beta_{11} COI_{it} + \beta_{12} EMPL_{it} + \beta_{13} EMPL_{it}^2 + \beta_{14} LIVE_{it} + \beta_{15} LIVE_{it}^2 + \varepsilon_{it}$$

进一步，检验主效应回归方程中11个控制变量的Pearson相关系数。结果显示，主要变量的相关系数在0.3及以下，证明变量之间不存在明显的多重共线性问题，可以进行回归分析。

（三）有限混合分组模型

贝叶斯分类器是各种分类器中分类错误概率最小或者在预先给定代价的情况下平均风险最小的分类器。分类原理是通过某对象的先验概率，利用贝叶斯公式计算出其后验概率，即该对象属于某一类的概率，选择具有最大后验概率的类作为该对象所属的类。由于外生给定的经济体洲、政体形式的分类对于观测宏观经济指标影响人均国民收入具有复杂性，将某一外生分类描述为优先发展技术创新或者提高政府效率分组时，各经济体的风险不一。通常不能直接得到后验证概率的情况下，通过贝叶斯公式进行计算，公式所示如下。

$$P(w_i | x) = \frac{P(x | w_i)P(w_i)}{P(x)} (i = 1, 2, \cdots c) \quad (11)$$

概率密度判别函数表达式如公式（12）、（13）所示：

$$g_1(x) = (C_{21} - C_{11})P(x | w_1)P(w_1) \quad (12)$$

$$g_2(x) = (C_{12} - C_{22})P(x | w_2)P(w_2) \quad (13)$$

贝叶斯分组数据结果如表8所示。

表8　贝叶斯分类

变量		贝叶斯分类			
		聚类-1	聚类-2	F值	P值
因变量	PATE	702.06 ± 9222.61	12916.28 ± 73465.67	75.246	0.000***
	GOVE	50.58 ± 65.35	24.94 ± 23.83	292.719	0.000***
	FDI	7.16 ± 50.21	6.15 ± 20.63	0.752	0.386

变量		贝叶斯分类			
		聚类-1	聚类-2	*F*值	*P*值
因变量	TAX	15.13 ± 8.23	17.72 ± 8.98	108.758	0.000***
	CITY	43.06 ± 18.80	74.88 ± 16.49	794.340	0.000***
	IPHO	32.74 ± 37.97	93.13 ± 48.19	391.560	0.000***
	GINI	42.30 ± 7.80	35.50 ± 6.09	1089.413	0.000***
	EDUC	12.67 ± 10.97	48.98 ± 23.13	1275.164	0.000***
	CARB	1.75 ± 2.43	8.69 ± 7.89	907.239	0.000***
	INTE	8.42 ± 16.01	4.84 ± 6.86	92.372	0.000***
	COI	−0.22 ± 0.69	0.33 ± 0.84	633.310	0.000***
	EMPL	56.39 ± 14.37	54.96 ± 10.40	14.850	0.000***
	LIVE	−23.84 ± 85.84	21.24 ± 84.77	332.880	0.000***
样本数		4894			

备注：*$p<0.1$，**$p<0.05$，***$p<0.001$。

数据：世界银行（2021）

贝叶斯分组数据中，各个经济体类型见表9列示如下：

表9 经济体内生分组

Cluster-1	Cluster-2
Afghanistan	Algeria
Angola	Andorra
Arab League countries	Argentina
Armenia	Australia
Antigua	Bahamas
Austria	Bahrain
Azerbaijan	Belarus
Benin	Belgium
Burkina Faso	Bolivia
Bangladesh	Botswana
Bosnia	Brazil

Cluster-1	Cluster-2
Belize	Brunei Darussalam
Barbados	Bulgaria
Bhutan	Burundi
Central 非洲n Republic	Canada
Central 欧洲和the Baltic Sea	Chile
China	Colombia
Ivory Coast	Costa Rica
Cameroon	Cuba
Congo（DRC）	Curacao
Comoros	Cyprus
Cape Verde	Czech Republic
Caribbean	Denmark
Ecuador	Djibouti
Egypt	Dominica
Ethiopia	Dominica
Fiji	El Salvador
Federated States of Micronesia	Equatorial Guinea
Georgia	Estonia
Ghana	Finland
Guinea	France
Gambia	Gabon
Guinea-Bissau	Germany
Grenada	Greece
Guatemala	Guam
Guyana	Hong Kong
Honduras	Hungary
Croatia	Iceland
Haiti	Iraq
Indonesia	Israel
India	Italy
Ireland	Japan

Cluster-1	Cluster-2
Jamaica	Jordan
Kazakhstan	Kuwait
Kenya	Latvia
Kyrgyzstan	Lebanon
Cambodia	Libya
Kiribati	Lithuania
Saint Kitts和Nevis	Luxembourg
Laos	Macao
Liberia	Malawi
Santa Lucia	Malaysia
Sri Lanka	Malta
Lesotho	Marshall Islands
Morocco	Mexico
Moldova	Monaco
Madagascar	Mongolia
Maldives	Montenegro
North Macedonia	Nauru
Mali	Netherlands
Myanmar	New Zealand
Mozambique	Niger
Mauritania	Northern Mariana Islands
Mauritius	Norway
Namibia	Oman
Nigeria	Palau
Nicaragua	Panama
Nepal	Papua New Guinea
Pakistan	Peru
Philippines	Puerto Rico
Poland	Qatar
Portugal	Republic of Congo
Paraguay	Republic of Korea

Cluster-1	Cluster-2
Pacific Island Countries	Russia
Romania	Rwanda
Sudan	Samoa
Senegal	Sao Tome和Principe
Solomon Islands	Saudi Arabia
Sierra Leone	Singapore
Somalia	Spain
Serbia	Sweden
Suriname	Switzerland
Slovakia	Texcos
Slovenia	Tunisia
Swaziland	Turkey
Seychelles	Ukraine
Chad	United Arab Emirates
Togo	United Kingdom
Thailand	United States
Tajikistan	Uruguay
Turkmenistan	West Bank和Gaza
East Timor	
Tonga	
Trinidad和Tobago	
Tuvalu	
Tanzania	
Uganda	
Uzbekistan	
Saint Vincent和the Grenadines	
Vietnam	
Vanuatu	
Kosovo	
Yemen	
South 非洲	

Cluster-1	Cluster-2
Zambia	
Zimbabwe	

数据：世界银行（2021）

四、本章小结

本章介绍了经济增长理论的研究路径，从资源禀赋理论、比较优势理论、到国家创新理论，再到产品空间理论，并指出了资源禀赋理论无法解释相同资源优势的国家为何擅长生产不同的产品。国家创新空间理论虽然无法解释为何部分经济体在现有技术基础上加大生产产品力度比开发新技术更能促进经济增长的问题，但是，产品空间理论中人力和自然资源密集型的产品存在"资源诅咒"效应、经济体是如何进行产业升级进而促进经济增长等理论，对创新空间理论起到了很好的补充作用。

本章文献整理从国内、国外、支持和反对四个方面，按照时间演进顺序，进行了细致的梳理。创新空间要素投入方面，包含了以下子课题的文献，创新空间分别为政府效率、外国投资、税收政策、城镇化、基础设施建设、就业率、人居环境、基尼系数、教育科研、绿色经济、居民专利申请量和金融市场化等。产品空间分别为纺织类、农业类、钻石类、矿产类、金属类、化工类、汽车类、设备类和电子类的产品出口比较优势度、产品邻近度以及经济复杂度等。控制变量的文献包含了经济体发展程度、地理位置、政体形式、资源类型等。本章还界定了国家经济增长的指标选取，以及世界经济体的分组依据，从外生给定分组和内生要素分组两个方面进行数据的有限混合。并逐一按照洲、政体形式、发展程度、经济周期以及资源密集类型分组描述。

第三章 创新空间、产品空间与经济增长关系的实证研究

一、创新空间与经济增长关系的实证研究

(一)研究假设

1. 技术创新与国家经济增长

熊彼特(1928)认为创新是指把一种从来没有过的关于生产要素的"新组合"引入生产体系,包括新产品、新技术、新市场、新材料和新的组织方式。从国家层面来看,创新是增加经济体竞争能力、保持可持续经济增长的重要途径。Connor,M.和Rafferty,M.(2012)基于2006—2010年世界银行数据库,以上市公司股权分散程度代表市场化程度,考察技术创新对GDP的影响,认为良好的市场环境促进技术创新,并交互增加国民生产总值。林洲钰等(2014)根据2013年中国创新型企业数据,从微观层面实证技术创新、政府关系、政府治理对国家行业标准数量的影响,实证技术创新表现出不随政府效率变化而变化的稳定性,对提高国家竞争力具有显著正向作用。易信和刘凤良(2015)依据中国工业数据库,利用情景实验法,对技术创新与金融市场对行业劳动份额的影响研究,发现技术创新的水平效应和结构效应加速产业转型与促进经济增长。苏治和徐淑丹

（2015）运用DA包络分析法对技术创新和组织管理效率影响企业经营增长进行实证研究，认为技术创新依赖组织管理效率改善。万建香和汪寿阳（2016）则结合技术创新与社会资本的交互作用，实证对GDP的影响，1998—2013年中国统计年鉴数据显示，技术创新和社会资本一并促进国家经济增长。

综上，提出假设H1a：技术创新促进国家经济增长。

2. 政府效率与国家经济增长

政府效率是政府机构在单位时间内的运转速度，办事的数量和质量，政府效率反映一个政府的整体功能水平，提高政府的工作效率，是世界经济体普遍致力达成的目标。鲁桐和党印（2015）基于1996—2010年194个经济体数据，以政府效率、投资者保护为自变量，实证对居民专利申请量的影响，进而论证政府效率促进经济发展方式的转变效应，发现政府行政环境有利于技术创新，并促进国家经济增长。李煜华等（2015）基于江苏省160份问卷调查，构建政府干预影响新兴产业，促进经济增长的结构方程模型，认为政府通过税收政策、金融支持、产业政策、人才政策等政策安全性促进技术创新并增长GDP。乔志程等（2018）根据1995—2014年世界价值观调查，认为政治信任在发达国家促进经济的作用较为显著，发展中国家不具有显著性。罗新远（2018）运用对比分析法，发现中国特色的腐败与经济增长呈现正相关关系，但是腐败造成的危害却是共同的，因此，政府还需要完善监管机制，构建法治政府。政府还可以从法律环境（Allen, F.et al., 2005）、政策开放程度（马卫等，2019），以及经济政策确定性（梁权熙和谢宏基，2019）等多方面作用于经济增长。

综上，提出假设H1b：政府效率促进国家经济增长。

3. 控制变量与国家经济增长

结合现有文献，借鉴梅农·戈登等（1991）、杨开忠（1994）、Kanbur, R.和Zhang, X.（2005）、姚枝仲（2014），以及刘贯春等（2019）选取国家经济增长控制变量的做法，本书主要采取控制变量来考察全球疫情影响经济增长的内在逻辑，依次包括：外国投资FDI、税收政策TAX、城镇化CITY、基础设施IPHO、人口就业EMPL、人居环境LIVE、基尼系数GINI、教育水平EDUC、绿色经济CARB、金融市场INTE和政策安全指数COI。上述控制变量会影响全要素生产率和要素禀赋对经济体经济增长的产出弹性，从而对经济增长模式产生重要影响，具体机制在于：

第一，外国投资FDI。

外国投资FDI是现代的经济体国际化的主要形式之一，按照国际货币基金组织定义的FDI是指在投资人所属国以外的国家所经营的企业拥有持续利益的一种投资。唐未兵等（2014）利用动态面板广义矩阵，分析1996—2011年我国28个省份数据，构建FDI、技术引进对生产要素质量和效率的影响关系，发现外资技术溢出和模仿效应有利于经济增长集约化水平的提升。肖文和林高榜（2014）基于2010年中国统计年鉴数据，以FDI、技术创新效率对GDP进行OLS回归检验发现，中国整体平均技术创新效率在0.5—0.6之间，行业外资比重提高有利于提升这一比例，进而促进经济体经济增长。

第二，税收制度TAX。

经济体通常通过税收优惠政策吸引外部投资，提高创新和竞争能力，特别是，全球疫情期间通过降低税负率提升经济活力。Paula.和Jose A. S.（2010）依据1995—2009年世界银行数据，运用OLS回归方法，实证增值税与资金、人力资本存量对国民收入的影响，发现降低税负率可以促进国民收入增长。孙正和张志超（2015）则依据中国1995—2013年省级面板数据，运用VAR结构向量回归模型，计量工资税率、资本税率对国民收入分配格局的影响，认为降低流转税率可以完善分配格局，促进经济增长。

第三，城镇化。

周一星（1982）最早对城市化促进国家经济增长开展研究，根据1950—1975年日本、苏联、美国城市化数据，利用OLS回归方法，实证城镇化交互科学技术、劳动生产率对GNI的影响，指出人口向城市集聚是劳动分工逐渐完善的必要前提，城镇化促进国民经济增长是普遍规律，即使在全球疫情环境下，这一基本规律仍可以被验证。林毅夫和陈斌开（2013）依据2000—2009年统计年鉴，运用数值模拟方法，指出城镇化不能以重工业发展为优先目标，欠发达国家的政府对国家经济绩效起至关重要的作用。黄祖辉（2014）则以四川蒲江的城镇化发展为案例，研究城镇化、农业现代化与GDP的关系，认为城镇化推动中国农业现代化的发展，并吸纳农村剩余劳动力转移是促进国家经济增长的途径之一。

第四，基础设施建设IPHO。

互联网作为基础设施建设要素之一，在全球疫情期间促进经济增长，在中国阿里巴巴钉钉办公平台的运用尤其明显。Chen, D. Y.和Han, C. D.（2012）依据中国2010—2011年金融数据，研究互联网、经济安全对GDP的影响，发现互联网与关键经济安全要素之间存在正向显著关系，并促进国家经济增长。刘湖和张家平（2015）则利用2008—2013年省级面板数据，OLS回归分析互联网、基础设施建设对经济增长的影响，认为固定宽带等基础设施建设表现出规模经济，促进经济增长。

第五，人口就业EMPL。

对全球疫情首当其冲的可能是劳动就业率，Lewis, S. A.（1954）依据对比分析法，指出人力资本、就业率促进经济增长，但是，劳动需求和资本需求富有价格弹性，实际工资上涨同样不利于就业率的提高。龚刚和杨光（2010）根据2008年中国统计数据，实证发现工资性收入占国民收入比例呈现正U形结构。周明海等（2010）则将人口就业分为原始劳动和人力资本两个部分，运用OLS回归分析原始劳动收入增长缓慢，人力资本高增长导致农村剩余劳动力对经济增长贡献与回报不匹配，进而造成收入分配失衡，制约经济增长的问题。

第六，人居环境LIVE。

全球疫情期间，在无政策限制的情况下，一般疫情国的人口呈现移出的现象，Stark, Q.和Wang, Y.（2002）研究经济体移民数量、职业选择和GDP关系，依据1990—2001年世界银行数据库，回归分析发现移民概率取决于人力资本积累,熟练劳动力流出对原籍国有害,但是职业吸引力会部分弥补原籍国损失,总体上疫情会通过人口流失的方式作用于经济。马晓微和张岩(2004)则从微观的行业层面,以2000—2002年北京市建筑业数据构建生产函数实证城市移民数量对建筑业行业发展,进而促进区域经济增长。

第七,基尼系数GINI。

基尼系数是公认的衡量经济体社会公平程度的指标之一,社会对不公平的接受程度,杨明海和冯玉静(2012)称之为权利距离,其以2009年IMF数据为根据,利用象限分析方法,发现权力距离对人均国民生产总值显著负相关。陈斌开、林毅夫(2012)则利用2011年中国统计年鉴,定量分析基尼系数对经济增长的影响,发现在比较优势发展战略下,先富带动后富的滴落机制发生作用,收入分配格局不断改善进而促进经济增长,认为允许贫富差异是促进经济体整体经济增长的机制之一。

第八,教育水平EDUC。

孙冶方(1981)首次从定性研究的角度提出应当将教育部门划分为生产部门,而不是非生产部门的类别,认为教育是一种生产力,教育水平影响经济增长水平。其后,陈良焜等(1986)首次使用1961—1979年世界银行数据,定量分析了教育投入比率对GDP的影响,计量了合理的教育投入比率不低于3.29%,并实证教育投入对GDP正向促进作用。Blanchard, O.和Giavazzi, F.(2003)利用协整检验方法,基于1960—2000年世界银行数据,认为教育程度、人力资本对经济增长推动作用具有滞后性,但是长期效果显著,教育水平提高国民素质,进而促进疫情防控效率。

第九,绿色经济CARB。

绿色经济是以市场为导向、以传统产业经济为基础、以经济与环境的和谐为目的而发展起来的一种新的经济形式,是产业经济为适应人类环保与健康需要而产生并表现出来的一种发展状态。绿色经济综合性强、覆盖范围广、带动效应明显,能够形成并带动一大批新兴产业,有助于创造就业和扩大内需，是推动经济走出危机和实现经济增长的重要支撑。李阳等（2014）利用2004—2011年中国工业数据，构建碳排放、技术创新对GDP的回归模型，发现环境规制对技术转化能力的长期促进作用大于技术开发能力，并在技术开发和技术转化阶段均促进经济增长。

第十，金融市场INTE。

金融市场环境作为经济体货币政策影响经济增长的途径之一，具有重要作用，相关的研究成果颇丰，诸如：Acemoglu, D., and Veronica, G.（2008）基于1998—2007年Wind数据库，构建脉冲响应函数，发现贷款利率的提高会降低房地产价格并最终减低国民生产总值。余明桂等（2016）根据2001—2011年A股上市公司数据，认为产业政策通过信贷、税收等机制促进企业经营增长。陈斌开和陆铭（2016）实证了市场实际利率反映资本回报市场化促进国家经济增长。李文溥和李昊（2016）则利用1992—2012年CEIC数据，构建市场实际利率、金融投资品比率对GNI的影响，认为利率管制下的过低的实际利率水平是导致中国居民财产收入过低的首要原因，论证了市场利率的U形结构。

综上，提出假设H1c：控制变量促进国家经济增长。

（二）数据收集与实证方法

1. 数据收集与指标定义

本书使用的数据来源于世界银行1995—2019年全球199个国家（地区）和经济体宏观数据。为避免数据选择性偏差，本书数据集除包含年份YEAR、人均国民收入GNI、国内生产总值GDP、技术创新PATE、政府效率GOVE、外国投资FDI、税收政策TAX、基础设施IPON、人口就业EMPL、人居环境LIVE、基尼系数GINI、教育水平EDUC、绿色经济CARB、金融市场INTE和政策安全指数COI等连续型变量外，还包括洲DEVE、政体形式GF和是否国家创新空间GIS等虚拟二值变量。本书所用的国家经济治理数据具有代表性和可信性，具体变量指标定义见表10所示。

表10　变量定义

类别	名称	符号	定义
因变量	GNI	GNI	National Income Per Capita, 1995—2019
	GDP	GDP	1995—2019 GDP
自变量	技术创新	PATE	Number of resident patent applications from 1995 to 2019
	政府效率	GOVE	Number of days required to start a business from 1995 to 2019
	外国投资	FDI	Proportion of foreign investment from 1995 to 2019
	税收政策	TAX	1995—2019 Comprehensive Tax Burden Rate
	城镇化	CITY	Urbanization population ratio from 1995 to 2019
	基础设施	IPON	Number of mobile phones owned by 100 people from 1995 to 2019
	人口就业	EMPL	Employment ratio of working population over 15 years from 1995 to 2019
	人居环境	LIVE	Net migration population from 1995 to 2019
	基尼系数	GINI	1995—2019 economy rich 和 poor Gini index
	教育水平	EDUC	1995—2019 college enrollment ratio
	绿色经济	CARB	The ratio of carbon dioxide emissions from 1995 to 2019
	金融市场	INTE	1995—2019 economy real interest rate
	政策安全指数	COI	1995—2019 COI Index
	洲别	CONT	Continent category of economy
	政体类型	GF	The form of economic system from 1995 to 2019
	是否创新空间	GIS	entropy method synthesis 系数

备注：作者整理

2. 描述性统计与相关系数

为提高数据的准确性，对样本数据进行如下处理：

首先，缩小变量间数据范围的级差程度，对因变量人均国民收入和国内生产总值进行对数化处理，表达式如下所示。

$$y^* = \ln(GNI, GDP) \qquad (14)$$

其次,对自变量和控制变量数值进行数据标准化处理,见公式(15)所示。

$$\mu_i = \frac{T - \bar{x}}{s} \qquad (15)$$

最后,相关变量描述性统计整理如表11所示,变量数据峰值普遍大于0,说明总体数据分布与正态分布相比较为陡峭,为尖顶峰。变量数据的偏度普遍在-1.011—7.87之间,说明数据分布形态与正态分布的程度偏离不大。

表11 描述性统计

变量	观测值	均值	中值	方差	峰度	偏度	最小值	最大值
GNI	4894	8.327	8.302	1.601	-0.890	0.021	4.630	12.150
GDP	4894	23.645	23.427	2.433	-0.307	0.137	16.215	30.653
PATE	4894	5947	63	49014	356.43	16.417	1	1393815
GOVE	4894	39.566	28	53.343	83.352	7.527	0.5	697
FDI	4894	6.723	2.480	40.259	493.54	20.354	-58.322	1282.63
TAX	4894	16.243	15.402	8.654	50.303	4.589	0.001	149.28
CITY	4894	56.73	56.39	23.80	-1.024	-0.019	7.211	100
IPHO	4894	58.676	51.171	52.087	-0.083	0.608	0.001	345.32
EMPL	4894	55.771	56	12.832	0.374	0.151	7.349	98.379
LIVE	4894	-4.479	-1.20	88.246	38.018	-1.011	-734.81	885.99
GINI	4894	39.379	38.6	7.871	0.606	0.753	20.2	65.8
EDUC	4894	28.265	21	24.929	-0.006	0.931	0.132	136.60
CARB	4894	4.730	2.474	6.470	20.463	3.598	0.015	70.042
INTE	4894	6.882	5.66	13.02	132.5	7.87	-93.51	252.11
COI	4894	0.017	0.017	0.805	0.712	0.262	-3.687	2.964

备注:作者整理

进一步,检验主效应回归方程中11个控制变量的Pearson相关系数。结果如表12显示,主要变量的相关系数在0.3及以下,证明变量之间不存在明显的多重共线性问题，可以进行回归分析。

表12 变量的Pearson系数

	R&D	EOG	FDI	TAX	URBA	INTE	GINI	EDUC	CARB	FINA	COI	EMPL	LIVE
PATE	1												
GOVE	−0.05*	1											
FDI	−0.01*	−0.00*	1										
TAX	−0.06*	0.07*	0.06*	1									
CITY	0.08*	−0.10*	−0.05*	0.04*	1								
IPHO	0.05*	−0.24*	0.06*	0.11*	0.37*	1							
GINI	−0.03*	0.24*	−0.06*	−0.08*	−0.16*	−0.19*	1						
EDUC	0.15*	−0.22*	0.01*	0.17*	0.35	0.31	−0.36*	1					
CARB	0.10*	−0.12*	−0.01*	−0.06*	0.30	0.28*	−0.21*	0.31	1				
INTE	−0.03*	0.03*	−0.01*	−0.02*	−0.06*	−0.09*	0.10*	−0.10*	−0.10*	1			
COI	0.04*	−0.08*	0.00*	0.18*	0.17*	0.14*	−0.18*	0.36	0.02*	−0.03*	1		
EMPL	0.05*	−0.04*	0.01*	−0.12*	−0.11*	0.04*	0.06*	−0.04*	0.07*	0.07*	−0.08*	1	
LIVE	*	−0.04*	−0.18*	0.04*	0.21*	0.14*	−0.01*8	0.19*	0.24*	−0.03*	−0.02*	−0.02*	1

备注：系数0.3及以下，表明弱相关，用*表示

结合现有文献，在借鉴刘贯春等（2019）提出的人口就业EMPL、金融市场INTE、政府效率GOVE，3个控制变量的基础上，本书增加外国投资FDI、税收政策TAX、城市发展CITY、基础设施IPON、人居环境LIVE、基尼系数GINI、教育水平EDUC、和技术创新PATE等8个分析指标，进一步丰富了现有的经济治理分析框架。值得注意的是，本书构建的分析模型，不仅放松了不同经济体遵循相同增长路径的假定，而且，允许同一经济体的增长路径随时间推移发生变迁，因此进一步丰富了研究方法。

3. 逐步回归与有限混合模型

为克服内生性问题，本书使用有限混合模型和分组检验方法，构建最优拟合模型：

基于"节俭模型"的原则，使用一元一次模型作为基础回归方程，公式如（16）和（17）所示：

$$\ln(GNI)=E(y)+\varepsilon \tag{16}$$

$$E(y)=\beta_0+\beta_1 PATE \tag{17}$$

通过逐步回归（见表13），构建了包括外国投资FDI、税收政策TAX、城镇化CITY、基础设施建设IPHO、就业率EMPL、人居环境LIVE、基尼系数GINI、教育水平EDUC、绿色经济CARB、金融市场INTE和政策安全指数COI等变量的回归模型。

表13 逐步回归检验

因变量	ln（GNI）										
逐步回归	（1）	（2）	（3）	（4）	（5）	（6）	（7）	（8）	（9）	（10）	（11）
PATE	0.001***	0.001***	0.001***	0.001***	0.001***	0.001***	0.001***	0.001***	0.001***	0.001***	0.001***
T value	（8.160）	（7.565）	（7.762）	（8.725）	（6.873）	（6.582）	（6.438）	（4.638）	（3.340）	（3.29）	（3.27）
GOVE		-0.006***	-0.006***	-0.006***	-0.004***	-0.002***	-0.001***	-0.001***	-0.001***	-0.001***	-0.001***
T value		（-15.239）	（-15.277）	（-16.465）	（-16.061）	（-9.83）	（-7.592）	（-6.551）	（-6.528）	（-6.55）	（-6.44）
FDI			0.004***	0.004***	0.006***	0.005***	0.004***	0.004***	0.004***	0.004***	0.004***
T value			（8.884）	（8.167）	（16.606）	（15.466）	（14.966）	（15.232）	（16.195）	（16.20）	（16.42）
TAX				0.033***	0.025***	0.019***	0.018***	0.015***	0.019***	0.019***	0.017***
T value				（13.348）	（15.206）	（12.760）	（11.990）	（9.798）	（13.186）	（13.16）	（12.08）
CITY					0.047***	0.040***	0.039***	0.035***	0.028***	0.028***	0.028***
T value					（76.40）	（66.549）	（65.760）	（53.556）	（41.492）	（41.55）	（41.64）
IPHO						0.009***	0.009***	0.007***	0.006***	0.006***	0.007***
T value						（32.618）	（32.028）	（26.091）	（25.000）	（24.89）	（25.51）
GINI							-0.016***	-0.010***	-0.003***	-0.003**	-0.002*
T value							（-9.602）	（-5.738）	（-2.30）	（-2.12）	（-1.87）
EDUC								0.009***	0.010***	0.010***	0.008***
T value								（13.552）	（15.294）	（15.225）	（12.44）
CARB									0.058***	0.057***	0.059***
T value									（26.285）	（26.08）	（26.96）
INTE										-0.002***	-0.002***
T value										（-2.61）	（-2.65）

COI										0.142***
T value										(8.814)
截距	8.305*** (361.68)	8.559*** (306.07)	8.524*** (304.30)	7.993*** (165.21)	5.332*** (111.73)	5.227*** (120.56)	5.942*** (69.101)	5.762*** (67.416)	5.611*** (69.97)	5.62*** (70.05)	5.64*** (70.86)
R^2	0.013	0.058	0.007	0.106	0.593	0.666	0.672	0.68	0.72	0.72	0.73
调整后-R^2	0.013	0.058	0.007	0.105	0.593	0.666	0.672	0.68	0.72	0.72	0.73
观测值	4894	4894	4894	4894	4894	4894	4894	4894	4894	4894	4894
F-值	66.596***	150.995***	128.583***	144.49***	1421.78***	1621.03***	1428.68***	1320.01***	1416.61***	1277.17***	1386.45***

备注：*$p<0.1$，**$p<0.05$，***$p<0.001$。

数据：世界银行（2021）

运用后向回归方法，对多元一次回归模型中不具有显著性的就业率和净移民对经济增长的影响进行二次项检验，通过绘制散点图发现，就业率及移民数量对经济增长呈曲线型关系，如图5、图6所示。

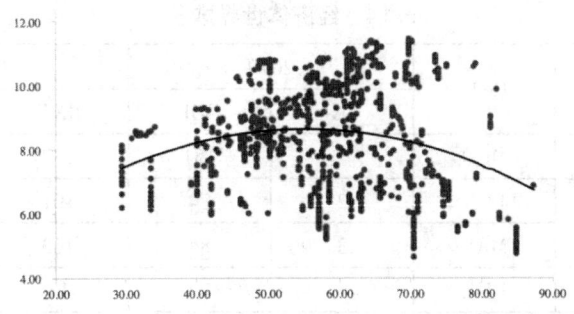

图5 人口就业与经济增长

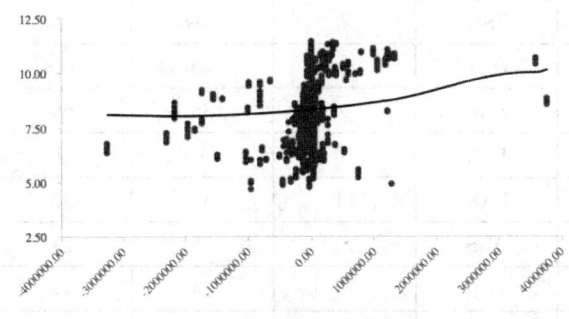

图6 净移民与经济增长

最终，构建的多元二次回归模型包含了外国投资、税收政策、城镇化、基础设施建设、就业率、人居环境、基尼系数、教育水平、绿色经济、金融市场、政策安全指数就业率和人居环境等变量。

（三）技术创新、政府效率与经济增长一般性关系

1. 技术创新、政府效率与经济增长世界经济体排名

产品空间理论认为国家之间的竞争力取决于产品空间的变化，一国经济增长水平高低关键看其产品类型分布与产品空间结构，产品初始位置的发展程度决定了经济体未来经济增长的程度（张亭等，2018）。借鉴这一理论，技术创新和政府效率作为国家宏观经济指标的一部分，其初始投入规模可能对经济体未来的经济增长构成影响。本书依据世界银行1995年全球经济体技术创新排名和政府效率排名数据，实证计量对2019年经济体人均国民收入和国内生产总值的影响，排名数据见表14所示。

表14 经济体世界排名

Country	Code	2019		1995	
		GNI	GDP	R&D	EOG
Monaco	MCO	1	151	137	14
Luxembourg	LUX	2	74	101	62
Macao	MAC	3	84	163	4
Switzerland	CHE	4	22	13	40
Norway	NOR	5	29	28	33
Ireland	IRL	6	32	35	52
Iceland	ISL	7	109	124	3
Qatar	QAT	8	54	128	11
Singapore	SGP	9	35	59	8
United States	USA	10	1	2	5
Denmark	DNK	11	38	26	7
Australia	AUS	12	15	21	1
Sweden	SWE	13	24	12	29
Netherlands	NLD	14	19	17	13

Country	Code	2019		1995	
		GNI	GDP	R&D	EOG
Austria	AUT	15	28	22	54
Finland	FIN	16	43	18	68
Hong Kong	HKG	17	36	116	19
Germany	DEU	18	4	4	115
Belgium	BEL	19	25	36	134
Canada	CAN	20	11	16	2
United Arab Emirates	ARE	21	30	112	39
United Kingdom	GBR	22	5	5	21
New Zealand	NZL	23	53	24	22
Andorra	AND	24	166	132	124
Israel	ISR	25	33	25	32
France	FRA	26	6	7	102
Japan	JPN	27	3	1	20
Italy	ITA	29	9	9	51
Kuwait	KWT	30	58	136	83
Bahamas	BHS	31	138	168	67
Puerto Rico	PRI	32	64	89	6
Brunei Darussalam	BRN	33	132	122	180
Republic of Korea	KOR	34	14	3	31
Spain	ESP	35	16	19	184
Malta	MLT	36	127	141	97
Cyprus	CYP	37	110	171	9
Slovenia	SVN	39	85	44	148
Bahrain	BHR	40	100	178	16
Portugal	PRT	41	48	91	163
Saudi Arabia	SAU	42	20	111	168
Estonia	EST	44	103	130	157
Czech Republic	CZE	45	46	38	137

Country	Code	2019		1995	
		GNI	GDP	R&D	EOG
Greece	GRC	46	52	49	96
Slovakia	SVK	48	62	48	178
Saint Kitts 和 Nevis	KNA	49	186	81	38
Lithuania	LTU	50	86	68	57
Barbados	BRB	51	159	156	36
Latvia	LVA	52	101	53	30
Uruguay	URY	53	81	103	116
Trinidad 和 Tobago	TTO	54	114	115	160
Antigua	ATG	55	178	71	58
Seychelles	SYC	56	179	87	78
Oman	OMN	57	70	151	92
Hungary	HUN	58	57	29	129
Central 欧洲和 the Baltic Sea	CEB	59	13	10	126
Chile	CHL	60	42	55	107
Panama	PAN	62	77	131	35
Poland	POL	63	23	15	152
Croatia	HRV	64	78	50	64
Romania	ROU	65	49	20	63
Costa Rica	CRI	66	79	108	173
Argentina	ARG	67	26	37	153
Malaysia	MYS	69	37	62	94
Russia	RUS	70	12	6	26
Mauritius	MUS	71	129	164	119
Grenada	GRD	72	183	78	41
Santa Lucia	LCA	73	175	139	49
Maldives	MDV	74	157	143	15
Equatorial Guinea	GNQ	75	133	77	187
Caribbean	CSS	76	72	100	69
Kazakhstan	KAZ	78	55	31	73
China	CHN	79	2	8	75

Country	Code	2019		1995	
		GNI	GDP	R&D	EOG
Mexico	MEX	80	17	41	12
Turkey	TUR	81	21	56	100
Bulgaria	BGR	82	76	43	99
Brazil	BRA	83	10	14	172
Cuba	CUB	85	65	70	43
Lebanon	LBN	86	83	69	128
Botswana	BWA	87	118	181	181
Dominica	DOM	88	68	133	165
Gabon	GAB	89	122	73	130
Dominica	DMA	90	191	183	27
Saint Vincent 和 the Grenadines	VCT	91	189	40	23
Thailand	THA	92	27	60	80
Serbia	SRB	93	87	189	136
Libya	LBY	94	89	150	82
Turkmenistan	TKM	95	95	95	18
Peru	PER	96	51	109	176
Colombia	COL	97	39	61	113
Arab League countries	ARB	98	7	34	123
South 非洲	ZAF	99	34	33	133
Ecuador	ECU	100	60	145	174
Belarus	BLR	101	80	39	167
Fiji	FJI	102	154	172	72
Suriname	SUR	103	164	58	192
North Macedonia	MKD	104	136	83	142
Bosnia	BIH	105	116	154	155
Namibia	NAM	106	128	138	171
Iran	IRN	107	50	46	193
Paraguay	PRY	108	96	107	156
Jamaica	JAM	109	123	148	70

Country	Code	2019		1995	
		GNI	GDP	R&D	EOG
Algeria	ALB	110	124	153	105
Guyana	GUY	111	163	142	108
Belize	BLZ	112	176	179	139
Georgia	GEO	113	120	45	55
Azerbaijan	AZE	114	91	52	177
Guatemala	GTM	115	71	105	104
Tonga	TON	116	192	99	74
Jordan	JOR	118	93	93	166
Moldova	MDA	119	139	47	106
Pacific Island Countries	PSS	120	143	126	84
Armenia	ARM	121	137	54	34
Samoa	WSM	122	188	192	109
Swaziland	SWZ	123	161	86	143
Mongolia	MNG	124	135	63	53
Algeria	DZA	125	56	110	56
Sri Lanka	LKA	126	66	92	135
El Salvador	SLV	127	108	166	179
Indonesia	IDN	128	18	96	162
Marshall Islands	MHL	129	196	82	48
Tuvalu	TUV	130	199	190	90
Federated States of Micronesia	FSM	131	194	72	86
Bolivia	BOL	132	97	129	140
Tunisia	TUN	133	98	106	24
Angola	AGO	134	63	152	170
Bhutan	BTN	135	172	157	151
Morocco	MAR	136	61	90	81
West Bank和Gaza	PSE	137	126	125	161
Vanuatu	VUT	138	187	88	120

Country	Code	2019		1995	
		GNI	GDP	R&D	EOG
Philippines	PHL	139	40	57	93
Ukraine	UKR	140	59	11	103
Djibouti	DJI	141	169	182	114
Papua New Guinea	PNG	142	115	187	127
Vietnam	VNM	143	47	117	146
Egypt	EGY	144	45	42	110
Laos	LAO	145	119	162	183
Honduras	HND	146	113	147	147
Ghana	GHA	147	75	134	46
Republic of Congo	COG	148	141	123	95
Zimbabwe	ZWE	149	102	98	182
Solomon Islands	SLB	150	181	84	132
Nigeria	NGA	151	31	140	66
Nicaragua	NIC	152	134	175	122
India	IND	153	8	23	76
Ivory Coast	CIV	155	92	113	150
Kenya	KEN	156	67	135	144
Bangladesh	BGD	157	44	94	47
Kiribati	KIR	158	197	80	45
Zambia	ZMB	159	107	155	89
Cameroon	CMR	160	99	159	117
Uzbekistan	UZB	161	88	30	60
Senegal	SEN	162	112	97	138
Cambodia	KHM	163	111	184	175
Pakistan	PAK	164	41	121	42
Cape Verde	CPV	165	174	170	145
Comoros	COM	166	184	169	65
Lesotho	LSO	168	170	146	185
Kyrgyzstan	KGZ	169	148	67	44

Country	Code	2019		1995	
		GNI	GDP	R&D	EOG
Benin	BEN	170	144	32	85
Mauritania	MRT	172	158	104	169
Tanzania	TZA	173	82	191	91
Nepal	NPL	174	104	165	71
Sudan	SDN	175	94	149	98
Yemen	YEM	176	106	193	158
Mali	MLI	177	121	185	79
Guinea	GIN	178	142	74	125
Haiti	HTI	179	145	161	191
Tajikistan	TJK	180	150	102	164
Guinea-Bissau	GNB	181	180	76	190
Rwanda	RWA	182	146	188	37
Ethiopia	ETH	183	69	160	121
Chad	TCD	184	140	65	149
Gambia	GMB	185	177	75	61
Burkina Faso	BFA	186	130	167	101
Togo	TGO	187	156	66	159
Uganda	UGA	189	105	114	87
Congo（DRC）	COD	190	90	144	188
Sierra Leone	SLE	191	162	85	59
Madagascar	MDG	192	131	118	154
Mozambique	MOZ	194	125	174	189
Central 非洲n Republic	CAF	195	173	158	50
Niger	NER	196	147	120	88
Malawi	MWI	197	152	186	111
Burundi	BDI	199	168	177	25

备注：世界银行（2021）

绘制人均国民收入、技术创新和政府效率堆积趋势图（见图7），1995

年经济体技术创新排名、政府效率排名与2019年经济体的人均国民收入排名存在相同趋势关系。

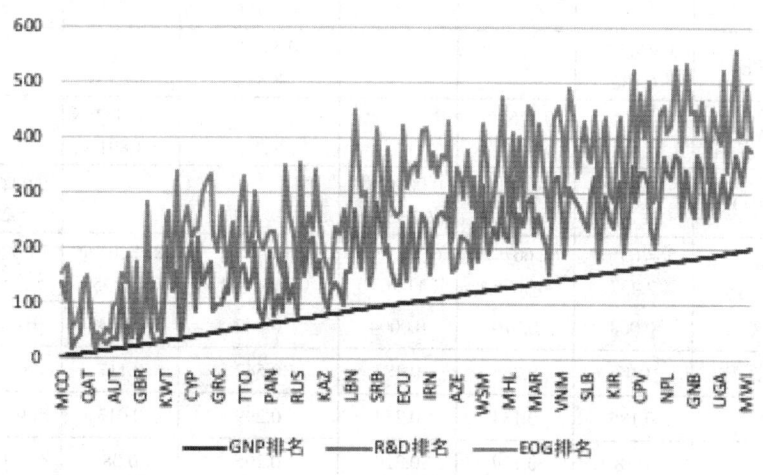

图7 国民收入、科技创新与经济复杂度趋势图

2. 技术创新、政府效率与经济增长OLS回归

进一步，以1995年经济体技术创新排名和政府效率排名为自变量，人均国民收入与国内生产总值的对数为因变量，进行OLS回归检验，表15中（1）表示技术创新对人均国民收入、国内生产总值的关系；（2）表示政府效率对人均国民收入、国内生产总值的关系；（3）表示技术创新与政府效率的交互项，对人均国民收入、国内生产总值的关系，结果见表15所示。

1995年的技术创新对2019年的人均国民收入具有44.1%的正向关系，对2019年的国内生产总值具有54.9%的显著相关关系；1995年的政府效率对2019年的人均国民收入具有37.6%的正向关系，对2019年的国内生产总值具有11.8%的显著相关关系；技术创新和政府效率的交互项对人均国民收入和国内生产总值分别具有0.32%和0.23%的正向交互效应。回归结果说明1995年的技术创新与政府效率，对2018年的国民经济增长具有正向促进作用，并且技术创新相比政府效率具有更优的经济性。

表15　世界排名OLS回归检验

因变量	ln（GNI）			Ln（GDP）		
	（1）	（2）	（3）	（1）	（2）	（3）
PATE	0.441*** （6.432）			0.549*** （8.822）		
GOVE		0.376*** （5.311）			0.118* （1.891）	
PATE*GOVE			0.0032*** （7.450）			0.0023*** （5.255）
截距	56.765*** （7.437）	62.667*** （7.895）	67.027*** （11.767）	41.841*** （6.032***）	83.320*** （10.035）	71.094*** （11.963）
误差	0.068	0.070	0.0004	0.062	0.074	0.00045
决定系数	0.43	0.366	0.483	0.547	0.117	0.362
R^2	0.185	0.134	0.233	0.299	0.013	0.131
调整后R^2	0.18	0.129	0.229	0.295	0.08	0.126
samples	184	184	184	184	184	184
F值	41.37***	28.207***	55.513***	77.832***	3.544*	27.615***

备注：世界银行（2021）

二、产品空间与经济增长关系的实证研究

（一）产品空间指标定义及结构图概述

1. 比较优势度、经济复杂度和产品邻近度

产品空间结构能够计算经济体经济的复杂程度，同时与其他国家进行对比，并利用不同类别产品空间投入要素的改变，预测产业升级与经济增长动态关系。比较优势指标（RAC）是衡量一国产品或产业在国际市场竞争力最具说服力的指标，旨在定量地描述一个经济体各个产业相对出口的表现。通过RAC指数可以判定经济体的哪些产业更具出口竞争力，从而揭示经济体在国际贸易中的比较优势。

产品空间另一个重要的概念产品邻近度（proximity）是指经济体同时拥

有两种产品具有显著比较优势的概率。两种产品的距离越近，产品邻接值越高，实现产品升级的难度和幅度就越小，如果某一产业和其他产业之间的产品邻接度越高，则认为同时生产两种产品所需的生产能力是相似的，两种产品间转换难度较低，技术相关性程度也较大。

经济复杂度指标（ECI）避免了相对比较优势指标和平均价格水平指标的"富国出口复杂产品，穷国出口简单产品"的逻辑。而是指出某一经济体具有比较优势，生产的产品普遍性将提高。这些增加的具有比较优势的产品，只有少数国家能够生产时，才具有经济转化性。因此该指标同时考虑了产品的市场需求能力和产品提供能力。

2. 结构图概述

通过整理1995—2018年全球199个经济体出口数据，按照产品空间分类标准（图8）发现：纺织类产品TEXT出口数量占比呈现下滑趋势，从1995年的8.99%下滑至2018年的6.85%；农业类产品AGRI出口数量占比从14.09%持续性下滑至11.72%；钻石类产品STON出口占比从3.97%增长至4.38%；矿产类产品MINE出口占比从1995年的9.38%，增长至2012年峰值的21.73%，随后逐年下降至2018年的15.23%；金属类产品META出口占比总体下滑不大，保持在8.29%至7.09%的变化幅度内；化工类产品CHEM出口占比从12.56%小幅增长至14.17%；汽车类产品VEHI出口占比从11.46%下降至10.74%；设备类产品MACH出口占比最大，保持在16.49%-18.54%的区间。最后，电子类产品ELEC出口比例出现"先升后降再升"的过程，从1995年的12.67%上升至2018年的13.28%。总体上，技术密集型的金属、化工、汽车和设备类产品占比从50.87%减少至48.51%；人力和资源密集型的纺织类、农业类、钻石类、矿产类和电子类产品占比则从49.12%增长至51.48%，是否意味着人力和资源密集型的经济体国民收入增长速度提高？

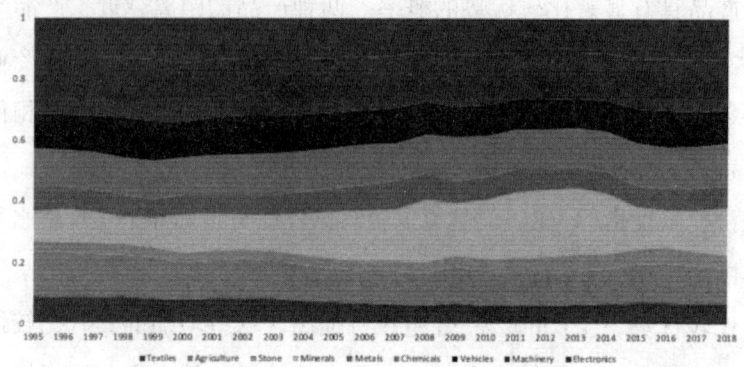

图8 产品分类发展趋势图

通过哈佛大学Atlas数据库绘制的产品空间结构图（图9）发现，产品出口比较优势度与国民经济增长呈现负相关的纺织类、农业类、钻石类、矿产类和电子类，分别位于产品空间图的右边外围位置和左边下方位置，而技术密集型的金属、化工、汽车和设备类则处于产品空间结构图的中心位置。RAC指标作为产品空间图的要素之一，只是指出了圆点的大小，即一国的产品出口量占该国的比例与该类产品的全球出口占比的关系。而圆点是否处于产品空间中心位置，以及圆点与其他圆点的距离远近关系还需要分别考量经济复杂度ECI和产品邻近度PCI指标。ECI指数越高，圆点越接近结构图的中心区域，产品溢价能力越高。PCI指数越高，圆点与其他圆点的位置越邻近，一国转换生产产品的能力也越强。

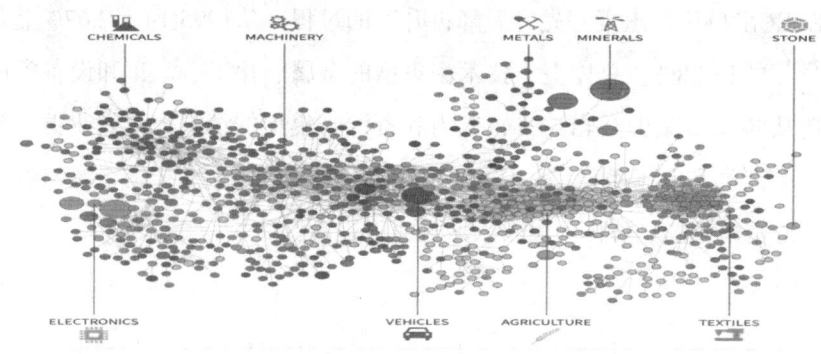

图9 产品空间结构图

（二）研究假设

1. 资源诅咒与国家经济增长

李晓华（2006）指出电子类产品作为国家科技产业的基础性产品，属于产业链低端，依赖低人工成本优势的生产基础非常脆弱，产业衰落会非常迅速。黄兴年（2006）依据1992—2001年世界银行数据，分析纺织类比较优势度对企业经营增长的影响，指出纺织业应当摆脱RCA陷阱，政府应创造良好的制度环境，从技术进步与自主品牌建设中获益。邓向荣和曹红（2016）以1962—2014年中国商品贸易数据为样本，评估产业升级与国家经济增长的关系，认为传统的劳动密集型产业应加大退出力度，以解决抑制技术密集型产业创新能力的问题。赵玉敏和童莉霞（2016）根据2012年WTO数据，实证中国的矿产出口贸易政策抑制贸易出口，且与国民收入增长负相关。最新的研究表明，资源型行业升级至技术型行业需要更多轮次，甚至缺乏至技术型行业的路径（陈普，2020）、煤炭产业与全要素生产率增长之间存在资源诅咒现象，技术创新和金融业存在挤出效应（熊若愚和吴俊培，2020）以及认为资源依赖程度导致企业创新能力下降，进而行业升级路径锁定，难以实现经济可持续增长（海琴和高启杰，2020）等。

综上，提出假设H2a：人力资源和自然资源密集型产品比较优势度对国民经济增长具有抑制作用。

2. 产品空间要素与国家经济增长异质性

各产品类别作用于经济的关系不是一成不变的，人力密集型行业和人口增长率一度是经济增长的主要推动因素。Simon和Gunter. Steinman（1984）依据1964—1983年世界生产总量数据，评估人口增长率与劳动生产率对经济增长的影响，肯定了国家人口规模和增长速度的固有比较优势。经济体的不同地理位置，从经济发展协同性的角度看，也可能影响经济增长，魏后凯（1997）基于1978—1995年中国GDP数据，最早研究了国民收入差异的原因，发现中国的城市地理区域是影响收入差异的主要原因，并且差异随时间出现倒U形结构。Ricardo, Hausmann和Bailey, Klinger（2006）依据1985—2000年世界银行数据，首次建立产品空间理论框架，引入产品密度、人均GDP、技术复杂度、产品邻接度和RCA 5个指标，认为固有的国家发展程度对产品空间要素影响经济增长产生作用。曾世宏和郑江淮（2010）评估三次产业转移对经济可持续发展的影响，指出高端生产型服务业、金融产业等绿色产业对促进出口产品升级作用显著。然而，并未进行实证计量结果和异质性。具体到各产品类别作用于经济增长的程度关系，齐玮（2013）认为汽车出口是带动GDP增长的主要因素；姜延书和何思浩（2016）指出中国纺织出口贸易增加值来源于规模增长和国际产业关联的增强；毛琦梁和王菲（2017）认为不同地区的生产结构演化具有差异性，与外界交往便捷的区域具有优势，实质上区域一体化增加产业升级和技术复杂度；毛琦梁（2019）认为不同地区在产品空间结构中的初始位置决定了产业升级的方向与路径；陈砺和黄晓玲（2020）从经济复杂度和产品邻近度的角度看，产品邻近度对产品比较优势具有正向促进作用，应积极寻找产品邻近且处于核心区域的产品优先发展等。

综上，提出假设H2b：产品空间要素影响国家经济增长具有异质性。

（三）数据收集与实证方法

1. 数据收集与指标定义

本书使用的数据来源于世界银行1995—2019年全球199个经济体产品出口数据，为避免数据选择性偏差，本节数据集除包含年份YEAR、人均国民收入GNI、国内生产总值GDP、纺织类出口TEXT、农业类出口AGRI、钻石类出口STON、矿产类出口MINE、金属类出口META、化工类出口CHEM、汽车类出口VEHI、设备类出口MACH、电子类出口ELEC、经济复杂度ECI和产品邻近度PCI等连续型变量外，还包括洲COUT、经济周期CYCL、发展程度DEVE和密集类型等虚拟二值变量。本书所用的产品空间指标数据具有代表性和可信性，具体变量指标定义见表16所示。

表16 变量定义

Types	Names	Symbols	Definition
因变量	lnGNI	GNIP	人均国民收入的对数
	LNGDP	GDP	国内生产总值的对数
自变量	ECI	ECI	经济复杂度
	PCI	PCI	产品邻近度
	RCA	TEXT	纺织类产品比较优势度
		AGRI	农业类产品比较优势度
		STON	钻石类产品比较优势度
		MINE	矿产类产品比较优势度
		META	金属类产品比较优势度
		CHEM	化学类产品比较优势度
		VEHI	汽车类产品比较优势度
		MACH	设备类产品比较优势度
		ELEC	电子类产品比较优势度

Note：Collation by author.

2. 描述性统计与相关系数

为提高数据的准确性，对样本数据进行如下处理：首先，缩小变量间数据范围的级差程度，对因变量人均国民收入和国内生产总值进行对数化处理，如公式（18）所示。

$$y^* = \ln(GNI, GDP) \tag{18}$$

其次，对自变量和控制变量数值进行数据标准化处理，见公式（19）所示：

$$\mu_i = \frac{T - \bar{x}}{s} \tag{19}$$

最后，相关变量描述性统计整理如表17所示，变量数据峰值普遍大于0，说明总体数据分布与正态分布相比较为陡峭，为尖顶峰。变量数据的偏度说明数据分布形态与正态分布的程度偏离不大。

表17 描述性统计

Variable	Obs	Mean	Median	Std.dev.	Kurt	Skew	Mini	Maxi
LnGNI	4894	8.327	8.302	1.601	−0.890	0.021	4.630	12.150
LnGDP	4894	23.645	23.427	2.433	−0.307	0.137	16.215	30.653
ECI	4894	−0.044	−0.066	1.454	1616.7	30.58	−3.1	2.91
PCI	4894	0.017	0.017	0.805	0.712	0.262	−3.687	2.964
TEXT	4894	1.476	0.586	2.414	11.027	3.066	0.001	17.515
AGRI	4894	1.96	1.236	2.038	4.523	2.025	0.001	12.129
STON	4894	1.657	0.449	6.529	1999.4	37.342	0.001	365.7
MINE	4894	1.662	0.595	2.483	3.831	2.084	0.001	13.506
META	4894	1.914	0.922	5.921	2662.1	44.95	0.001	357.17
CHEM	4894	0.575	0.383	0.67	13.742	2.877	0.001	6.565
VEHI	4894	0.485	0.147	0.903	37.699	5.116	0.001	10.792
MACH	4894	0.364	0.125	0.552	122.23	6.521	0.001	15.056
ELEC	4894	0.432	0.104	0.854	159.17	8.735	0.001	20.186

Note: Collation by author

为克服内生性问题，本书使用逐步回归和多元二次项构建最优拟合模型。采用逐步回归方法拟定最优模型。基于"节俭模型"的原则，使用一元一次模型作为基础回归方程，如公式（20）和（21）所示。

$$\ln(GNI) = E(y) + \varepsilon \tag{20}$$

$$E(y) = \beta_0 + \beta_1 TEXT \tag{21}$$

通过逐步回归构建了包括纺织类比较优势TEXT、农业类比较优势AGRI、钻石类比较优势STON、矿产类比较优势MINE、金属类比较优势META、化工类比较优势CHEM、汽车类比较优势VEHI、设备类比较优势MACH、电子类比较优势ELEC、经济复杂度ECI和产品邻近度PCI等变量的回归模型。运用后向回归方法，对多元一次回归模型中不具有显著性的矿产类比较优势对经济增长的影响进行二次项检验，通过绘制散点图发现，矿产类比较优势对经济增长呈曲线型关系。最终，构建的多元二次回归模型如公式（22）所示：

$$E(y) = \beta_0 + \beta_1 TEXT_{it} + \beta_2 AGRE_{it} + \beta_3 STON_{it} + \beta_4 MINE_{it} + \beta_5 MINE_{it}^2 + \beta_6 MET A$$
$$+ \beta_7 GHEM_{it} + \beta_8 VEHI_{it} + \beta_9 MACH_{it} + \beta_{10} ELEC_{it} + \beta_{11} ECI_{it} + \beta_{12} PCI_{it} - \varepsilon_{it}$$
（22）

进一步，检验主效应回归方程中控制变量的Pearson相关系数。结果如表18所示，主要变量的相关系数在0.3及以下，证明变量之间不存在明显的多重共线性问题，可以进行回归分析。

表18 变量的pearson系数

	ECI	PCI	TEXT	AGRI	STON	MINE	META	CHEM	VEHI	MACH	ELEC
ECI	1										
PCI	0.33	1									
TEXT	−0.07*	0.02*	1								
AGRI	−0.17*	−0.03*	−0.05*	1							
STON	−0.02*	−0.02*	−0.01*	−0.00*	1						
MINE	−0.27*	−0.38*	−0.25*	−0.27*	−0.04*	1					
META	0.03*	0.03*	−0.02*	−0.02*	0.38	−0.05*	1				
CHEM	0.27*	0.25*	−0.09*	−0.14*	−0.02*	−0.16*	0.03*	1			
VEHI	0.18*	0.14*	−0.11*	−0.11*	−0.03*	−0.17*	−0.01*	0.13*	1		
MACH	0.38	0.28*	−0.03*	−0.17*	−0.04*	−0.24*	0.01*	0.35	0.20*	1	
ELEC	0.25*	0.22*	−0.01*	−0.14*	−0.04*	−0.20*	−0.01*	0.13*	0.11*	0.35	1

备注：the 系数 below 0.3 is low correlation，expressed by *

进一步，计算整理9个产品类别的RCA数据，与人均国民收入的对数进行OLS回归，分析结果见表19所示，人力和资源密集型的纺织类、农业类、钻石类、矿产类和电子类产品比较优势度与国民收入增长相关系数分别为−18.9%、−20.8%、−2.6%、−3.2%和−5.0%；技术密集型的金属类、化工类、汽车类和设备类产品比较优势度与国民收入增长相关系数为正向的1.3%、28.7%、11.7%和79.0%，并分别具有显著性。形象的说明是，经济体如果出口的是钢铁类产品可以促进国民收入增长1.3%，但是，如果出口的产品为铁矿石,则会减少国民收入增长3.2%。为何相同的出口价值,具体到产品类别,却出现了对国民收入增长截然不同的影响?人力和资源密集型经济体,相比技术密集型经济体出口促进国民收入增长的"公平"为何消失?不同的经济体该如何寻找最优的产业升级路径呢?

表19 GNI回归检验

因变量		ln(GNI)			
		β-系数	误差	T值	P值
自变量	TEXT	−0.189***	0.008	−22.266	0.000
	AGRI	−0.208***	0.010	−19.915	0.000
	STON	−0.026***	0.003	−6.519	0.000
	MINE	−0.032***	0.009	−3.537	0.000
	META	0.013***	0.004	3.091	0.002
	CHEM	0.287***	0.031	9.237	0.000
	VEHI	0.117***	0.022	5.309	0.000
	MACH	0.790***	0.044	17.558	0.000
	ELEC	−0.050*	0.027	−1.876	0.060
截距		8.597*** (157.43)			
决定系数		0.866			
R^2		0.749			
调整后R^2		0.719			
观测值		4894			
F值		254.78***			

备注:$*p<0.1$,$**p<0.05$,$***p<0.001$。
数据:世界银行(2021)

三、创新空间、产品空间与经济增长分位数回归检验

（一）分位数检验概述

1. 分位数检验定义

分位数回归是估计一组回归变量X与被解释变量Y的分位数之间线性关系的建模方法。以往的回归模型实际上是研究被解释变量的条件期望。而学者们也关心解释变量与被解释变量分布的中位数，分位数呈何种关系。分位数检验最早由Koenker和Bassett（1978）提出。OLS回归估计量的计算是基于最小化残差平方，分位数回归估计量的计算基于一种非对称形式的绝对值残差最小化。一般地，传统的回归分析研究自变量与因变量的条件期望之间的关系，相应得到的回归模型可由自变量的估计因变量的条件期望；分位数回归研究自变量与因变量的条件分位数之间的关系，相应得到的回归模型可由自变量估计因变量的条件分位数。相较于传统回归分析仅能得到因变量的中央趋势，分量回归可以进一步推论因变量的条件概率分布。分量回归属于非参数统计方法之一。

2. 分位数检验特点

分位数回归的特定：①能够更加全面地描述被解释变量条件分布的全貌，而不是仅仅分析被解释变量的条件期望（均值），也可以分析解释变量如何影响被解释变量的中位数、分位数等。不同分位数下的回归系数估计量常常不同，即解释变量对不同水平被解释变量的影响不同。②中位数回归的估计方法与最小二乘法相比，估计结果对离群值则表现得更加稳健，而且，分位数回归对误差项并不要求很强的假设条件，因此对于非正态分布而言，分位数回归系数估计量则更加稳健。

（二）研究假设

1. 创新空间综合系数与国家经济增长

创新空间是指影响创新能力提升的要素指标在一定区域范围内积聚的程度，中国首次对创新空间要素开展量化研究的学者周一星（1982）依据1950

—1975年日本、苏联和美国城市化的数据，建立城镇化对GNI的OLS回归模型，认为人口向城市集聚是劳动分工逐渐完善的必要前提，城镇化促进国民经济增长是普遍规律。Lester M.，Salamon和Stefan Toepler（2000）基于1995年13个国家数据，指出创新空间要素中，法制环境可以促进非营利组织发展。移民数量作为考察一个经济体的人居环境指标之一，Stark，Q.和Wang，Y.（2002）利用1990—2001年世界银行数据库，发现移民概率取决于人力资本积累，熟练劳动力流出对原籍国有害，但是职业吸引力会部分弥补原籍国损失。Blanchard，O.和Giavazzi，F.（2003）利用1960—2000年世界银行数据，通过协整检验的方法，实证教育程度、人力资本对经济增长推动作用具有滞后性，但是长期内效果显著。其他创新空间要素，诸如：外资吸引（钟昌标，2007）、碳排放（鲍健强等，2008）、税负率（Paula和Jose A. S.，2010）、金融市场（肖娱，2011）和基础设施建设（Chen，D. Y.和Han，C. D.，2012）对经济增长的正向影响，学者们也进行了研究。

综上，提出假设H3a：创新空间综合系数促进国家经济增长。

2. 产品空间综合系数与国家经济增长

李晓华（2006）运用对比分析法，认为电子产品属于产业链低端，依赖低人工成本优势的生产基础非常脆弱，产业衰落会非常迅速。黄兴年（2006）依据1992—2001世界银行数据，发现纺织业应当摆脱RCA陷阱，创造良好的制度环境，从技术进步与自主品牌建设中获益。郑云（2007）利用1980—2004年中国统计年鉴，指出农产品出口总额与经济增长成正向关系，但是土地密集型农产品出口没有显著性。陈晓华和黄先海（2010）依据1993—2006年美国金属进口数据，实证中国金属出口价格偏低，技术含量低，国民收入增长缓慢。林毅夫和陈斌开（2013）基于2000—2009年统计年鉴，利用数值模拟方法，实证重工业发展优先战略对城镇化具有显著负相关关系，欠发达国家的政府效率对国家经济绩效起至关重要的作用。齐玮（2013）建立引力模型，发现汽车出口是带动GDP增长的主要因素。赵玉敏和童莉霞（2016）利用2012年WTO数据构建回归模型，认为中国的矿产出口贸易政策抑制贸易出口，且与国民收入增长负相关。马海燕和于孟雨（2018）认为产品复杂度与产品密度具有相互促进作用，有利于促进经济结构调整，增加国民收入增长。近期的研究者还指出，产品邻近度对产业新产品具有正向促进作用（刘威，2020）、产品邻近度对产品比较优势具有正向促进作用（陈砺和黄晓玲，2020）、资源型行业升级至技术型行业需要更多轮次，甚至缺乏升级至技术型行业的路径（陈普，2020），以及煤炭产业、自然资源型产业、资源依赖程度与全要素生产率增长之间存在资源诅咒现象，技术创新和金融业存在挤出效应（张丽和盖国风，2020；熊若愚和吴俊培，2020；海琴和高启杰，2020）等。

综上，提出假设H3b：产品空间综合系数促进国家经济增长。

（三）数据收集与实证方法

1. 数据收集与指标定义

本章使用的创新空间数据来源于世界银行1995—2019年全球199个经济体宏观经济数据，并经过熵值法拟合为综合系数；产品空间数据来源于1995—2019年哈佛大学Atlas数据库，经济复杂度和产品邻近度为直接获得，9个大类的产品优势度为测算获得，并经熵值法拟合为综合系数。本章所用的创新空间和产品空间综合系数具有代表性和可信性，具体变量指标定义见表20所示。

表20 变量定义

类型	名称	符号	定义
因变量	GNI	GNIPER	经济体人均国民收入
自变量	NISI	NISI	国家创新空间综合系数
	PSI	PSI	产品空间综合系数

Note：Collation by author.

2. 描述性统计与相关系数

相关变量描述性统计整理如表21所示，变量数据峰值普遍大于0，说明总体数据分布与正态分布相比，较为陡峭，为尖顶峰。变量数据的偏度说明数据分布形态与正态分布的程度偏离不大。

表21 描述性统计

变量	观测值	均值	中值	方差	峰度	偏度	最小值	最大值
GNI	4894	12604	4035	20551	16.441	2.28	102.59	189170
NISI	4894	3525	27.87	29714	344.04	6.07	−11023	837420
PSI	4894	1.164	1.054	1.701	3080.64	9.96	−0.02	107.01

Note：Collation by author

进一步，检验自变量的Pearson相关系数。结果如表22显示，主要变量的相关系数为0.001，证明变量之间不存在明显的多重共线性问题，可以进行回归分析。

表22 Pearson correlation 系数 of variables

	NISI	PSI
ECI	1	
PCI	0.001*	1

备注：系数0.3及以下，表明弱相关，用*表示

3. 分位数回归实证方法

实证采用分位数回归方法，目的在于克服样本数据正态分布问题，并区分在条件分布不同位置，创新空间与产品空间对经济增长的影响。Koenker和Bsasett（1978）最早提出分位数回归理论，其原理是将数据按被解释变量进行拆分成多个分位数点，研究不同分位点情况下解释变量对被解释变量的影响。总体来看，分位数回归相比传统的OLS回归具有两方面的优势，一是更便捷地分析自变量对因变量的影响趋势关系；二是排除正态性和异常值对回归结果的影响偏差。

研究设计过程为，首先，设因变量Y的分布函数公式为：

$$F(y) = P(Y \leq y) \tag{23}$$

则 y 的第 τ 分位数可定义公式为：

$$Q(\tau) = \inf\{y : F(y) \geq \tau\} \quad (24)$$

其中，$0<\tau<1$代表在回归线或回归平面以下的数据占全体数据的百分比，分位函数的特点是，变量y的分布中存在比例为τ的部分小于分位数$Q(\tau)$，而比例（$1-\tau$）的部分大于分位数$Q(\tau)$，y的整个分布被τ分为两部分，对于任意的$0<\tau<1$，定义检验函数为：

$$\rho_\tau(u) = \begin{cases} \tau u, & y^i \geq x'_i \beta \\ (1-\tau)u, & y^i < x'_i \beta \end{cases} \quad (25)$$

u为反映概率密度函数的参数，而$\rho\tau(u)$表示被解释变量y的样本处于τ分位以下和以上时的概率密度函数关系，分位数回归模型公式为：

$$y_i = x_i \beta(\tau_i) + \varepsilon(\tau_i) \quad (26)$$

在具体估计过程中，假定$u=1$，则对于τ分位数的样本分位数线性回归是求满足公式（27）的解$\beta(\tau)$

$$\min \sum_\beta \rho_\tau(y_i - x_i \beta(\tau_i)) \quad (27)$$

其次，建立创新空间与产品空间对经济增长的分位数回归模型，其中：β0是常数项，β1和β2是相关系数，εi是随机误差项。NISI为创新空间综合系数，PSI为产品空间综合系数，公式如公式（28）所示：

$$GINper = \beta_0 + \beta_1 NISI + \beta_2 PSI + \varepsilon_i \quad (28)$$

最后，建立OLS回归作为稳健性检验，考察创新空间、产品空间对经济增长的非直线关系和交互效应，稳健性检验模型公式如下：

$$GINper = \beta_0 + \beta_1 NISI + \beta_3 NISI^2 + \beta_4 PSI^2 + \beta_5 NISI*PSI + \varepsilon_i \quad (29)$$

4. 世界经济体创新空间系数OLS回归检验

国家创新空间指数（National Innovation Space Index，NISI）是结合了技术创新、政府效率、外国投资、税收政策、城镇化、基础设施建设、就业率、人居环境、基尼系数、教育水平、碳排放、金融市场和政策安全指数等指标，运用熵值法计算权重系数，对经济体创新要素空间分配密度进行评价的指数。指数从高到低，前十依次为中国、美国、日本、韩国、德国、俄罗斯、英国、法国、土耳其和意大利。

总体上，国家创新空间指数对经济增长的影响为曲线型趋势，促进人均国民收入提高1.23%和促进国内生产总值提高3.62%。绘制散点趋势图见图10所示。

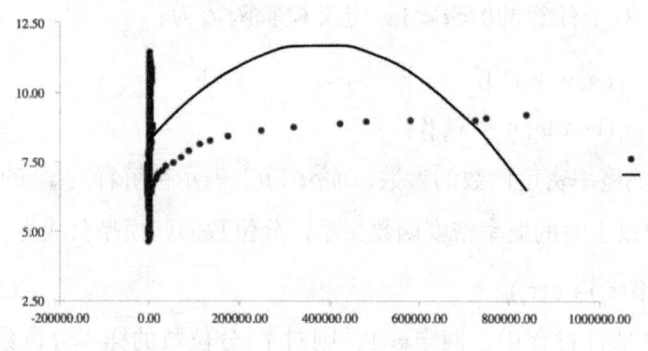

图10　NISI和经济增长

具体地：

首先，表现为负相关关系的经济体为瑞典、荷兰、乌克兰、西班牙、以色列、贝宁、葡萄牙、匈牙利、爱尔兰、希腊、秘鲁、乍得、肯尼亚、爱沙尼亚、安哥拉、塞浦路斯、哥斯达黎加、冈比亚、博兹瓦纳、汤加、安提瓜、利比亚、斯威士兰、马达加斯加、东帝汶、喀麦隆、科索沃、赞比亚、科特迪瓦、危地马拉、约旦、莱索托、巴拉圭、柬埔寨、立陶宛、海地、坦桑尼亚、马里、中非、尼日利亚、阿富汗、斯里兰卡、波多黎各、巴基斯坦和孟加拉国45个经济体。结合图形观测，不难发现国家创新空间与经济的匹配程度，除了存在"转移效应"还存在"起点效应"。即，除了发达经济体国家创新空间效应向"产品空间效应"转移外，最不发达经济体因国家创新空间未积累至一定规模，前期的投入与经济产出未出现正向效益。

其次，24个经济体影响不具有显著性，分别为德国、英国、新西兰、阿联酋、阿根廷、埃及、乌兹别克斯坦、斯洛文尼亚、突尼斯、罗马尼亚、印度尼西亚、所罗门群岛、北马其顿、格鲁吉亚、文莱、土库曼斯坦、纳米比亚、斐济、卢旺达、波斯尼亚、苏丹、多米尼加、摩洛哥和津巴布韦。最后，130个经济体的国家创新空间指数对经济增长具有显著正向促进作用。具体回归结果见表23所示。

表23 NISI回归检验

因变量		排名	ln（GNI）	Ln（GDP）	相关关系
自变量	NISI	全样本	0.0123*** （12.048）	0.0362*** （24.385）	正向关系
			−0.0276*** （−8.972）	−0.000106*** （−16.074）	倒U型关系
China		1	0.0076*** （8.099）	0.0079*** （8.081）	Positive
United States		2	0.0157*** （25.795）	0.0201*** （27.006）	Positive
Japan		3	0.0184* （1.775）	0.0187* （1.795）	Positive
			−0.000128* （−1.904）	−0.000130* （−1.925）	Inverted U-shaped
Republic of Korea		4	0.0105*** （21.438）	0.0115*** （24.544）	Positive
Germany		5	0.0171 （0.805）	0.0177 （0.845）	Non
Russia		6	0.00021*** （3.711）	0.00020*** （3.640）	Positive
United Kingdom		7	−0.0234 （−0.941）	−0.0376 （−1.334）	Non
France		8	0.000214*** （3.500）	0.000247*** （3.555）	Positive
Turkey		9	0.000144*** （5.109）	0.000178*** （5.770）	Positive
Italy		10	0.000118*** （5.767）	0.000129*** （5.922）	Positive
India		11	0.000238*** （5.780）	0.000278*** （5.723）	Positive
Canada		12	0.000394*** （7.696）	0.000459*** （7.251）	Positive

因变量	排名	ln（GNI）	Ln（GDP）	相关关系
Central 欧洲 and the Baltic Sea	13	0.00182*** （4.416）	0.00173*** （4.347）	Positive
		−0.00207*** （−4.614）	−0.00198*** （−4.542）	Inverted U-shaped
Brazil	14	0.000611*** （4.804）	0.000739*** （5.703）	Positive
Australia	15	0.000574*** （7.804）	0.000684*** （7.606）	Positive
Poland	16	0.000769*** （4.399）	0.000761*** （4.404）	Positive
Tuvalu	17	0.1599*** （5.257）	0.1942*** （5.711）	Positive
Colombia	18	0.000317** （2.166）	0.000401** （2.384）	Positive
Austria	19	0.00132*** （9.128）	0.00146*** （9.469）	Positive
Saudi Arabia	20	0.000302*** （9.064）	0.000430*** （9.588）	Positive
South 非洲	21	0.000703*** （2.740）	0.000863*** （2.731）	Positive
Sweden	22	−0.000607*** （−9.155）	−0.000697*** （−9.921）	Negative
Netherlands	23	−0.001426*** （−3.441）	−0.00160*** （−3.593）	Negative
Ukraine	24	0.00157** （2.138）	0.00153** （2.233）	Positive
		−0.00418*** （−2.655）	−0.00400*** （−2.715）	Inverted U-shaped
Uganda	25	−0.000384** （−2.414）	−0.000548** （−2.392）	Negative
		0.00648*** （3.592）	0.00277*** （4.318）	U-shaped
Spain	26	−0.000488*** （−3.330）	−0.000598*** （−3.387）	Negative
		0.00229*** （3.555）	0.00277*** （3.571）	U-shaped

因变量	排名	ln（GNI）	Ln（GDP）	相关关系
Switzerland	27	0.00526* （1.819）	0.00595* （1.721）	Positive
		−0.00391* （−1.792）	−0.00376* （−1.716）	Inverted U-shaped
Singapore	28	0.000664*** （5.275）	0.000922*** （5.464）	Positive
Chile	29	0.00129*** （5.024）	0.00153*** （5.406）	Positive
Malaysia	30	0.000456** （2.058）	0.000627** （2.230）	Positive
Israel	31	−0.000616*** （−3.200）	−0.000975*** （−3.643）	Negative
Finland	32	0.00256* （1.792）	0.00210* （1.785）	Positive
		−0.00378** （−2.059）	−0.00338* （−1.777）	Inverted U-shaped
Belgium	33	0.00125*** （7.917）	0.00146*** （8.824）	Positive
Denmark	34	0.0268*** （2.549）	0.0298*** （2.608）	Positive
		−0.00869*** （−2.564）	−0.00843*** （−2.622）	Inverted U-shaped
Norway	35	0.00259*** （3.925）	0.00306*** （4.211）	Positive
Peru	36	0.000382* （1.791）	0.000454* （1.894）	Positive
		0.00251** （2.168）	0.00235** （2.289）	U-shaped
New Zealand	37	−0.000246 （−0.588）	−0.000344 （−0.696）	Non
Thailand	38	0.000268* （1.944）	0.000336** （2.279）	Positive
		−0.00562*** （−5.067）	−0.00548*** （−5.281）	Inverted U-shaped
Oman	39	0.000532*** （5.221）	0.000903*** （7.326）	Positive

因变量	排名	ln（GNI）	Ln（GDP）	相关关系
Tacos	40	0.0871*** （4.261）	0.1787*** （5.501）	Positive
Czech Republic	41	0.00235*** （6.221）	0.00240*** （6.233）	Positive
Benin	42	−0.00540*** （−4.574）	−0.00672*** （−4.501）	Negative
Mexico	43	0.000122*** （4.930）	0.000177*** （6.071）	Positive
Iraq	44	0.000149** （2.202）	0.000202** （2.620）	Positive
Hong Kong	45	0.00895*** （5.617）	0.0102*** （5.099）	Positive
		−0.00257*** （−5.757）	−0.00219*** （−5.250）	Inverted U-shaped
Bahrain	46	0.00105*** （2.873）	0.00212*** （2.859）	Positive
United Arab Emirates	47	0.00953 （0.864）	0.0529 （1.199）	Non
Portugal	48	−0.00947*** （−2.753）	−0.00996*** （−2.800）	Negative
		0.00983*** （2.906）	0.00954*** （2.967）	U-shaped
Belarus	49	0.00102** （2.125）	0.000989** （2.128）	Positive
Nepal	50	0.000361* （1.792）	0.000345* （1.724）	Positive
		0.00167*** （2.799）	0.00172** （2.507）	U-shaped
Qatar	51	0.000798*** （6.101）	0.00160*** （5.497）	Positive
Kazakhstan	52	0.000663*** （5.859）	0.000688*** （5.562）	Positive
Kuwait	53	0.000442*** （3.099）	0.000825*** （4.157）	Positive
Ecuador	54	0.00203*** （2.891）	0.00254*** （2.949）	Positive

因变量	排名	ln（GNI）	Ln（GDP）	相关关系
Argentina	55	0.00102 （1.198）	0.00114 （1.209）	Non
Egypt	56	0.000413 （0.855）	0.000758 （1.246）	Non
Hungary	57	−0.00347*** （−6.771）	−0.00334*** （−6.623）	Negative
Saint Vincent and the Grenadines	58	0.0396*** （19.187）	0.0402*** （19.787）	Positive
Ethiopia	59	0.00215*** （9.400）	0.00269*** （9.409）	Positive
		−0.00261*** （−9.499）	−0.00235*** （−9.751）	Inverted U-shaped
Ireland	60	−0.0028*** （−2.654）	−0.00341*** （−2.636）	Negative
		0.00664** （2.467）	0.00618** （2.388）	U-shaped
Uzbekistan	61	0.00135 （1.154）	0.00154 （1.143）	Non
Congo（DRC）	62	0.000144* （1.752）	0.000212* （1.887）	Positive
		−0.00241*** （−4.606）	−0.00293*** （−5.277）	Inverted U-shaped
Equatorial Guinea	63	0.0308*** （9.721）	0.0326*** （11.588）	Positive
Panama	64	0.0119*** （6.971）	0.0147*** （6.947）	Positive
Slovenia	65	0.00435*** （6.044）	0.00455*** （6.153）	Positive
Luxembourg	66	0.00541*** （5.409）	0.00765*** （6.730）	Positive
Slovakia	67	−0.00086 （−0.151）	−0.00078 （−0.136）	Non
Greece	68	−0.000743*** （−7.702）	−0.000775*** （−7.737）	Negative
Serbia	69	0.00135*** （8.398）	0.00129*** （8.085）	Positive

因变量	排名	ln（GNI）	Ln（GDP）	相关关系
Azerbaijan	70	0.00558*** （3.905）	0.00589*** （3.828）	Positive
Maldives	71	0.0127*** （9.395）	0.0174*** （10.941）	Positive
Nauru	72	0.2046* （1.792）	0.2962** （2.460）	Positive
Suriname	73	−0.636*** （−4.969）	−0.713*** （−5.140）	Negative
		0.00238*** （4.903）	0.00266*** （5.059）	U-shaped
Jordan	74	0.000374*** （4.661）	0.000588*** （4.408）	Positive
Gabon	75	0.00436*** （5.733）	0.00682*** （6.262）	Positive
Chad	76	0.00991* （1.794）	0.0132* （1.814）	Negative
		−0.0115* （−1.732）	−0.0133* （−1.774）	U-shaped
Sao Tome and Principe	77	0.00445* （1.764）	0.00560* （1.706）	Positive
Tunisia	78	−0.00061 （−1.372）	−0.000725 （−1.335）	Non
Bulgaria	79	0.00339*** （3.845）	0.00304*** （3.698）	Positive
Romania	80	−0.00043 （−0.758）	−0.00044 （−0.814）	Non
Seychelles	81	0.0538*** （7.020）	0.0666*** （7.187）	Positive
Kenya	82	−0.00123* （−1.906）	−0.00168* （−1.939）	Negative
Macao	83	0.0230*** （4.564）	0.0289*** （4.854）	Positive
Grenada	84	0.0360*** （8.685）	0.0396*** （9.053）	Positive
Saint Kitts and Nevis	85	0.0446*** （18.884）	0.0548*** （19.792）	Positive

因变量	排名	ln（GNI）	Ln（GDP）	相关关系
Indonesia	86	−0.0183 （−0.169）	−0.0196 （−0.160）	Non
Mauritania	87	0.0079*** （8.901）	0.0120*** （12.507）	Positive
Vanuatu	88	0.0416*** （6.013）	0.0637*** （6.624）	Positive
Togo	89	0.00248*** （3.513）	0.00459*** （4.174）	Positive
		−0.0136*** （−5.649）	−0.0151*** （−6.286）	Inverted U-shaped
Kyrgyzstan	90	0.00151 （1.483）	0.00186* （1.707）	Positive
Estonia	91	−0.00309** （−2.028）	−0.00294** （−1.997）	Negative
Angola	92	−0.0115** （−2.362）	−0.0151** （−2.516）	Negative
		0.0116*** （2.613）	0.0119*** （2.693）	U-shaped
Kiribati	93	0.0819*** （3.372）	0.1133*** （3.716）	Positive
Cyprus	94	−0.129*** （−8.723）	−0.168*** （−8.689）	Negative
		0.00075*** （8.837）	0.00096*** （8.704）	U-shaped
Mongolia	95	0.0141*** （4.370）	0.0157*** （4.465）	Positive
Federated States of Micronesia	96	0.0115*** （2.755）	0.0129*** （3.163）	Positive
Solomon Islands	97	0.0189 （1.232）	0.0131 （0.606）	Non
Costa Rica	98	−0.0097*** （−7.951）	−0.0118*** （−8.269）	Negative
Guinea-Bissau	99	0.0246*** （8.340）	0.0335*** （8.455）	Positive
Moldova	100	0.00131* （1.855）	0.0127* （1.837）	Positive

因变量	排名	ln（GNI）	Ln（GDP）	相关关系
Iceland	101	0.00871** (2.421)	0.0107** (2.439)	Positive
Gambia	102	−0.0132*** (−3.163)	−0.0286*** (−5.555)	Negative
Niger	103	0.00679*** (2.727)	0.0132*** (3.152)	Positive
Northern Mariana Islands	104	−0.4778 (−1.277)	−0.590 (−1.462)	Non
Botswana	105	−0.00323*** (−3.327)	−0.00437*** (−3.358)	Negative
Arab League countries	106	0.0624*** (3.462)	0.000114*** (3.175)	Positive
Guinea	107	0.000408 (0.981)	0.000372 (0.625)	Non
Curacao	108	−0.0254 (−0.190)	0.000254*** (6.464)	Positive
Armenia	109	0.00320*** (6.325)	0.00308*** (6.289)	Positive
Sierra Leone	110	0.000169 (0.720)	0.000274*** (0.846)	Positive
Tonga	111	−0.1754** (−2.127)	−0.1697* (−1.923)	Negative
		0.0044** (2.324)	0.00433** (2.136)	U-shaped
North Macedonia	112	0.00171 (0.759)	0.00191 (0.827)	Non
Brunei Darussalam	113	−0.0180 (−0.705)	−0.0339 (−1.096)	Non
Malta	114	0.0222*** (3.070)	0.0250*** (2.950)	Positive
Samoa	115	0.0159*** (2.344)	0.0154*** (2.278)	Positive
Algeria（ALB）	116	0.00255*** (2.948)	0.00239*** (2.890)	Positive
Croatia	117	0.000366*** (2.953)	0.000336*** (2.830)	Positive

因变量	排名	ln（GNI）	Ln（GDP）	相关关系
Antigua	118	−0.0773*** （−7.629）	−0.1186*** （−8.731）	Negative
		0.0007*** （7.873）	0.00107*** （9.033）	U-shaped
Belize	119	0.00795** （2.121）	0.0179*** （2.393）	Positive
Bahamas	120	0.0103*** （2.999）	0.0150*** （3.476）	Positive
Burundi	121	0.000520*** （2.668）	0.000985*** （3.387）	Positive
Dominica（DOM）	122	0.0433*** （8.663）	0.0444*** （8.756）	Positive
Santa Lucia	123	0.0278*** （7.443）	0.0353*** （7.852）	Positive
Montenegro	124	0.0338*** （6.472）	0.0343*** （6.478）	Positive
Barbados	125	0.0308*** （16.793）	0.0340*** （17.572）	Positive
Bhutan	126	0.00857** （2.006）	0.0105*** （2.128）	Positive
Djibouti	127	0.00706* （1.691）	0.00912* （1.802）	Positive
Trinidad and Tobago	128	0.0262*** （8.376）	0.0279*** （8.821）	Positive
Uruguay	129	0.00652*** （4.117）	0.00659*** （4.009）	Positive
Libya	130	−0.00426** （−2.473）	−0.00452** （−2.419）	Negative
		−0.0209** （−2.330）	−0.0238** （−2.129）	Inverted U-shaped
Mauritius	131	0.0224* （1.895）	0.0227* （1.760）	Positive
Guam	132	0.0293*** （3.726）	0.0328*** （4.026）	Positive
Swaziland	133	−0.0147** （−2.497）	−0.0169*** （−2.623）	Negative

因变量	排名	ln（GNI）	Ln（GDP）	相关关系
Cape Verde	134	0.0536*** （2.672）	0.1164*** （3.301）	Positive
		0.0122*** （3.097）	0.0254*** （3.657）	U-shaped
Turkmenistan	135	0.00064 （0.229）	0.00072 （0.230）	Non
Papua New Guinea	136	0.00631*** （4.027）	0.00730*** （3.725）	Positive
Georgia	137	0.00173*** （6.507）	0.00159*** （6.272）	Positive
Madagascar	138	−0.0554* （−1.762）	−0.0676* （−1.758）	Negative
East Timor	139	−0.0058 （−0.375）	−0.0648*** （−2.441）	Negative
Republic of Congo	140	−0.00729*** （−5.888）	−0.0104*** （−6.367）	Negative
		0.0442*** （6.665）	0.0475*** （6.639）	U-shaped
Comoros	141	−0.0461*** （−2.776）	−0.0721*** （−2.844）	Negative
Namibia	142	0.000372 （0.107）	−0.000133 （−0.030）	Non
Mozambique	143	−0.000649*** （−3.435）	−0.000953*** （−3.221）	Negative
Samoa（WSM）	144	0.0990*** （6.410）	0.1099*** （6.528）	Positive
Kosovo	145	−0.1455*** （−2.860）	−0.1593*** （−2.979）	Negative
Liberia	146	0.000951* （1.891）	0.00133* （1.861）	Positive
Bolivia	147	0.0159*** （3.996）	0.0184*** （3.653）	Positive
Cameroon	148	0.00962*** （2.844）	0.0173*** （3.442）	Positive
Zambia	149	−0.0107*** （−3.096）	−0.0142*** （−3.264）	Negative
		−0.0274*** （−2.917）	−0.0256*** （−3.162）	Inverted U-shaped

因变量	排名	ln（GNI）	Ln（GDP）	相关关系
Fiji	150	0.00323 （0.928）	0.00370 （0.976）	Non
Ivory Coast	151	−0.000317* （−1.843）	−0.000567* （−2.200）	Negative
Guyana	152	0.0189*** （8.665）	0.0191*** （8.716）	Positive
Honduras	153	0.00943*** （6.094）	0.0137*** （6.294）	Positive
Latvia	154	−0.00642*** （−3.546）	−0.00571*** （−3.502）	Negative
Guatemala	155	0.00159*** （14.006）	0.00223*** （14.654）	Positive
Ghana	156	0.00161* （1.781）	0.00191* （1.754）	Positive
West Bank and Gaza	157	−0.00186*** （−2.712）	−0.00285*** （−2.858）	Negative
		−0.00683*** （−2.678）	−0.00636** （−2.476）	Inverted U-shaped
Rwanda	158	−0.0644 （−0.989）	−0.000108 （−0.821）	Non
Jamaica	159	0.00525*** （7.617）	0.00641*** （8.183）	Positive
Lesotho	160	−0.0130*** （−3.244）	−0.0135*** （−3.324）	Negative
		−0.0314*** （−3.252）	−0.0384*** （−3.334）	Inverted U-shaped
Pacific Island Countries	161	0.00665*** （2.702）	0.00813*** （2.576）	Positive
Cuba	162	0.0351*** （6.826）	0.0356*** （6.680）	Positive
		0.0537*** （6.929）	0.0508*** （6.781）	U-shaped
Algeria	163	0.00255*** （2.948）	0.00239*** （2.890）	Positive
Marshall Islands	164	0.1348*** （9.250）	0.1769*** （9.908）	Positive

因变量	排名	ln（GNI）	Ln（GDP）	相关关系
Andorra	165	0.1071*** (5.267)	0.1393*** (5.371)	Positive
Laos	166	0.00886*** (2.597)	0.00952** (2.422)	Positive
Caribbean	167	0.00349*** (12.297)	0.00399*** (13.528)	Positive
Bosnia	168	−0.00095 (−0.981)	−0.00081 (−0.860)	Non
Paraguay	169	−0.00876*** (−5.468)	−0.0104*** (−5.671)	Negative
Senegal	170	−0.0219*** (−2.803)	−0.0355*** (−3.041)	Negative
		−0.0370*** (−2.838)	−0.0389*** (−3.073)	Inverted U-shaped
Malawi	171	0.000398* (1.905)	0.0639** (2.164)	Positive
Tajikistan	172	0.00808*** (5.558)	0.00974*** (5.866)	Positive
Nicaragua	173	0.00459*** (2.398)	0.00561 (2.194)	Positive
Cambodia	174	−0.00108*** (−4.233)	−0.00128*** (−4.088)	Negative
Lebanon	175	0.0626 (1.226)	0.000207* (1.659)	Positive
Sudan	176	−0.00024 (−0.983)	−0.00034 (−1.258)	Non
Burkina Faso	177	0.0253*** (6.494)	0.0380*** (7.056)	Positive
Lithuania	178	−0.0132*** (−10.167)	−0.0118*** (−10.098)	Negative
Philippines	179	0.00164*** (3.081)	0.00212*** (3.107)	Positive
		0.00454*** (2.754)	0.00451*** (2.821)	U-shaped
Dominica（DOM）	180	0.00559 (0.286)	0.0072 (0.306)	Non

因变量	排名	ln（GNI）	Ln（GDP）	相关关系
Yemen	181	0.00696*** （3.046）	0.00804*** （2.470）	Positive
Vietnam	182	0.0100*** （2.976）	0.0110*** （3.000）	Positive
		0.0177*** （2.933）	0.0188*** （2.956）	U-shaped
Haiti	183	−0.0102*** （−3.439）	−0.0142*** （−3.689）	Negative
Morocco	184	−0.000428 （−1.684）	0.00016 （0.508）	Non
Tanzania	185	−0.00052** （−2.470）	−0.000645** （−2.146）	Negative
El Salvador	186	0.00337*** （5.392）	0.00376*** （5.282）	Positive
Mali	187	−0.00138** （−2.106）	−0.00219** （−2.318）	Negative
Somalia	188	0.000157*** （7.417）	0.000404*** （4.869）	Positive
Central 非洲n Republic	189	−0.000621*** （−3.926）	−0.000974*** （−4.993）	Negative
Nigeria	190	−0.00507*** （−14.455）	−0.00625*** （−13.858）	Negative
Afghanistan	191	−0.000347*** （−3.652）	−0.000468*** （−4.099）	Negative
		−0.00373*** （−3.290）	−0.00362*** （−4.016）	Inverted U-shaped
Palau	192	0.0620*** （20.303）	0.0516*** （13.052）	Positive
Sri Lanka	193	−0.0334*** （−2.622）	−0.0365*** （−2.676）	Negative
		−0.0203*** （−2.578）	−0.0227*** （−2.630）	Inverted U-shaped
Puerto Rico	194	−0.00125*** （−6.462）	−0.0010*** （−5.178）	Negative
Monaco	195	0.0415** （2.144）	0.0529** （2.249）	Positive

因变量	排名	ln（GNI）	Ln（GDP）	相关关系
Zimbabwe	196	−0.00016 （−0.259）	−0.00030 （−0.428）	Non
Myanmar	197	0.000945*** （3.073）	0.000999*** （3.124）	Positive
Pakistan	198	−0.00028*** （−3.571）	−0.000383*** （−3.465）	Negative
Bangladesh	199	−0.00019*** （−3.241）	−0.000239*** （−3.519）	Negative
观测值			4894	

备注：$*p<0.1$，$**p<0.05$，$***p<0.001$.

数据：世界银行（2021）

四、本章小结

本书利用世界银行1995—2019年199个经济体数据，采用逐步回归和熵值法权重，对经济周期、洲、发展程度和资源类型分组检验，以及控制变量影响国家经济增长的作用进行了研究，结果表明，自变量与分组类别变量交互作用，对产品空间要素作用经济增长形成最优外部性。

首先，不同洲在发展产品比较优势度方面存在差异性，例如北美洲应当优先发展农业、矿产、汽车和设备类产品出口；大洋洲可以将发展纺织、钻石、矿产、金属类产品作为优先选择；非洲则从矿产、电子类产品、提升经济复杂度和产品邻近度方面发展本国经济；南美洲可以优先发展金属类和电子类产品；欧洲的钻石类、汽车类、设备类和电子类产品可以显著促进经济增长；亚洲发展化工类、汽车类、设备类产品，可以促进经济分别增长43.1%、19.7%和64.3%。

其次，2007—2019年的相比1995—2006年而言，应当优先发展化工类产品和设备类产品出口比较优势度，而且选择产品空间中处于中心区域和邻近度最高的产品加以优先发展，促进经济增长的作用分别为15.3%、131.4%、12.4%和18.1%。

再次，发展中经济体相比发达经济体在资金和技术方面优势不足，尽管在化工、汽车和设备类产品促进经济增长的幅度不及发达经济体，分别仅为5.3%、8.6%和15.7%。但是，在纺织类、电子类产品和产品邻近度指标方面，相对比较优势分别为16%、42.1%和1.8%。

最后，人力密集型经济体在所有经济体中，优先发展农业类产品和金属类产品出口，可分别提升经济增长4.3%和1.8%；自然资源型经济体中，侧重发展矿产类产品和汽车类产品，促进国家经济分别增长26.1%和11.6%；技术密集型经济体则应在设备类产品中加大出口比较优势度，将会促进经济增长49.6%。

综上，经济体在应对全球疫情冲击情况下，国家经济治理手段和路径需要结合自身特点，分主次、分方向实施，寻找最优的国家经济治理多路径依赖机制。

第四章　结果分析与稳健性检验

一、描述性统计

本书对样本数据的人均国民收入GNI、国内生产总值对数lnGDP，按照世界经济体的洲、政体形式、发展程度和资源类型进行分类描述。给出了本样本数据库的样本全貌，包括数量、类别、数据类型、数据分布、数据图形关系、以及数据之间的pears系数等。本章对此做逐一介绍。

```
# A tibble: 4,894 × 79
    CN     EN    CC    YEAR   GDP LNGDP   GNI LNGNI  GOVE    FDI   TAX  CITY  IPHO
   <chr>  <chr> <chr> <dbl> <dbl> <dbl> <dbl> <dbl> <dbl>  <dbl> <dbl> <dbl> <dbl>
 1 阿鲁巴 Aruba ABW    1995 1.32e9  21.0 16439.  9.71   9.5 -0.419  6.97  48.8  2.14
 2 阿鲁巴 Aruba ABW    1996 1.38e9  21.0 16586.  9.72   9.5  6.16   6.97  48.4  3.61
 3 阿鲁巴 Aruba ABW    1997 1.53e9  21.1 17928.  9.79   9.5 12.9    6.97  47.9  3.98
 4 阿鲁巴 Aruba ABW    1998 1.67e9  21.2 19078.  9.86   9.5  6.81   6.97  47.5  6.16
 5 阿鲁巴 Aruba ABW    1999 1.72e9  21.3 19356.  9.87   9.5 27.1    6.97  47.1 13.5
 6 阿鲁巴 Aruba ABW    2000 1.87e9  21.4 20621.  9.93   9.5 -6.83   6.97  46.7 16.5
 7 阿鲁巴 Aruba ABW    2001 1.92e9  21.4 20669.  9.94   9.5 -13.9   6.97  46.3 57.1
 8 阿鲁巴 Aruba ABW    2002 1.94e9  21.4 20437.  9.93   9.5 17.1    6.97  46.0 65.1
 9 阿鲁巴 Aruba ABW    2003 2.02e9  21.4 20834.  9.94   9.5  7.90   6.97  45.6 72.1
10 阿鲁巴 Aruba ABW    2004 2.23e9  21.5 22570. 10.0    9.5 -4.74   6.97  45.2 99.6
# … with 4,884 more rows, and 66 more variables: EMPL <dbl>, LIVE <dbl>, GINI <dbl>,
#   EDUC <dbl>, CARB <dbl>, PATE <dbl>, INTE <dbl>, DEVE <dbl>, CONT <chr>, GF <chr>,
#   MANP <dbl>, RESO <dbl>, TECH <dbl>, MANPC <dbl>, RESOC <dbl>, TECHC <dbl>,
#   CYCL <dbl>, EXPOLO <dbl>, TEXTLO <dbl>, AGRILO <dbl>, STONLO <dbl>, MINELO <dbl>,
#   METALO <dbl>, CHEMLO <dbl>, VEHILO <dbl>, MACHLO <dbl>, ELECLO <dbl>,
#   EXPOGL <dbl>, TEXTGL <dbl>, AGRIGL <dbl>, STONGL <dbl>, MINEGL <dbl>,
#   METAGL <dbl>, CHEMGL <dbl>, VEHIGL <dbl>, MACHGL <dbl>, ELECGL <dbl>, …
```

图11　样本数据描述全貌

首先，本书数据库包含了1995—2019年全球199个经济体的创新空间、产品空间、国家经济增长、以及控制变量数据，具体为：创新空间方面包括GOVE、FDI、TAX、CITY、IPHO、EMPL、LIVE、GINI、EDUC、CARB、PATE、以及INTE。产品空间包括RCA、COI、以及ECI数据。国家经济增长指标包括GDP、LNGDP、GNI、以及lnGNI。控制变量包括DEVE、COUT、GF、CYCL、以及资源类型等。R-studio显示的数据结果见图11所示。

其次，考察自变量与因变量直观的相关关系，本节以EDUC对GNI为例，绘制相关关系图12，从中可以发现：高等院校入学比例对于国家经济增长具有显著的正向促进作用，但是程度上又存在区别，例如在30%—55%之间，出现作用程度的下降。为解释这一现象，就需要进一步的将EDUC进行分组讨论。

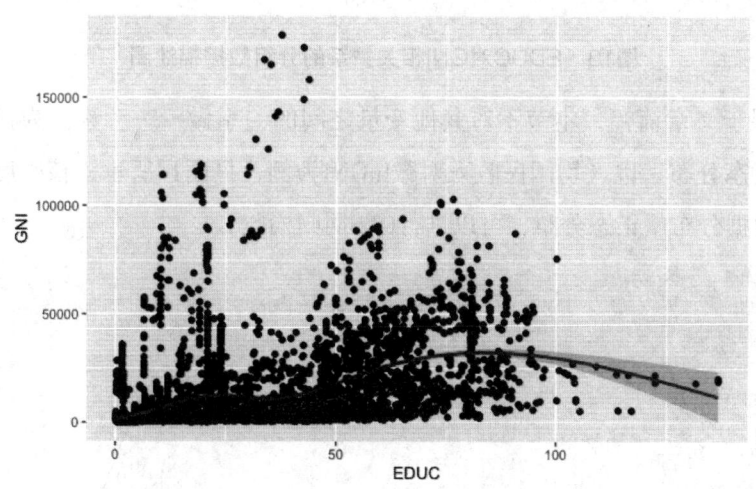

图12　EDUC对GNI相关关系数据描述图

进一步，将自变量教育程度EDUC数据，进行发展程度DEVE和洲CONT的分组数据描述，见图13所示。第一，发达经济体的EDUC促进经济增长的作用程度高于发展中经济体。第二，发达经济体，非洲没有数据。美洲的发达经济体EDUC促进经济的作用存在非线性关系。亚洲和大洋洲的发达经济体呈现正U形结构，教育程度分别积累至35%和40%左右，开始对经济增长正向作用。欧洲的发达经济体则是在0—95%之间为正U形结构，突破95%顶点后，又呈现出负向作用的关系。第三，发展中经济体，大洋洲教育程度促进经济增长的作用最明显，其次是亚洲、美洲、非洲和欧洲。

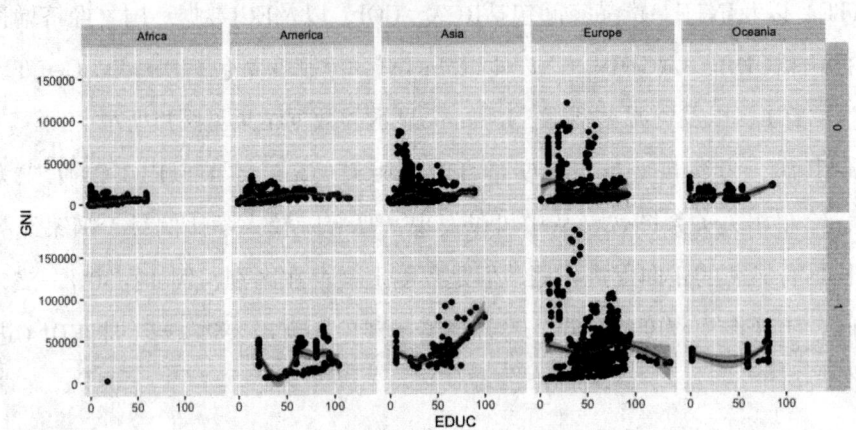

图13　EDUC对GNI相关关系的分组数据描述图

限于文章篇幅，本节不对其他变量之间的关系做一一考察。为检查数据的正态分布，以人均国民收入对数lnGNI为例，见图14所示，核密度图显示，数据分布呈正态分布，可以进行OLS回归检验。

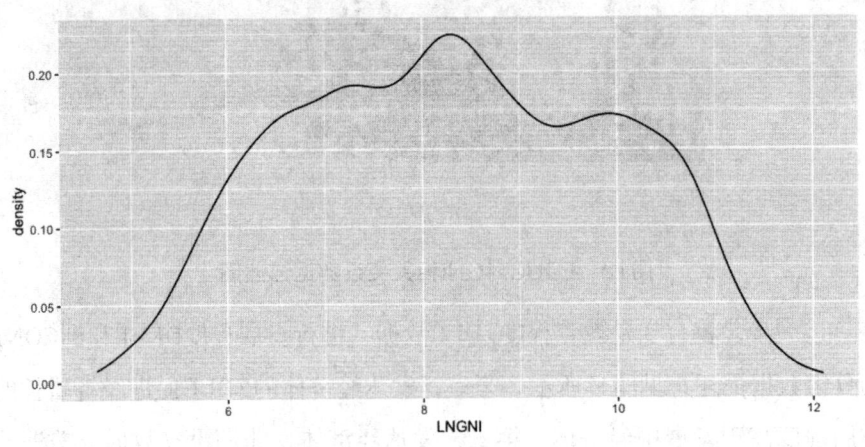

图14　lnGNI数据的核密度分布描述图

二、主效应与稳健性分析

（一）创新空间结果分析与稳健性检验

1. 人均国民收入全样本检验

本文基于OLS回归与分组检验，考察假设H1a提出的技术创新促进国家经济增长的影响关系和H1b提出的政府效率促进国家经济增长的影响关系。实证计量美洲、大洋洲、非洲、欧洲、亚洲以及君主立宪制、民主共和制和总统议会制的经济增长差异，并指出各控制变量的影响大小和显著性；通过有限混合模型的分组检验、替代变量全样本稳健性检验，考察假设H1c提出的各控制变量促进国家经济增长异质性，指出不同分组经济体的最优外部经济性。最后，通过熵值法权重系数，构建经济体国家创新空间综合评价模型，分析全球199个经济体的国家创新空间与经济增长的影响关系。

人均国民收入水平是衡量一国的经济实力和人民富裕程度的重要指标，人均国民收入综合地反映一国经济发展水平、经济实力、人民生活水平。回归结果见表24所示，技术创新促进人均国民收入增长0.1%，提高政府效率促进0.15%，吸引外国投资促进0.47%，税收政策促进1.71%，城镇化促进2.72%，基础建设促进0.69%，降低基尼系数促进0.44%，提高教育水平促进0.80%，绿色经济促进6.02%，降低市场实际利率促进经济增长0.18%，提高政策安全指数促进11.69%，就业率与经济增长关系为倒U形结构，促进作用为5.09%，但是曲面向下，曲率为−0.00046，净移民数量与经济增长呈现正U形结构，当净移民数量达到规模效应后，开始出现正效益。曲面开口向上，曲率为正的0.001。模型F值为1035.299，调整后R^2为0.754，模型拟合基本正确。

表 24　GNI 回归检验

因变量		ln（GNI）			
		β-系数	误差	T值	P值
自变量	PATE	0.001***	0.000	3.189	0.001
	GOVE	-0.0015***	0.000	-6.562	0.000
	FDI	0.0047***	0.000	16.026	0.000
	TAX	0.0171***	0.001	11.883	0.000
	CITY	0.0272***	0.000	39.949	0.000
	IPHO	0.0069***	0.000	25.398	0.000
	GINI	-0.0044***	0.001	-2.655	0.007
	EDUC	0.0080***	0.000	11.455	0.000
	CARB	0.0602***	0.002	27.269	0.000
	INTE	-0.0018**	0.000	-1.993	0.046
	COI	0.1169***	0.015	7.538	0.000
	EMPL	0.0509***	0.005	9.387	0.000
	EMPL2	-0.00046***	0.000	-9.919	0.000
	LIVE	-0.0001***	0.000	-8.527	0.000
	LIVE2	0.0001***	0.000	16.258	0.000
截距		4.338*** （27.304）			
决定系数		0.869			
R^2		0.755			
调整后 R^2		0.754			
观测值		4894			
F值		1035.299***			

备注：*$p<0.1$，**$p<0.05$，***$p<0.001$.

数据：世界银行（2021）

2. 洲际差异影响分析

进一步，检验各控制变量对不同地理位置的经济体影响程度是否存在显著差异。通过数据分组，对比各组数据变量的均值，见表25所示，人均国民收入对数方面，南、北美洲均高于总体均值，欧洲最高，为9.641，最低的为非洲，仅为6.913；居民专利申请数量方面，世界年均经济体为5947件，亚洲在日本的带动下，平均值居世界第一，为14408件，其次是北美洲的13297件、欧洲的3076件，最少的为欧洲的均经济体80件；政府效率方面，大洋洲开办企业所需的天数最少，为26.652d，其次为欧洲的29.569d和北美洲的31.606d，最多的为南美洲的104.31d；吸引外国投资方面，欧洲经济体均值最高，为14.776%，其次为亚洲、非洲和北美洲，但是与欧洲的绝对值仍相差较大；税负率方面，全球税负率最低的是亚洲，为12.993%，其次为北美洲、南美洲，最高的为欧洲的20.441%；城镇化比率方面，南美洲城镇化比率为71.119%，其次为欧洲和北美洲，最低的为非非洲的40.694%；互联网基础建设方面，欧洲、亚洲和北美洲分列前三；就业率方面，南北美洲和非洲较高，最低的为欧洲和大洋洲；净移民数量方面，移入地区为北美洲经济体和大洋洲经济体，移出地区为非洲、南美洲、欧洲和亚洲；基尼系数从低到高排名依次为欧洲、亚洲、大洋洲、北美洲、非洲和南美洲；教育程度方面，欧洲的高等院校入学率最高，为自1995—2018年以来，年均50.99%，美洲、大洋洲紧随其后，非洲最低，仅为8.484%；碳排放方面，人均年碳排放数量从高到低依次为欧洲、亚洲、北美洲、大洋洲、南美洲和非洲；金融市场实际利率方面，欧洲利率最低为4.956%，亚洲第二为6.956%，利率最高的为南美洲13.215%；最后，哈佛大学Atlas数据库公布的COI数据显示，欧洲的政策安全指数最高，为0.559，其次为大洋洲0.073、和北美洲的0.008，亚洲、南美洲和非洲政策安全指数年均值为负数。

表 25 分组检验

因变量		均值						
		全样本	北美洲	大洋洲	非洲	南美洲	欧洲	亚洲
variable	LnGNI	8.327	8.878	8.606	6.913	8.367	9.641	8.140
	LnGDP	23.645	23.300	21.020	22.715	24.338	24.84	24.361
	PATE	5947	13297	276	80	484	3076	14408
	GOVE	39.566	31.606	26.652	47.86	104.31	29.569	35.666
	FDI	6.723	4.106	3.398	4.321	3.494	14.776	4.488
	TAX	16.243	14.662	19.972	15.163	15.529	20.441	12.993
	CITY	56.73	58.452	54.742	40.694	71.199	69.443	57.703
	IPHO	58.676	62.103	44.427	37.694	59.825	79.452	63.351
	EMPL	55.771	57.774	52.875	57.936	57.987	52.895	55.871
	LIVE	−4.479	18.214	9.401	−5.122	−9.773	−11.603	−11.777
	GINI	39.379	42.947	38.463	43.683	50.355	33.185	37.003
	EDUC	28.265	31.772	23.797	8.484	32.164	50.990	25.492
	CARB	4.730	6.290	4.437	1.171	2.527	6.593	6.463
	INTE	6.882	7.391	6.099	8.142	13.215	4.956	6.065
	COI	0.017	0.008	0.073	−0.418	−0.097	0.559	−0.047

数据：世界银行（2021）

利用洲分组数据OLS回归检验，分析各自变量与地理位置因素交互效应在经济增长中的异质性。分析如下：

美洲包含北美洲、中美洲和南美洲，美洲拥有全球最多的森林资源和渔业资源，但是美洲的美国、加拿大与巴西、阿根廷分别占到各自所在洲经济的2/3，经济发展非常不平衡，各变量影响经济增长的特殊性表现为：北美洲技术创新影响经济增长不显著，南美洲具有0.1%的抑制效应；政府效率方面，也表现出差异性，提高政府效率，北美洲促进经济0.8%，而南美洲则为−0.04%；进一步绘制技术创新与政府效率的散点图15和散点图16。

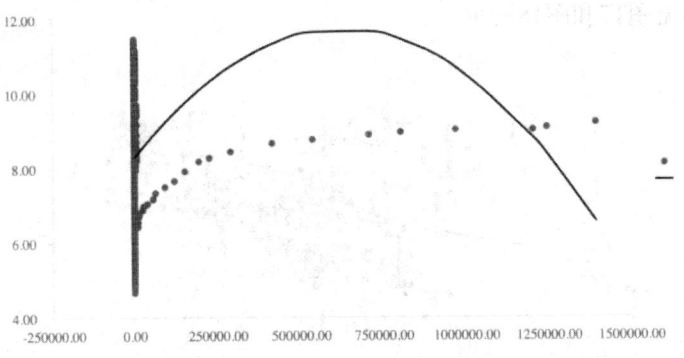

图15　科技创新与经济增长

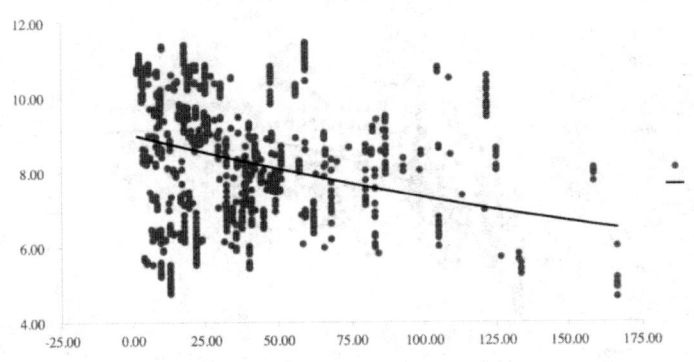

图16　政府效率与经济增长

世界范围内，技术创新、政府效率虽然在中长期对经济增长的作用是显著正向的，但是，对于某一洲或者经济体而言，技术创新、政府效率和经济具有最佳匹配性，即技术创新呈现倒U形结构，达到一定规模后，继续投入促进经济的发展不显著。而政府效率与经济增长则呈现正U性结构，政府效率累计到一定的规模后，对经济产生正向影响。南美洲在税收政策、教育水平方面的特殊性在于，降低税负率对经济增长是有利的，促进作用为10.2%；教育水平的继续提高，与经济匹配出现负效应，为0.97%。绘制税收政策与教育水平促进经济增长散点图，南美洲的税收政策、教育水平与经济增长可以用倒U形结构拟合，税负率和教育水平的提高在初期对经济增长有益，但是超过一定程度后，资源配置在其他经济指标方面是合适的选择，详见图17和图18所示。

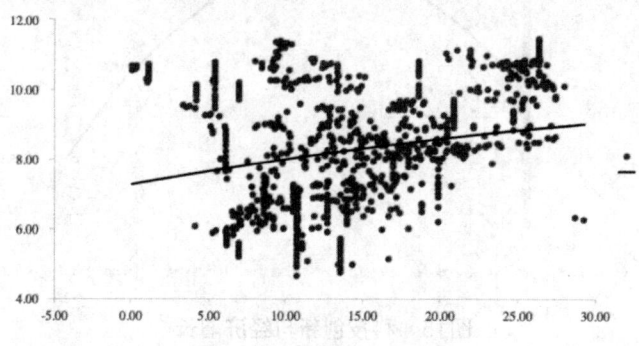

图17　税收与经济增长

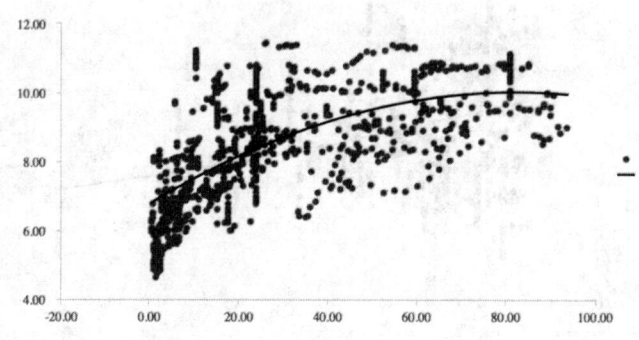

图18　教育程度与经济增长

大洋洲作为世界人口和国家数量最少的洲，与世界平均效应相比，在诸如政府效率、吸引外国投资、城镇化、基础设施建设、绿色经济、提高政策安全指数等方面具有一致性，但是其他经济指标表现出特殊性。首先，技术创新促进经济增长在短期内不显著；税收政策方面表现为降低税负率促进经济增长4.5%；基尼系数作用与经济增长关系不显著；提高市场利率对经济增长具有2.3%的正向促进作用。

非洲是世界第二大面积洲和第二大人口数量洲，但是工业水平最低，大多数国家经济落后。区别世界经济体的平均效应，表现出差异性为：因为工业落后，技术创新和政府效率对于经济增长未出现正向促进关系；外国投资对于国家经济增长出现抑制效应，为-0.40%；提高基尼系数，在一定程度上发挥先富带动后富的滴落效应,对经济增长产生0.44%的存进作用;提高市场利率促进经济增长0.15%;政策安全性成为阻碍经济发展的因素之一,为-4.8%。其中,绘制基尼系数作用经济增长散点图(见图19),发现世界范围内,当基尼系数低于一定程度后,适度提高基尼系数,允许先富的滴落效应,可以促进特定经济体的经济增长。

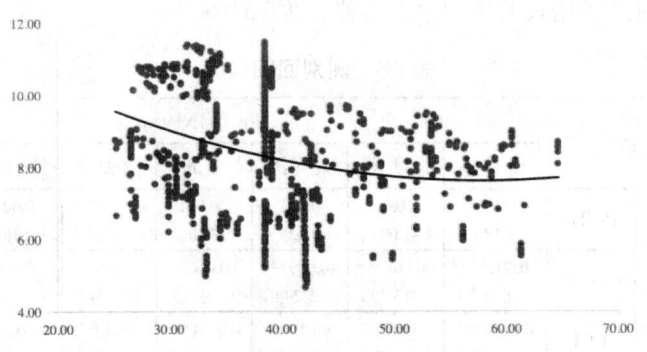

图19 基尼系数与经济增长

欧洲是人类生活水平、环境水平和发展指数最高的大洲,因此,各宏观指标对经济影响相比其他洲具有很大差异,具体为:提高居民专利申请数量、减少企业开办天数和降低基尼系数对经济增长分别具有0.10%、0.07%和0.7%的作用,但不具有显著性;政策安全指数抑制经济增长22.40%,尽管世界平均效应为11.69%(见图20)。就业率增加抑制经济增长0.3%,但不具有显著性。

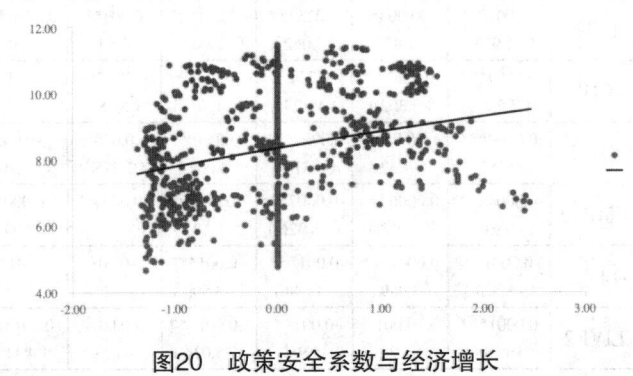

图20 政策安全系数与经济增长

最后，见表26所示，亚洲是人口最多和面积最大的国家，除韩国、日本、新加坡和以色列等少数经济体为发达经济体外，大多数经济体为发展中经济体。提高技术创新能力在所有洲中对发展经济作用最为明显，为0.10%，城镇化促进经济作用高于平均值，为3.62%，在所有洲中，允许贫富差距可以促进经济整体增长2.41%，而且，在世界范围内，亚洲降低市场实际利率对经济增长的作用第二重要，为0.51%。

表26 洲别回归检验

因变量		ln（GNI）						
		全样本	北美洲	大洋洲	非洲	南美洲	欧洲	亚洲
自变量	PATE	0.001*** (3.189)	−0.001 (−1.095)	0.001 (0.223)	−0.001 (−0.46)	−0.001*** (−2.955)	0.001 (0.366)	0.001*** (9.82)
	GOVE	−0.0015*** (−6.562)	−0.008*** (−13.79)	−0.009*** (−5.244)	0.0003 (0.955)	0.0004** (2.134)	−0.0007 (−0.62)	0.001 (0.173)
	FDI	0.0047*** (16.026)	0.017*** (3.617)	0.010** (2.196)	−0.004*** (−2.836)	−0.010* (−1.67)	0.002*** (8.49)	−0.002 (−1.24)
	TAX	0.0171*** (11.883)	−0.0009 (−0.239)	−0.045*** (−6.906)	0.0318*** (9.632)	−0.102*** (−12.35)	0.025*** (5.50)	0.0007 (0.57)
	CITY	0.0272*** (39.949)	0.009*** (7.173)	0.0096*** (8.346)	0.0167*** (13.39)	0.027*** (13.881)	0.031*** (16.73)	0.0362*** (35.73)
	IPHO	0.0069*** (25.398)	0.002*** (5.78)	0.0081*** (13.923)	0.007*** (16.68)	0.012*** (20.40)	0.007*** (11.31)	0.0102*** (29.32)
	GINI	−0.0044*** (−2.655)	−0.035*** (−9.57)	−0.0006 (−0.101)	0.0044** (1.965)	−0.038*** (−8.44)	−0.006 (1.34)	0.0241*** (6.83)
	EDUC	0.0080*** (11.455)	0.004*** (4.397)	0.0015 (0.931)	−0.001 (−0.687)	−0.0097*** (−4.74)	0.0045*** (2.82)	−0.012*** (−10.55)
	CARB	0.0602*** (27.269)	0.041*** (13.014)	0.0808*** (8.22)	0.223*** (18.438)	0.247*** (10.99)	0.053*** (6.22)	0.0301*** (12.38)
	INTE	−0.0018** (−1.993)	−0.008* (−1.877)	0.023*** (3.062)	−0.0015** (−2.003)	0.003** (2.03)	0.0076*** (2.45)	−0.0051*** (−2.92)
	COI	0.1169*** (7.538)	0.234*** (5.302)	0.237* (1.723)	−0.048 (−1.705)	0.287*** (5.05)	−0.224*** (−2.54)	0.1061*** (5.42)
	EMPL	0.0509*** (9.387)	−0.051 (−1.32)	0.0902*** (9.318)	0.0254*** (4.064)	0.036 (1.275)	−0.003 (−0.20)	0.0595*** (7.51)
	EMPL2	−0.00046*** (−9.919)	0.0006*** (2.968)	−0.0007*** (−8.326)	−0.0002*** (−5.127)	−0.0004** (−1.97)	0.0001 (0.93)	−0.0005*** (−7.2)
	LIVE	−0.0001*** (−8.527)	0.0001*** (3.089)	0.001*** (4.644)	−0.001*** (−3.509)	−0.001 (−1.35)	−0.001*** (5.24)	0.001*** (5.62)
	LIVE2	0.0001*** (16.258)	−0.001 (−1.25)	−0.001*** (−5.957)	−0.001*** (−5.034)	−0.001 (−0.23)	0.001*** (4.11)	−0.001 (−1.10)

因变量	ln（GNI）						
	全样本	北美洲	大洋洲	非洲	南美洲	欧洲	亚洲
截距	4.338*** （27.304）	10.438*** （15.11）	5.915*** （18.98）	4.506*** （21.417）	8.436*** （10.02）	5.690*** （12.36）	2.993*** （11.68）
决定系数	0.869	0.897	0.940	0.871	0.933	0.762	0.941
R^2	0.755	0.806	0.884	0.759	0.872	0.581	0.885
调整后R^2	0.754	0.801	0.879	0.756	0.863	0.575	0.884
F值	1035.29***	163.28***	195.96***	259.36***	102.88***	106.77***	600.69***

备注：*$p<0.1$，**$p<0.05$，***$p<0.001$.

数据：世界银行（2021）

3. 政体形式影响分析

国家治理，是自产生阶级社会以来最重要的政治现象之一。国家治理的本质在于通过其属性及职能的发挥，协调和缓解社会冲突与矛盾，以维持特定的秩序。政治体制决定了统治阶级采取什么样的方式来组织自己的政权机关，不同政治制度的国家，其经济、文化、外贸等政策也不同。因此，政体形式作为经济体的内生因素，对国家经济发展具有重要影响。对比各政体形式变量均值（见表27）发现：君主立宪制经济体在人均国民收入、居民专利申请量、政府效率、吸引外国投资、互联网基础建设、就业率、净移民数量以及人均碳排放量均高于其他政体类型的经济体。民主共和制经济体在年均国内生产总值、城镇化、社会公平、教育水平、降低市场实际利率以及政策安全指数方面，优于其他类型经济体。最后，总统制经济体在年均税负率方面最低，为14.017%，

表27 Group comparison

因变量		均值			
		全样本	君主立宪制	民主共和制	总统制
自变量	LnGNI	8.327	9.320	9.105	7.683
	LnGDP	23.645	23.623	23.877	23.553

因变量		均值			
		全样本	君主立宪制	民主共和制	总统制
自变量	PATE	5947	9770	9732	3131
	GOVE	39.566	28.280	30.479	47.016
	FDI	6.723	15.345	6.390	4.135
	TAX	16.243	19.262	19.103	14.017
	CITY	56.73	59.924	64.360	52.481
	IPHO	58.676	68.413	67.863	51.696
	EMPL	55.771	57.381	52.532	56.636
	LIVE	−4.479	8.996	−13.245	−5.027
	GINI	39.379	37.163	35.014	41.933
	EDUC	28.265	36.015	42.653	19.707
	CARB	4.730	6.662	5.630	3.737
	INTE	6.882	5.564	5.294	7.973
	COI	0.017	0.185	0.421	−0.207

数据：世界银行（2021）

各政体形式对经济影响程度和显著性见表28结果所示，分析如下：

君主立宪制亦即"有限君主制"，是相对于君主专制的一种国家体制。君主立宪是在保留君主制的前提下，通过立宪，限制君主权力、实现事务上的共和主义理想，亚洲的日本和欧洲的英国是该政体形式的代表国家，特殊性表现为：首先，政府效率促进经济增长程度最高，为0.90%。其次，教育水平促进经济增长作用最明显，为0.41%。另外，就业率提高经济增长效果为8.20%，效率最高。

纵观1995—2018年民主共和制经济体表现，城镇化进程将是政府工作的重点，可以促进经济增长2.36%，教育水平、就业率和基础设施建设，分别可以提高经济增长0.18%、3.12%和0.97%。

表28 政体形式回归检验

因变量		ln（GNI）			
		全样本	君主立宪制	民主共和制	总统制
自变量	PATE	0.001*** （3.189）	0.001*** （2.68）	−0.001 （−1.33）	0.001*** （2.43）
	GOVE	−0.0015*** （−6.562）	−0.009*** （−8.57）	−0.0009 （−0.78）	−0.0005*** （−2.69）
	FDI	0.0047*** （16.026）	−0.001 （−0.173）	−0.0021*** （2.46）	−0.0049*** （−3.19）
	TAX	0.0171*** （11.883）	0.0159*** （4.19）	0.0285*** （7.10）	0.0022* （1.69）
	CITY	0.0272*** （39.949）	0.023*** （16.58）	0.0236*** （16.26）	0.0291*** （37.24）
	IPHO	0.0069*** （25.398）	0.0049*** （9.35）	0.0097*** （17.10）	0.0084*** （30.65）
	GINI	−0.0044*** （−2.655）	−0.022*** （−4.85）	−0.0025 （−0.63）	0.0112*** （7.09）
	EDUC	0.0080*** （11.455）	0.0041*** （2.87）	0.0018 （1.47）	0.0035*** （3.81）
	CARB	0.0602*** （27.269）	0.0367*** （6.90）	0.0507*** （6.04）	0.0595*** （29.96）
	INTE	−0.0018** （−1.993）	0.0015 （0.32）	0.009*** （3.44）	−0.0016** （−2.24）
	COI	0.1169*** （7.538）	0.1420*** （3.36）	−0.212*** （−7.03）	0.1718*** （10.41）
	EMPL	0.0509*** （9.387）	0.082*** （5.27）	0.0312*** （2.69）	0.0279*** （5.19）
	EMPL2	−0.00046*** （−9.919）	−0.0006*** （−4.94）	−0.0001 （−1.44）	−0.0002*** （−6.45）
	LIVE	−0.0001*** （−8.527）	−0.001*** （−10.56）	−0.001* （−1.76）	0.001*** （2.75）
	LIVE2	0.0001*** （16.258）	0.001*** （10.79）	0.001*** （6.42）	0.001 （0.572）
截距		4.338*** （27.304）	5.481*** （11.639）	4.936*** （15.21）	4.42*** （27.68）
决定系数		0.869	0.897	0.802	0.905
R^2		0.755	0.806	0.643	0.819
调整后R^2		0.754	0.802	0.638	0.818
F值		1035.29***	241.002***	140.84***	843.53***

备注：*$p<0.1$，**$p<0.05$，***$p<0.001$.

数据：世界银行（2021）

4. 贝叶斯分组数据检验

对个分组数据做描述性统计，如表29所示，总体上，分组二相比分组一，在人均国民收入、国内生产总值、技术创新、政府效率、吸引外国投资、城镇化、互联网建设、就业率、净移民数量、社会公平、教育程度、降低市场利率和政策安全指数方面具有优势。而在降低税负率和绿色低碳方面相对劣势。

表29 贝叶斯分类均值

因变量		均值		
		全样本	聚类-1	聚类-2
自变量	LnGNI	8.327	7.622	9.264
	LnGDP	23.645	23.008	24.491
	PATE	5947	3419	9306
	GOVE	39.566	44.89	32.490
	FDI	6.723	4.576	9.577
	TAX	16.243	16.156	16.357
	CITY	56.73	43.402	74.433
	IPHO	58.676	47.996	72.863
	EMPL	55.771	55.033	56.752
	LIVE	−4.479	−18.544	14.205
	GINI	39.379	40.731	37.583
	EDUC	28.265	18.736	40.923
	CARB	4.730	2.625	7.528
	INTE	6.882	7.905	5.524
	COI	0.017	−0.079	0.145

数据：世界银行（2021）

进一步，构建OLS回归模型，结果见表30所示。

首先，分组一在技术创新促进经济增长方面的作用不具有显著性，但是分组二经济体技术创新促进经济增长有0.1%的正向显著性；另一方面，分组一的政府效率因素显著促进人均国民收入增长0.13%，但是，分组二并不具有显著性。如本书前述，技术创新和政府效率中长期对经济增长具有显著正向作用，但具体到各个经济体表现出异质性。

其次，分组一和分组二在基尼系数和净移民对经济增长的影响方面，作用截然相反。降低基尼系数对分组二经济体经济增长具有2.84%的促进作用，但是，提高基尼系数对于分组一经济体的促进作用为1.11%；移民吸引方面，增加移民对于分组一经济增长具有0.1%的促进作用，但是减少移民数量对于分组二经济增长具有0.1%的促进作用。

最后，在外国投资、税收政策、城镇化、互联网建设、教育水平、绿色经济、金融市场、政策安全、就业率等方面作用方向具有一致性。但是相关程度上具有异质性，表现为：分组一外国投资、互联网建设、教育投入、政策安全方面优于分组二，分别为0.58%、0.74%、1.75%、和16.13%。

表30 贝叶斯分类回归检验

因变量		ln（GNI）		
		全样本	聚类-1	聚类-2
自变量	PATE	0.001*** （3.189）	0.001 （0.37）	0.001*** （5.43）
	GOVE	−0.0015*** （−6.562）	−0.0013*** （−4.95）	−0.001 （−0.14）
	FDI	0.0047*** （16.026）	0.0058*** （3.29）	0.0024*** （7.29）
	TAX	0.0171*** （11.883）	0.0108*** （7.22）	0.023*** （8.91）
	CITY	0.0272*** （39.949）	0.0075*** （6.25）	0.0378*** （38.41）
	IPHO	0.0069*** （25.398）	0.0074*** （22.42）	0.0069*** （18.27）

因变量		ln（GNI）		
		全样本	聚类-1	聚类-2
自变量	GINI	−0.0044*** （−2.655）	0.0111*** （6.11）	−0.0284*** （−10.15）
	EDUC	0.0080*** （11.455）	0.0175*** （17.07）	0.0014* （1.67）
	CARB	0.0602*** （27.269）	0.0994*** （26.51）	0.0370*** （13.78）
	INTE	−0.0018** （−1.993）	−0.001 （−1.31）	0.0002 （0.12）
	COI	0.1169*** （7.538）	0.1613*** （8.65）	−0.0154 （−0.67）
	EMPL	0.0509*** （9.387）	0.032*** （5.65）	0.0884*** （9.11）
	EMPL2	−0.00046*** （−9.919）	−0.0003*** （−7.05）	−0.0007*** （−8.34）
	LIVE	−0.0001*** （−8.527）	0.001*** （6.97）	−0.001*** （−11.86）
	LIVE2	0.0001*** （16.258）	0.001*** （18.04）	0.001*** （13.59）
截距		4.338*** （27.304）	5.097*** （29.696）	4.936*** （15.21）
决定系数		0.869	0.827	0.802
R^2		0.755	0.684	0.643
调整后R^2		0.754	0.683	0.638
F值		1035.29***	399.947***	140.84***

备注：*$p<0.1$，**$p<0.05$，***$p<0.001$。

数据：世界银行（2021）

5. 国内生产总值全样本稳健性检验

为检验假设H1a、H1b以及H1c结果的稳健性和可信度，通过国内生产总值全样本检验控制变量对经济增长影响的稳定性进行检验，公式（30）如下所示：

$$\ln(GDP)=21.178+0.001PATE_{it}-0.002GOVE_{it}-0.002FDI_{it}-0.034TAX_{it}$$
$$+0.007CITY_{it}+0.0059IPHO_{it}+0.0026GINI_{it}+0.034EDUC_{it}+0.029CARB_{it}$$
$$-0.004INTE_{it}+0.392COI_{it}+0.0276EMPL_{it}-0.001EMPL_{it}^2+0.001LIVE_{it}$$
$$ã0.001LIVE_{it}^2+_{it}$$

（30）

回归模型拟合度$F=271.145$，调整后决定系数$R^2=0.530$，相应控制变量显著性结果如表31所示：技术创新、政府效率、外国投资、税收政策、城镇化、互联网建设、教育水平、碳排放、金融市场、政策安全指数、就业率、人居环境等因素对经济增长具有相关性。从平均意义来看，居民专利申请促进GDP增长0.1%；提高政府效率促进0.02%；外国投资对人均国民收入具有0.47%的促进作用，但是对国内生产总值产生0.2%的抑制作用，合理解释了外资吸引对本地企业的冲击效果，但对于全体国民福利增加是有利的。降低税负率促进国内生产总值提高3.40%；城镇化促进经济总值0.70%；互联网建设促进0.59%；基尼系数对于国内生产总值影响不具有显著性；教育水平提高促进GDP增长3.40%；碳排放促进GDP提高2.90%；降低金融市场实际利率提高国内生产总值0.40%；提高政策安全指数促进国内生产总值提高39.20%；另外，就业率和净移民数量对GDP呈现倒U形结构，系数分别为0.0276和0.001，曲率为-0.0001和-0.001。

表31 GDP回归检验

因变量		Ln（GDP）			
		β-系数	误差	T值	P值
自变量	PATE	0.001***	0.000	14.703	0.000
	GOVE	−0.0002***	0.000	−8.377	0.000
	FDI	−0.002***	0.000	−2.983	0.002
	TAX	−0.034***	0.003	−10.507	0.000
	CITY	0.007***	0.001	4.733	0.000
	IPHO	0.0059***	0.000	9.416	0.000
	GINI	0.0026	0.003	0.692	0.488

因变量		Ln（GDP）			
		β-系数	误差	T值	P值
自变量	EDUC	0.034***	0.001	21.061	0.000
	CARB	0.029***	0.005	5.725	0.000
	INTE	−0.004***	0.002	−2.340	0.019
	COI	0.392***	0.036	10.644	0.000
	EMPL	0.0276**	0.012	2.144	0.032
	EMPL2	−0.0001	0.000	−1.365	0.172
	LIVE	0.001***	0.000	3.769	0.000
	LIVE2	−0.001***	0.000	−4.479	0.000
截距		21.178***（56.076）			
决定系数		0.733			
R^2		0.537			
调整后 R^2		0.530			
观测值		4894			
F值		271.145***			

备注：*$p<0.1$，**$p<0.05$，***$p<0.001$.

数据：世界银行（2021）

需要说明的是，因本书基于"节俭模型"原则构建回归模型，多元一次方程具有显著性的变量，并未进一步研究曲线性关系，仅对就业率和人居环境两项指标在直线拟合不足的情况下，探究了曲线性关系。但这并不表示其他变量与经济增长不存在曲线关系的可能。例如基础设施建设（见图21）以及碳排放（见图22）与国内生产总值的关系为倒U形结构

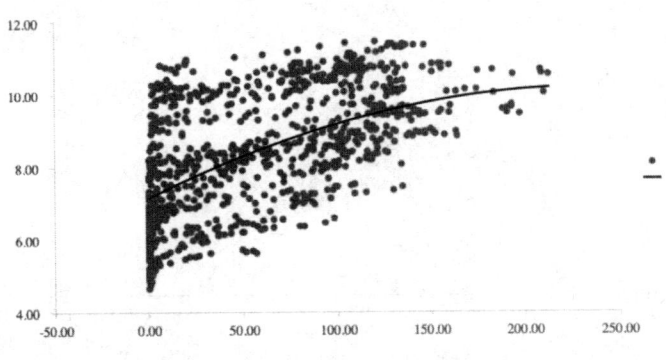

图21　基础设施与经济增长

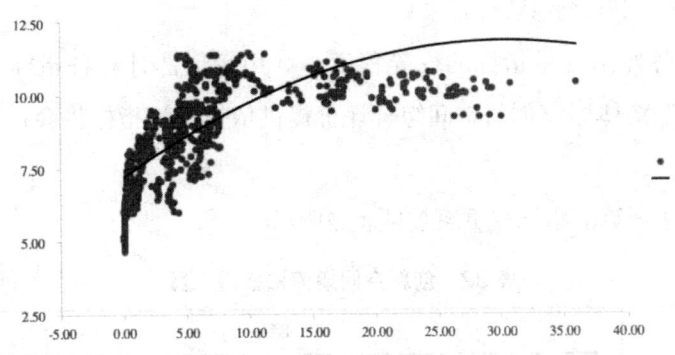

图22　碳排放与经济增长

进一步，绘制变量残差发现，结果$E(\varepsilon)=0$，各自变量残差没有表现出明显的趋势，意味着模型没有被错误假定。预测的（$\hat{y}$）的残差图符合随机分布，符合误差方差为常数的假定。模型生成的残差核密度图，图形符合正态分布，如图23所示，正态误差的假定合理。按照时间顺序绘制的残差图显示，残差值为正数的概率要明显多于负数情况，且多重独立误差的假定是合理的。综上，OLS回归是合适的。

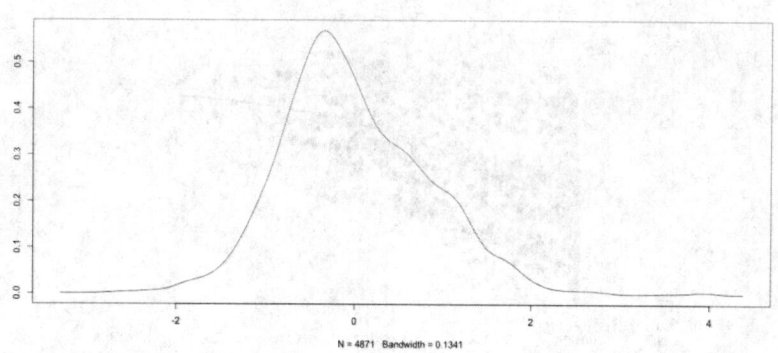

图23　核密度图

6. 创新空间熵值法综合系数

根据各控制变量指标的变异程度，利用熵值法计算各指标的权重系数，为各经济体国家创新空间综合评价提供依据。该指标将会在后续章节中使用。

熵值法计算的指标权重系数见表32所示。

表 32　创新空间熵值法权重系数

因变量		熵值法		
		信息熵（e）	冗余度（d）	权重系数（w）
自变量	R&D	0.568	0.410	60.28%
	EOG	0.946	0.053	7.87%
	FDI	0.992	0.007	1.09%
	TAX	0.986	0.013	2%
	URBA	0.988	0.011	1.64%
	INTE	0.946	0.053	7.84%
	GINI	0.997	0.002	0.34%

因变量		熵值法		
		信息熵（e）	冗余度（d）	权重系数（w）
自变量	EDUC	0.954	0.045	6.67%
	CARB	0.924	0.075	11.11%
	FINA	0.999	0.0008	0.12%
	COI	0.997	0.002	0.41%
	EMPL	0.996	0.003	0.47%
	LIVE	0.998	0.001	0.16%
观测值		4871		

数据：世界银行（2021）

（二）产品空间结果分析与稳健性检验

1. 人均国民收入全样本检验

本节考察了假设H2a以及H2b的研究结果：

人均国民收入水平是衡量一国的经济实力和人民富裕程度的重要指标，产品空间要素对人均国民收入回归结果见表33所示。

产品空间负向作用的有：纺织类产品抑制人均国民收入增长17.1%；农业类抑制16.9%；钻石类抑制2.2%；矿产类抑制4.3%，但呈现正U形结构，开口向上，曲率为正的0.008；电子类产品抑制人均国民收入增长7.6%。正向促进的为：金属类产品比较优势度促进人均国民收入增长1%；化工类产品促进20.2%；汽车类产品促进9.5%；设备类产品促进人均国民收入增长幅度最大，为61.2%；经济复杂程度促进人均国民收入增长22.9%，产品邻近度促进增长24.4%。模型F值为241.87，调整后R^2为0.654，模型拟合基本正确，结论支持假设H1：人力和资源密集型产品比较优势度对国民经济体增长具有抑制作用，产品空间要素与经济增长的关系中，存在"资源诅咒"现象。

表 33　GNI回归检验

因变量		ln（GNI）			
		β-系数	误差	T值	P值
自变量	TEXT	-0.171***	0.008	-20.462	0.000
	AGRI	-0.169***	0.010	-16.473	0.000
	STON	-0.022***	0.003	-5.750	0.000
	MINE	-0.043*	0.023	-1.830	0.067
	MINE2	0.008***	0.002	3.576	0.000
	META	0.010***	0.004	2.528	0.010
	CHEM	0.202***	0.030	6.697	0.000
	VEHI	0.095***	0.021	4.480	0.000
	MACH	0.612***	0.044	13.868	0.000
	ELEC	-0.076***	0.026	-2.917	0.003
	ECI	0.229***	0.014	15.671	0.000
	PCI	0.244***	0.025	9.417	0.000
截距		8.575*** (152.914)			
决定系数		0.811			
R^2		0.657			
调整后R^2		0.654			
观测值		4894			
F值		241.876***			

备注：*$p<0.1$，**$p<0.05$，***$p<0.001$．

数据：世界银行（2021）

2. 洲分组产品空间异质性

检验产品空间要素对不同地理位置的经济体影响程度是否存在显著差异，利用洲分组数据OLS回归，分析自变量与地理位置因素交互效应在经济增长中的异质性。结果如表34所示：纺织类产品比较优势方面，大洋洲可以促进人均国民收入增长6.8%，其他洲效应为负；农业类产品比较优势方面，北美洲基于丰富的海洋鱼类资源，产品比较优势度促进经济增长7.6%，其他洲效应为负；钻石类产品出口比较优势度方面，大洋洲和欧洲的效应分别为正的4.4%和1.6%，其他洲效应为负；矿产类产品方面，北美洲、大洋洲和非洲促进经济增长分别为38.4%、44.1%和14.6%，其他洲效应为负；金属类产品方面，大洋洲和非洲效应为正，分别为5.2%和1.8%，其他洲效应为负；化工类产品方面，亚洲促进经济增长的作用为43.1%，其他洲效应为负；汽车类产品方面，北美洲、欧洲和亚洲促进经济作用为正，分别为20.4%、6.3%和19.7%，其他洲效应为负；设备类产品方面，北美洲、欧洲和亚洲效应为正，分别为50.6%、69.5%和64.3%，其他洲效应为负；电子类产品方面，非洲和南美洲促进经济作用为正，分别为59%和157%，其他洲效应为负；经济复杂度方面，所有洲提高经济复杂度均能促进人均国民收入增长；产品邻近度方面，北美洲、大洋洲和非洲促进经济分别增长3%、148.6%和2.9%，其他洲效应为负。

表34 洲别回归检验

因变量		ln（GNI）						
		全样本	北美洲	大洋洲	非洲	南美洲	欧洲	亚洲
自变量	TEXT	-0.171*** （-20.46）	-0.183*** （-14.25）	0.068*** （3.47）	-0.088*** （-6.43）	-0.513*** （-8.45）	-0.497*** （-20.16）	-0.166*** （-12.63）
	AGRI	-0.169*** （-16.47）	0.076*** （5.40）	-0.054*** （-3.03）	-0.137*** （-8.92）	-0.126*** （-4.60）	-0.153*** （-4.66）	-0.343*** （-10.82）
	STON	-0.022*** （-5.75）	-0.001 （-0.39）	0.044 （0.58）	-0.020*** （-3.37）	-0.017*** （-2.42）	0.016 （1.41）	-0.021* （-1.85）
	MINE	-0.043* （-1.83）	0.384*** （6.21）	0.414*** （5.60）	0.146*** （4.19）	-0.447*** （-8.75）	-0.116 （-1.54）	-0.074* （-1.74）
	MINE2	0.008*** （3.57）	-0.026*** （-2.77）	-0.042*** （-4.24）	-0.006*** （-2.25）	0.041*** （9.75）	0.015 （1.22）	0.013*** （3.24）
	META	0.010*** （2.52）	-0.083*** （-4.66）	0.052*** （4.01）	-0.019*** （-2.61）	0.018*** （2.51）	-0.115*** （-11.16）	-0.088*** （-6.21）
	CHEM	0.202*** （6.69）	-0.044 （-0.89）	-0.038 （-0.56）	-0.074 （-1.52）	-0.178*** （-4.32）	-0.077 （-1.51）	0.431*** （5.30）
	VEHI	0.095*** （4.48）	0.204*** （5.17）	-0.044* （-1.84）	-0.141*** （-3.72）	-0.288* （-1.82）	0.063* （1.76）	0.197*** （3.32）

因变量		ln（GNI）						
		全样本	北美洲	大洋洲	非洲	南美洲	欧洲	亚洲
自变量	MACH	0.612*** (13.86)	0.506*** (4.90)	−0.102** (−2.29)	−0.078 (−0.31)	−1.198** (−2.10)	0.695*** (9.83)	0.643*** (6.12)
	ELEC	−0.076*** (−2.91)	−0.252*** (−4.86)	−0.021 (−0.75)	0.590*** (4.31)	1.570** (2.13)	−0.279*** (−5.23)	−0.126*** (−2.92)
	ECI	0.229*** (15.67)	0.571*** (9.30)	0.446*** (6.69)	0.415*** (6.73)	0.890*** (7.86)	0.152*** (2.87)	0.060*** (3.93)
	PCI	0.244*** (9.41)	0.003 (0.06)	1.486*** (6.98)	0.029 (0.57)	−0.036 (−0.35)	−0.073** (−2.08)	−0.078 (−1.60)
截距		8.575*** (152.9)	8.65*** (114.06)	8.45*** (80.62)	7.59*** (75.79)	10.14*** (49.74)	10.49*** (88.84)	8.63*** (71.77)
决定系数		0.811	0.856	0.695	0.696	0.695	0.726	0.636
R^2		0.657	0.733	0.483	0.484	0.484	0.527	0.405
调整后R^2		0.654	0.727	0.467	0.478	0.459	0.518	0.404
F值		241.87***	135.52***	30.24***	33.69***	19.77***	105.87***	66.32***

备注：*$p<0.1$，**$p<0.05$，***$p<0.001$.

数据：世界银行（2021）

3. 经济周期异质性分析

将样本数据划分为两个经济周期，通过产品空间要素相关系数的变化，分析各产品比较优势度、经济复杂度和产品邻近度作用经济增长的异质性。回归结果如表35所示：纺织类产品抑制经济增长提高10.9%；农业类产品抑制经济增长提高13.7%；钻石类产品抑制经济增长提高5.9%；矿产类产品从促进经济增长6.2%，转变为抑制8.7%；金属类产品从促进作用0.5%转变为抑制作用−4.6%；化工类产品促进作用提升9.3%；汽车类产品由促进作用9.7%，转变为抑制作用2%；设备类促进经济增长提升119.8%；电子类产品由促进经济增长0.9%，转变为抑制经济21.2%；经济复杂度仍然促进经济增长，但是幅度从98.3%下降至12.4%；产品邻近度即产品生产装换能力的提升，则从最初促进经济的6.5%提高到18.1%。

表35 经济周期异质性检验

因变量		ln（GNI）		
		全样本	2007—2018	1995—2006
自变量	TEXT	−0.171*** （−20.46）	−0.189*** （−15.46）	−0.080*** （−7.53）
	AGRI	−0.169*** （−16.47）	−0.185*** （−13.73）	−0.048*** （−3.37）
	STON	−0.022*** （−5.75）	−0.068*** （−9.56）	−0.009** （−2.10）
	MINE	−0.043* （−1.83）	−0.087*** （−2.92）	0.062** （1.95）
	MINE2	0.008*** （3.57）	0.0132*** （4.08）	0.005* （1.81）
	META	0.010*** （2.52）	−0.046*** （−5.50）	0.005 （1.03）
	CHEM	0.202*** （6.69）	0.153*** （3.81）	0.060 （1.53）
	VEHI	0.095*** （4.48）	−0.020 （−0.71）	0.097*** （3.49）
	MACH	0.612*** （13.86）	1.314*** （17.31）	0.116** （2.25）
	ELEC	−0.076*** （−2.91）	−0.212*** （−4.53）	0.009 （0.32）
	ECI	0.229*** （15.67）	0.124*** （8.95）	0.983*** （22.93）
	PCI	0.244*** （9.41）	0.181*** （5.59）	0.065* （1.73）
截距		8.575*** （152.9）	9.03*** （120.32）	7.98*** （102.195）
决定系数		0.811	0.651	0.675
R^2		0.657	0.424	0.456
调整后R^2		0.654	0.421	0.453
F值		241.87***	150.88***	166.79***

备注：$*p<0.1$，$**p<0.05$，$***p<0.001$。

数据：世界银行（2021）

4. 发达程度异质性分析

是否发达经济体在固有比较优势方面存在较大差异，产品空间的初始位置也存在较大差别？表36的回归结果分析了产品空间要素影响经济增长的异质性：

纺织类产品方面，发展中经济体相比发达经济体具有相对比较优势，为16%；农业类产品方面，发展中经济体劣势于发达经济体2%；钻石类产品方面，发展中经济体劣势于发达经济体2.9%；矿产类产品方面，发展中经济体具有27.6%的相对优势；金属类产品方面，发展中经济体具有9.5%的相对优势；化工类产品方面具有18.1%的比较优势；汽车类产品方面具有14.9%的竞争优势；设备类促进经济增长的作用为15.7%，但是劣势与发达经济体66%；电子类产品方面，发展中经济体具有相对比较优势52.1%；另外，提高经济复杂度和产品邻近度对经济的促进作用显著大于发达经济体。

表36 发达程度异质性检验

因变量		ln（GNI）		
		全样本	发展中经济体	发达经济体
自变量	TEXT	−0.171*** （−20.46）	−0.102*** （−13.25）	−0.272*** （−15.68）
	AGRI	−0.169*** （−16.47）	−0.100*** （−9.95）	−0.080*** （−4.93）
	STON	−0.022*** （−5.75）	−0.006** （−1.95）	0.023 （1.27）
	MINE	−0.043* （−1.83）	0.085*** （3.84）	−0.191*** （−2.98）
	MINE2	0.008*** （3.57）	0.004** （1.93）	0.053*** （3.82）
	META	0.010*** （2.52）	−0.001 （−0.40）	−0.096*** （−7.22）
	CHEM	0.202*** （6.69）	0.053* （1.84）	−0.128*** （−2.80）

因变量		ln（GNI）		
		全样本	发展中经济体	发达经济体
自变量	VEHI	0.095*** （4.48）	0.086*** （4.44）	−0.065 （−1.55）
	MACH	0.612*** （13.86）	0.157*** （3.62）	0.660*** （8.41）
	ELEC	−0.076*** （−2.91）	−0.009 （−0.41）	−0.530*** （−9.37）
	ECI	0.229*** （15.67）	0.829*** （25.37）	0.006 （0.71）
	PCI	0.244*** （9.41）	−0.050* （−1.72）	−0.068** （−2.27）
截距		8.575*** （152.9）	8.19*** （156.88）	10.91*** （110.75）
决定系数		0.811	0.812	0.808
R^2		0.657	0.659	0.652
调整后R^2		0.654	0.637	0.648
F值		241.87***	193.88***	47.12***

备注：*$p<0.1$，**$p<0.05$，***$p<0.001$．

数据：世界银行（2021）

5. 资源密集类型异质性分析

产业升级基本遵循资源禀赋的路径发展，经济体是否具有人力、自然资源与技术的资源禀赋，产品空间要素影响经济增长具有异质性。回归结果如表37所示：

纺织类产品出口比较优势方面，人力密集型经济体作用与经济增长具有相对比较优势，为−5.4%，而自然资源密集型和技术密集型分别为−23.8%和−28.7%；农业类产品方面，人力密集型效应为正的4.3%，其他密集类型效应为负；钻石类产品方面，自然资源密集型经济体具有相对比较优势，为−0.07%；矿产类产品方面，自然资源密集型经济体促进经济增长26.1%，其他类型效应为负；金属类产品方面，人力密集型经济体具有相对优势，促进经济增长1.8%；化工类产品方面，自然资源密集型经济体具有相对比较优势，为1.5%和6.3%；汽车类产品方面，自然资源密集型经济体具有促进经济增长11.6%；设备类产品出口比较优势度促进经济增长方面，技术密集型经济体促进作用最大，为49.6%；电子类产品方面，具有相对比较优势的经济体分别为人力密集型经济体、自然资源密集型经济体和技术密集型经济体；人力资源密集型经济体在产品中心化选择和产品邻近开发方面，具有最大正向促进作用。

表37 资源密集类型异质性检验

因变量		ln（GNI）			
		全样本	人力密集型经济体	自然资源密集型经济体	技术密集型经济体
自变量	TEXT	−0.171*** （−20.46）	−0.054*** （−5.08）	−0.238*** （−9.73）	−0.287*** （−11.54）
	AGRI	−0.169*** （−16.47）	0.043*** （2.89）	−0.216*** （−8.79）	−0.298*** （−11.26）
	STON	−0.022*** （−5.75）	−0.019*** （−3.36）	−0.0007 （−0.20）	−0.014 （−1.58）
	MINE	−0.043* （−1.83）	−0.043 （−0.91）	0.261*** （7.61）	−0.219*** （−3.29）
	MINE2	0.008*** （3.57）	0.005 （−.70）	−0.012*** （−4.19）	0.015 （1.29）
	META	0.010*** （2.52）	0.018*** （2.89）	0.001 （0.32）	−0.001 （−0.12）
	CHEM	0.202*** （6.69）	−0.058 （−1.11）	−0.043 （−0.66）	−0.106*** （−2.73）
	VEHI	0.095*** （4.48）	0.082 （1.54）	0.116* （1.66）	−0.114*** （−4.51）
	MACH	0.612*** （13.86）	0.164*** （2.35）	0.471** （2.26）	0.496*** （11.20）
	ELEC	−0.076*** （−2.91）	−0.026 （−0.79）	−0.054 （−0.51）	−0.237*** （−8.65）
	ECI	0.229*** （15.67）	1.016*** （17.34）	0.840*** （15.51）	0.105*** （7.19）
	PCI	0.244*** （9.41）	0.080* （1.81）	0.003 （0.07）	0.075** （2.03）

因变量	ln（GNI）			
	全样本	人力密集型经济体	自然资源密集型经济体	技术密集型经济体
截距	8.575*** (152.9)	7.85*** (76.63)	8.17*** (67.41)	10.09*** (78.10)
决定系数	0.811	0.790	0.811	0.797
R^2	0.657	0.624	0.658	0.635
调整后R^2	0.654	0.618	0.636	0.624
F值	241.87***	82.69***	80.51***	48.41***

备注：*$p<0.1$，**$p<0.05$，***$p<0.001$.

数据：世界银行（2021）

6. 国内生产总值全样本稳健性检验

通过国内生产总值GDP替代变量，进行产品空间作用于国家经济增长的全样本稳健性检验，回归模型如下所示。

$$Ln(GDP) = 22.67 + 0.067TEXT_{it} - 0.17AGRI_{it} - 0.016STON_{it} + 0.588MINE_{it}$$
$$-0.036MINE_{it}^2 + 0.026META_{it} + 0.438CHEM_{it} - 0.032VEHI_{it} + 0.775MACH_{it}$$
$$+0.142ELEC_{it} + 0.22ECI_{it} + 0.72PCI_{it} + \varepsilon_{it}$$

（31）

回归模型拟合度F=159.35，调整后决定系数R^2=0.520，相应控制变量显著性结果如表38所示。

产品空间正向作用的有：纺织类产品出口比较优势度促进国内生产总值增长6.7%；矿产类产品促进58.8%，但呈现倒U形结构，曲线开口向下，曲率为-0.036；金属类产品促进2.6%；化工类产品促进43.8%；设备类产品促进77.5%；电子类产品促进14.2%；经济复杂度和产品邻近度的提高，分别促进GDP增长22%和72%。负向作用的为：农业类产品出口比较优势度抑制国内生产总值17%；钻石类产品抑制作用为1.6%。汽车类产品作用于GDP不具有显著性。

表 38　国内生产总值全样本稳健性检验

因变量		Ln（GDP）			
		β-系数	误差	T值	P值
自变量	TEXT	0.067***	0.013	4.989	0.000
	AGRI	−0.170***	0.016	−10.178	0.000
	STON	−0.016***	0.006	−2.621	0.008
	MINE	0.588***	0.038	15.118	0.000
	MINE2	−0.036***	0.004	−9.062	0.000
	META	0.026***	0.006	3.882	0.000
	CHEM	0.438***	0.049	8.898	0.000
	VEHI	−0.032	0.034	−0.936	0.349
	MACH	0.775***	0.071	10.803	0.000
	ELEC	0.142***	0.042	3.355	0.000
	ECI	0.220***	0.023	9.248	0.000
	PCI	0.720***	0.042	17.049	0.000
截距		22.618*** （247.886）			
决定系数		0.731			
R^2		0.534			
调整后R^2		0.520			
F值		159.351***			

备注：*$p<0.1$，**$p<0.05$，***$p<0.001$。

数据：世界银行（2021）

7. 熵值法与产品空间综合系数

根据产品空间要素各控制变量指标的变异程度，利用熵值法计算各指标的权重系数，为各经济体产品空间综合评价提供依据。

熵值法计算的指标权重系数见表39所示。

表 39　熵值法与产品空间综合系数

因变量		熵值法		
		信息熵（e）	冗余度（d）	权重系数（w）
自变量	TEXT	0.898	0.101	11.21%
	AGRI	0.948	0.051	5.68%
	STON	0.840	0.159	17.65%
	MINE	0.901	0.098	10.89%
	META	0.894	0.105	11.71%
	CHEM	0.936	0.063	6.99%
	VEHI	0.890	0.109	12.14%
	MACH	0.912	0.087	9.73%
	ELEC	0.883	0.116	12.89%
	ECI	0.992	0.007	0.81%
	PCI	0.997	0.002	0.31%
观测值		4894		

数据：世界银行（2021）

8. 世界经济体产品空间系数OLS回归检验

经济体产品空间指数NPSI（National Product Space Index）是结合了9个产品类别的比较优势度、经济复杂度和产品邻近度指数等指标，运用熵值法计算权重系数，对经济体产品空间进行评价的指数。指数从高到低，前十依次为：博茨瓦纳、布基纳法索、马里、圭亚那、苏里南、赞比亚、乌兹别克斯坦、尼日尔、北马里亚纳群岛和莱索托。产品空间指数与经济增长的关系为正U形曲线关系，相关系数为负，曲线开口向上，曲率为0.003，表明总体上，通过政策引导产业均衡发展，相比遵循资源禀赋发展单一产品类别，更能促进国家（地区）经济增长。其他相关排名及各经济体产品空间指数与经济增长回归结果见表40所示：

表40　PSI回归检验

因变量		排名	ln（GNI）-系数	ln（GNI）-曲率	F值
自变量	PSI	全样本	−0.356*** （−11.42）	0,003*** （10.34）	22.96***
Botswana		1	1.23*** （4.30）	−0.162*** （−3.87）	11.72***
Burkina Faso		2	1.64*** （2.86）	−0.24*** （−2.18）	21.22***
Mali		3	−1.12*** （−3.33）	0.30*** （3.93）	10.53***
Guyana		4	0.89*** （4.24）	0	18.00***
Suriname		5	0.34*** （2.57）	0	6.60***
Zambia		6	6.09*** （4.95）	−1.02*** （−4.66）	14.52***
Uzbekistan		7	0.54*** （2.56）	0	6.55***
Niger		8	1.37*** （3.39）	−0.30*** （2.64）	9.33***
Northern Mariana Islands		9	0.32*** （3.76）	0	14.19***
Lesotho		10	−0.32* （1.86）	0.21*** （3.63）	29.81***
Namibia		11	1.48*** （3.17）	−0.24** （−2.10）	31.31***
Congo（DRC）		12	−0.32*** （−5.34）	0	28.54***
South 非洲		13	0.57*** （3.07）	0	9.47***
Benin		14	2.69*** （4.12）	−0.65*** （−3.17）	22.15***
Ghana		15	−1.19 （−0.62）	0.41 （0.69）	0.31
Curacao		16	−0.03* （−2.24）	0	5.02*

因变量	排名	ln（GNI）–系数	ln（GNI）–曲率	F值
Tajikistan	17	−2.63*** （−2.93）	0.28*** （2.89）	4.31***
Liberia	18	0.42** （2.34）	0	5.49**
Tanzania	19	2.41*** （3.38）	0.56** （−2.29）	28.39***
Burundi	20	0.22*** （2.67）	0	7.11***
Guinea	21	−1.96** （−2.36）	0.61** （2.47）	3.22**
Lebanon	22	−0.16*** （−3.14）	0	9.90***
Yemen	23	2.12** （2.21）	−0.55* （−1.95）	3.14**
Togo	24	0.43*** （5.22）	0	27.26***
Kyrgyzstan	25	−0.48*** （−2.91）	0	8.48***
Zimbabwe	26	0.64*** （3.69）	0	13.63***
Sierra Leone	27	−0.35*** （−2.69）	0	7.24***
Andorra	28	0.21 （0.07）	0.05 （0.05）	0.7
Bangladesh	29	1.40*** （6.30）	0	39.77***
Senegal	30	2.69*** （5.65）	−0.97*** （−4.13）	53.60***
Uganda	31	−3.86** （−2.21）	1.93** （2.34）	2.87*
Macao	32	−3.47*** （−5.60）	1.55*** （4.54）	29.48***
Papua New Guinea	33	1.98 （1.05）	−0.40 （−0.88）	1.27
Guam	34	1.56*** （3.30）	−0.50** （−2.55）	19.98***

因变量	排名	ln（GNI）-系数	ln（GNI）-曲率	F值
Somalia	35	0.06** （4.54）	0	20.65***
Mauritania	36	0.80*** （2.82）	0	7.98**
Switzerland	37	0.49** （2.41）	0	5.80***
West Bank and Gaza	38	0.49*** （6.94）	0	48.28***
Cambodia	39	3.54*** （4.23）	−0.85*** （−4.02）	9.02***
United Arab Emirates	40	−1.97 （−1.32）	0.62 （1.29）	0.91
Peru	41	−17.38*** （−3.58）	4.36*** （3.61）	6.58***
Nauru	42	−2.65 （−0.46）	1.33 （0.51）	0.19
Bahrain	43	0.91* （1.93）	−0.70* （−1.81）	27.75***
Central 非洲n Republic	44	0.20* （1.84）	−0.05*** （−2.88）	25.11***
Oman	45	1.24*** （3.44）	0	11.85***
Russia	46	20.92** （1.96）	−7.48** （−1.93）	2.94*
Bosnia	47	14.51* （1.76）	−5.83* （1.91）	2.50*
Ukraine	48	−11.93 （−0.73）	3.97 （0.75）	0.37
Bulgaria	49	−27.62 （−1.49）	9.78 （1.46）	1.23
Republic of Congo	50	−0.53** （−2.30）	0	5.31**
Sudan	51	2.08** （2.21）	−0.36** （−2.43）	6.87***
Bhutan	52	−0.56* （−1.83）	0.03* （1.87）	3.64**

因变量	排名	ln（GNI）-系数	ln（GNI）-曲率	F值
Mozambique	53	1.45*** （3.96）	−0.33*** （−4.08）	8.43***
Bolivia	54	3.99 （0.57）	−1.58 （−0.58）	0.18
Nepal	55	−3.47 （0.33）	1.77 （0.88）	0.79
Turkey	56	7.41** （2.26）	−1.87* （−1.87）	20.44***
Cameroon	57	−2.13 （−1.12）	1.32 （1.20）	0.75
Israel	58	−0.49** （−1.99）	0	3.95**
Barbados	59	0.31*** （2.95）	0	8.71***
Pakistan	60	−15.64*** （−2.99）	5.08*** （2.72）	10.78***
Indonesia	61	10.57* （1.84）	−2.90* （−1.82）	2.78*
Slovakia	62	28.64** （2.37）	−10.50** （−2.48）	4.91***
Saint Vincent and the Grenadines	63	−0.97 （−0.93）	0.74 （1.07）	0.61
Haiti	64	4.79** （2.23）	−1.79* （1.92）	6.32***
China	65	66.35 （1.39）	−23.22 （−1.38）	1.07
Poland	66	−2.79** （−2.31）	0	5.33**
Vietnam	67	2.06* （1.77）	0	3.11*
Libya	68	1.30* （1.85）	−0.89** （−2.23）	4.31**
Nicaragua	69	1.79*** （2.68）	0	7.17***
Chile	70	−10.02** （−2.10）	3.10*** （2.09）	2.70*

因变量	排名	ln（GNI）-系数	ln（GNI）-曲率	F值
Myanmar	71	−0.09 （−0.02）	0.16 （0.16）	0.52
Italy	72	11.26 （1.01）	−4.43 （−1.05）	0.9
Republic of Korea	73	−2.24*** （−4.05）	0	16.42***
Afghanistan	74	−0.56** （−2.09）	0	4.35**
Antigua	75	0.83** （2.02）	−0.32* （−1.92）	6.28***
Bahamas	76	0.62* （1.95）	−0.07* （1.96）	1.99*
Mexico	77	−43.95* （1.78）	16.98* （1.76）	2.70*
Central 欧洲 and the Baltic Sea	78	6.94*** （4.24）	0	18.04***
Caribbean	79	134.11** （2.00）	−60.09* （1.97）	2.45*
Monaco	80	103.05** （2.01）	−45.46* （−1.96）	5.28***
Puerto Rico	81	84.33 （1.31）	−37.65 （−1.30）	1.22
Pacific Island Countries	82	3.42*** （3.56）	0	12.66***
Marshall Islands	83	0.50 （0.85）	−0.18 （−0.54）	1.16
Saudi Arabia	84	1.32*** （5.11）	0	26.12***
Turkmenistan	85	18.96* （1.93）	−7.17* （−1.75）	3.30**
Belgium	86	2.06* （1.95）	−1.06* （−1.93）	34.04***
Hong Kong	87	0.04 （0.04）	0.05 （0.15）	1.17
Japan	88	−1.59 （−0.24）	0.76 （0.29）	0.50

因变量	排名	ln（GNI）-系数	ln（GNI）-曲率	F值
Malaysia	89	−283.25 （−1.13）	131.70 （1.15）	1.80
Czech Republic	90	−2.34* （−1.84）	0	3.39*
India	91	9.06** （2.07）	−3.18 （−2.28）	4.29**
Thailand	92	6.12 （0.13）	−1.75 （−0.09）	0.8
Laos	93	2.45*** （3.22）	−0.51*** （−2.80）	5.79***
Honduras	94	2.08*** （3.01）	−0.11*** （−3.05）	5.73***
Angola	95	−2.38*** （−8.17）	0	66.87***
Chad	96	6.06* （1.69）	−3.30** （−2.14）	14.25***
Arab League countries	97	−207.8*** （2.55）	92.24*** （2.94）	6.11***
Madagascar	98	0.87*** （3.04）	0	9.25***
Serbia	99	−1.14*** （−4.22）	0	17.88***
Trinidad and Tobago	100	2.11*** （3.76）	0	14.18***
Tunisia	101	−3.21*** （−4.67）	0	21.87***
Gambia	102	−0.013 （−0.08）	0.003 （0.09）	0.006
Kosovo	103	96.68* （1.77）	−41.07* （1.76）	20.92***
Canada	103	−40.68** （−1.99）	17.46* （1.92）	3.12*
Slovenia	105	−15.52*** （−3.30）	5.23*** （3.08）	7.91***
North Macedonia	106	−3.55* （1.83）	0.90* （1.82）	5.33***

因变量	排名	ln（GNI）-系数	ln（GNI）-曲率	F值
Germany	107	−1.14** （−2.16）	0	4.70**
Dominica	108	−0.74*** （−3.09）	0.05*** （3.13）	4.95***
Ethiopia	109	10.74*** （5.14）	−6.05*** （−3.63）	32.95***
Samoa	110	−0.29*** （−3.17）	0	10.03***
Spain	111	−1.50* （−1.87）	0	3.49*
Finland	112	−2.52 （−0.13）	0.92 （0.10）	0.20
East Timor	113	0.20 （0.26）	−0.18 （−0.51）	0.43
Texcos	114	−2.75* （−1.89）	1.08* （1.88）	2.91*
United Kingdom	115	−6.86** （−2.11）	3.1* （1.98）	3.07*
Egypt	116	5.63*** （2.56）	−2.25* （−1.81）	14.54***
Australia	117	−2.29*** （−6.12）	0	37.55***
Hungary	118	−35.55** （−2.20）	14.12* （1.97）	8.72***
Qatar	119	1.23** （2.42）	0	5.86***
Austria	120	−1.14*** （−9.46）	0	89.55***
Saint Kitts and Nevis	121	−4.34*** （−4.53）	3.83*** （4.32）	10.25***
Kenya	122	0.44 （0.06）	0.003 （0.007）	0.14
Iraq	123	−13.76 （−1.49）	7.33 （1.41）	1.45
Romania	124	−2.66*** （−12.03）	0	144.72***

因变量	排名	ln（GNI）-系数	ln（GNI）-曲率	F值
Ivory Coast	125	−3.72 （−0.23）	2.00 （0.21）	0.12
Kazakhstan	126	−2.36*** （−5.58）	0	31.17***
Estonia	127	−6.51*** （−3.37）	0	11.36***
Brazil	128	−2.57*** （−6.04）	0	36.53***
Portugal	129	−4.19*** （−5.14）	1.11*** （5.14）	13.29***
Samoa	130	−0.64*** （−3.01）	0	9.11***
Nigeria	131	−2.48*** （−6.18）	0	38.25***
Sweden	132	−1.37*** （−4.03）	0	16.24***
France	133	−2.00*** （−4.48）	0	20.07***
Azerbaijan	134	−3.68*** （−3.25）	0	10.58***
Guatemala	135	10.18 （1.00）	−4.84 （−0.96）	0.65
Lithuania	136	−5.48*** （−6.34）	0	40.22***
United States	137	−2.65*** （−3.77）	0	14.28***
Armenia	138	−0.83*** （−5.08）	0	25.80***
El Salvador	139	−1.92*** （−5.49）	0	30.21***
Colombia	140	−8.56 （−0.89）	3.49 （0.80）	1.02
Moldova	141	−2.10*** （−3.17）	0	10.07***
Palau	142	−0.27*** （−2.60）	0	6.78***

因变量	排名	ln（GNI）-系数	ln（GNI）-曲率	F值
Mongolia	143	−2.13*** （−5.20）	0	27.11***
Norway	144	1.72*** （3.12）	0	9.76***
Sri Lanka	145	−2.04*** （−9.22）	0	85.02***
Santa lucia	146	0.75** （2.01）	0	4.05**
Belarus	147	10.01*** （2.66）	−5.76*** （−2.75）	3.81**
Philippines	148	−2.59*** （−3.79）	0	14.40***
Cuba	149	−0.98*** （−4.93）	0	24.39***
Algeria	150	−1.38*** （−6.41）	0	41.13***
Equatorial Guinea	151	−3.17** （−2.34）	0	5.50**
Brunei Darussalam	152	−0.81*** （−6.32）	0	39.99***
Iceland	153	−2.92 （−0.61）	1.87 （0.75）	1.28
Grenada	154	−3.02** （−2.37）	3.88*** （2.75）	4.07**
Comoros	155	−1.94 （−1.33）	1.81 （1.47）	1.29
Latvia	156	9.00 （0.32）	−5.92 （−0.42）	1.13
Netherlands	157	64.14*** （2.75）	−36.72*** （−2.76）	3.84**
Swaziland	158	0.80*** （3.97）	−0.18*** （−4.29）	9.21***
Singapore	159	−5.12*** （−4.44）	0	19.78***
Ecuador	160	−51.95*** （−2.64）	31.43*** （2.65）	3.52**
Argentina	161	−73.54* （−1.87）	40.62* （1.82）	3.01*
Gabon	162	−0.92** （−2.36）	0	5.57**

因变量	排名	ln(GNI)-系数	ln(GNI)-曲率	F值
Malawi	163	-1.77** (-2.41)	0	5.81**
Dominica	164	0.92* (1.71)	0	2.90*
Rwanda	165	-1.43* (-1.90)	0	2.57*
Jordan	166	0.84** (2.04)	0	4.16**
Vanuatu	167	0.96*** (3.55)	0	12.64***
Croatia	168	-1.69* (-1.94)	0	3.76*
Kuwait	169	-1.59*** (-5.57)	0	31.06***
Morocco	170	-3.00*** (-9.77)	0	95.62***
New Zealand	171	-1.165*** (-3.20)	0	10.28***
Algeria	172	-2.15*** (-4.21)	0	17.79***
Federated States of Micronesia	173	-0.69*** (-3.20)	0	10.26***
Tuvalu	174	-0.51*** (-3.99)	0	15.96***
Paraguay	175	-13.73 (-0.19)	7.23 (0.14)	0.87
Djibouti	176	-5.22 (-1.53)	8.26* (1.74)	1.74
Kiribati	177	1.58 (0.44)	-1.90 (-0.66)	1.03
Denmark	178	-2.62*** (-6.46)	0	44.17***
Guinea-Bissau	179	-0.48* (-1.90)	0	3.59*
Georgia	180	-1.02*** (-3.90)	0	15.26***
Mauritius	181	-1.78*** (-11.26)	0	126.94***
Solomon Islands	182	-1.13 (-0.47)	1.27 (0.72)	1.14

因变量	排名	ln(GNI)-系数	ln(GNI)-曲率	F值
Uruguay	183	−3.88*** (−4.75)	0.03*** (4.75)	11.86***
Costa rica	184	−2.43*** (−4.02)	0	16.21***
Greece	185	−0.59** (−2.07)	0	4.28**
Cyprus	186	2.57*** (3.10)	0	9.62***
Fiji	187	−2.34*** (−5.43)	0	29.53***
Ireland	188	−1.50*** (−14.14)	0	200.04***
Montenegro	189	−0.33*** (−8.20)	0	67.24***
Seychelles	190	9.22** (2.34)	−11.84** (−2.10)	3.63**
Panama	191	−2.43*** (−3.82)	0	14.63***
Belize	192	−0.89** (−2.20)	0	4.86**
Malta	193	−1.44*** (−16.05)	0	257.89***
Luxembourg	194	−1.75*** (−6.94)	0	48.20***
Jamaica	195	−1.24*** (−6.89)	0	47.56***
Sao Tome and Principe	196	−0.75** (−2.46)	0	6.07**
Cape verde	197	−0.89*** (−3.54)	0	12.58***
Tonga	198	−0.19*** (−3.20)	0	10.25***
Maldives	199	−0.27** (−2.38)	0	5.70**
观测值			4871	

备注：*p<0.1，**p<0.05，***p<0.001。

数据：世界银行（2021）

（三）创新空间、产品空间结果分析与稳健性检验

1. 全样本分位数回归结果

本节汇报了创新空间综合系数、产品空间综合系数作用于国家（地区）经济增长的分位数检验结果，检验假设H3a和H3b的结论是否得到支持。

表41报告了全样本回归结果，本书选择了9个分位点，以便更为详尽地观测自变量对因变量的影响趋势。创新空间NISI对国民收入增长相关系数为正，并且全部分位点具有显著性。产品空间PSI对国民收入增长除0.4分位点外，均呈现负相关关系。

表41 全球分位数回归结果

全球	GNI								
	0.1	0.2	0.3	0.4	0.5	0.6	0.7	0.8	0.9
NISI	0.012*** (4.56)	0.017*** (5.18)	0.139*** (58.25)	0.160*** (62.15)	0.200*** (65.51)	0.210*** (37.03)	0.220*** (20.02)	0.186*** (12.97)	0.096*** (3.122)
PSI	0.00 (0.00)	0.00 (0.00)	−414.120*** (−17.72)	971.722*** (20.45)	−716.288*** (−13.45)	−1297.128*** (−9.82)	−1208.287*** (−3.49)	−817.806 (−1.307)	−280.348 (−0.143)
Contains	0.00 (0.00)	0.00 (0.00)	2048.212*** (32.89)	824.444*** (9.75)	4282.291*** (38.84)	7456.590*** (30.54)	11845.436*** (20.68)	20470.395*** (21.93)	35983.717*** (13.91)
Obs	4894	4894	4894	4894	4894	4894	4894	4894	4894

备注：$*p<0.1$，$**p<0.05$，$***p<0.001$。

数据：世界银行（2021）

具体的，通过图24发现，创新空间综合系数对经济增长作用显著为正，但是具有一定的"起点效应"，在0.1和0.2分位点上，正向促进作用较小。一旦跨过"起点"，在0.3分位点正向促进作用显著增加至0.139，并且至0.7分位点区间正向作用持续增加，达到效用最大化。在0.8和0.9分位点的下降趋势显示，创新空间与经济增长存在倒U形的曲线关系，一国（地区）的创新投入和经济产出存在最优经济性。

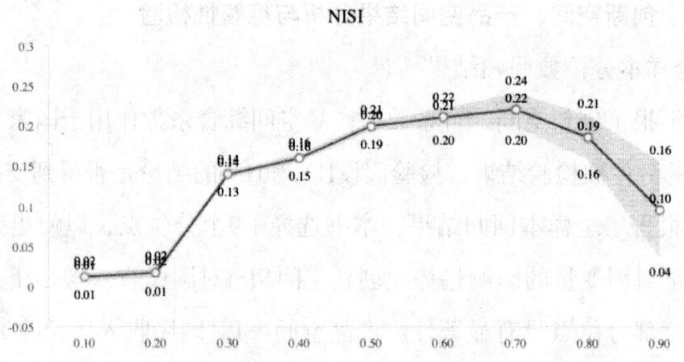

图24　全球NISI对GNI分位数回归趋势图

产品空间综合系数是由产品出口比较优势度、经济复杂度和产品邻近度通过熵值权重系数折算而成。通常，某一经济体出口比例与世界出口比例越趋近，则产品空间综合系数越低，产品空间综合系数越高，经济体出口的均衡性越差。图25显示了全球产品空间作用于经济增长的趋势关系，0.1至0.4的分位点系数均高于0.5—0.9区间，并且在0.4分位点达到正向效应最高。

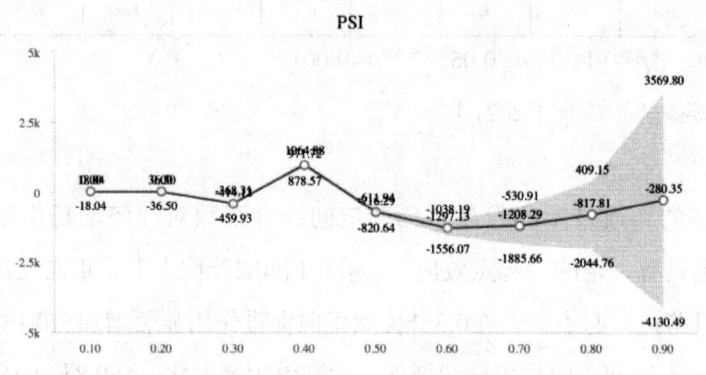

图25　全球PSI对GNI分位数回归趋势图

为了更详尽地考察创新空间和产品空间作用于经济增长的非直线型关系，本书运用分组分位数检验的方法，考察不同经济周期、不同发展程度和不同资源密集类型的经济体影响趋势关系，进一步考察经济体最优选择问题。

2. 经济周期分组分位数回归结果

世界平均人均国民收入总体上呈现了平稳上升阶段和振荡差异阶段,为准确考察不同经济周期情况下创新空间、产品空间对经济增长影响的差异程度,将25个样本年限,分为1995—2006年和2007—2019年2个经济周期。分位数回归结果如表42所示,1995—2006年创新空间正向促进经济增长,具有显著性。产品空间在0.2、0.3、0.5和0.7,四个分位点具有正向促进作用,在分位点两端均为负相关关系。2007—2019年创新空间对经济增长具有正向促进作用,并有显著性。产品空间除0.1—0.3分位点作用不明显外,其他分位数回归系数为负相关关系。

表42 经济周期分组分位数回归检验

1995—2006	GNI								
	0.1	0.2	0.3	0.4	0.5	0.6	0.7	0.8	0.9
NISI	0.145*** (68.76)	0.159** (48.83)	0.164*** (41.36)	0.162*** (39.81)	0.210*** (50.84)	0.226*** (27.74)	0.308*** (77.79)	0.217*** (5.83)	0.133*** (4.60)
PSI	-42.745*** (-5.34)	205.518*** (4.31)	347.266*** (8.36)	-314.368*** (-12.89)	498.605*** (15.72)	-256.790*** (-3.16)	64.608** (2.44)	-86.048 (-0.121)	-191.571 (-0.243)
Contains	426.037*** (9.82)	134.097 (1.880)	266.391*** (3.45)	1934.950*** (25.91)	410.327*** (4.87)	4087.242*** (21.79)	2391.835*** (22.50)	15193.190*** (12.45)	26484.405*** (22.97)
Obs	2394	2394	2394	2394	2394	2394	2394	2394	2394
2007—2019	GNI								
	0.1	0.2	0.3	0.4	0.5	0.6	0.7	0.8	0.9
NISI	0.012** (2.35)	0.014** (2.52)	0.017*** (2.91)	0.010** (2.29)	0.200*** (43.48)	0.191*** (22.88)	0.188*** (17.45)	0.152*** (7.96)	0.033 (1.940)
PSI	0.00 (0.00)	0.00 (0.00)	0.00 (0.00)	-1327.711*** (-6.61)	-1886.671*** (-7.24)	-2794.520*** (-5.16)	-4139.394*** (-5.21)	-6876.878*** (-4.01)	-12553.857*** (-6.81)
Contains	0.00 (0.00)	0.00 (0.00)	0.00 (0.00)	5252.356*** (20.25)	7429.007*** (22.13)	11984.577*** (17.29)	17948.872*** (17.80)	32000.563*** (15.01)	59009.838*** (26.73)
Obs	2477	2477	2477	2477	2477	2477	2477	2477	2477

备注:$*p<0.1$,$**p<0.05$,$***p<0.001$.

数据:世界银行(2021)

1995—2006年回归数据显示,创新空间经过起点效应的0.4分位点后,促进经济增长的作用明显加强,并在0.7分位点达到最高值,然后,出现显著的负效应,如图26所示。

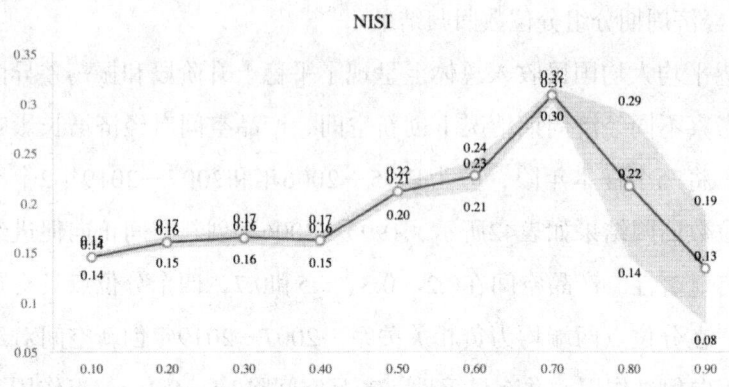

图26　1995—2006经济周期NISI对GNI分位数回归趋势图

图27汇报了2007—2019年数据回归结果，对比前一经济周期而言，创新空间作用经济增长的相关关系总体减弱，但相关系数各个分位点显著为正，并且起点效应仍然出现在0.4分位点处，进一步检验了创新空间需要积累过程。0.5分位点处正向促进作用最大，至0.8处总体正向作用保持较高水平。但是，两个经济周期的数据均显示，部分特别发达的经济体创新空间促进经济的作用在放缓，这为发展中经济体实现经济增长赶超开启了机会窗口期。

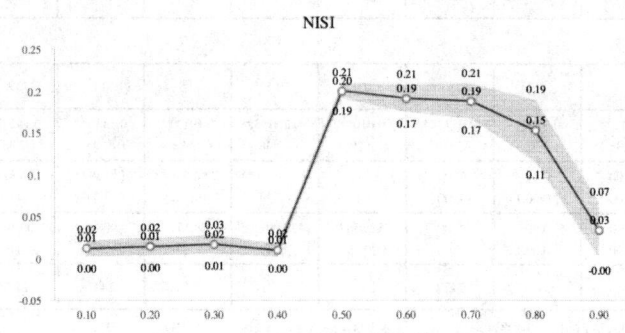

图27　2007—2019经济周期NISI对GNI分位数回归趋势图

1995—2006年经济周期回归结果如图28显示，0.1—0.3分位点回归系数出现正向效应，并保持增长趋势，0.4—0.6分位点处出现振荡起落的现象，而0.7—0.9分位点则出现持续负效用的情况。说明在1995—2006年经济周期阶段，侧重依赖人力资源型或者自然资源型产品出口仍然可以促进经济增长，但是表现出不稳定性。

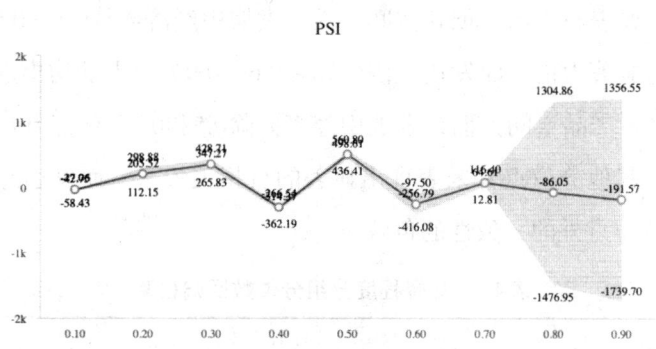

图28　1995—2006经济周期PSI对GNI分位数回归趋势图

2007—2019年经济周期则显示出经济体应进一步均衡出口结构的迫切需要，如图29所示，从0.1—0.9分位点回归系数，出现持续增长的负效应。此前依赖人力资源型和自然资源型产品出口的经济体，必须要通过技术创新，产业向技术型转移，才能降低产品空间综合系数，实现经济的可持续增长。图8显示从0.6分位点开始，负效效幅度显著增加，说明经济体越是对某一类产品出口过重依赖，越增加陷入"收入陷阱"的风险。

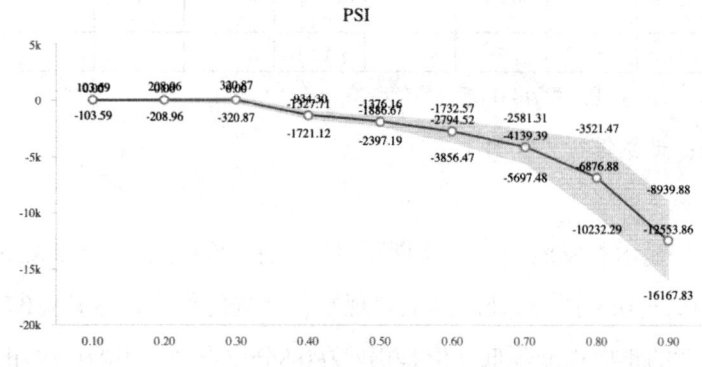

图29　2007—2019经济周期PSI对GNI分位数回归趋势图

3. 发展程度分组分位数回归结果

发展中经济体和发达经济体在国民收入基础、政府效率、技术创新、以及技术型产品优势度方面存在固有差异，在考察创新空间、产品空间作用于经济增长的关系时，有必要进行分组的分位数检验，探讨影响程度和作用趋势。如表43所示，创新空间方面，发展中经济体从0.1—0.8分位点处回归系数均显著为正。而发达经济体则在0.6—0.9分位点处均出现了不显著的相关关系。产品空间方面，发展中经济体除0.5和0.7分位点处出现显著负效应之外，其他分位点并未表现出显著的负相关关系，而发达经济体则表现出除0.4分位点外的一致性的负效应。

表43 发展程度分组分位数回归检验

发展中经济体	GNI								
	0.1	0.2	0.3	0.4	0.5	0.6	0.7	0.8	0.9
NISI	0.011*** (6.37)	0.012*** (4.84)	0.012*** (5.11)	0.012*** (5.23)	0.009*** (3.42)	0.014*** (6.76)	0.005 (0.634)	0.012*** (5.26)	0.005 (0.710)
PSI	0.000 (0.000)	0.000 (0.000)	0.000 (0.000)	0.000 (0.000)	−669.904*** (−17.09)	0.000 (0.000)	−513.043*** (−3.54)	0.000 (0.000)	4.224 (0.087)
Contains	0.000 (0.000)	0.000 (0.000)	0.000 (0.000)	0.000 (0.000)	3475.210*** (39.58)	0.000 (0.000)	6241.749*** (24.38)	0.000 (0.000)	5541.828*** (26.78)
Obs	3898	3898	3898	3898	3898	3898	3898	3898	3898
发达经济体	GNI								
	0.1	0.2	0.3	0.4	0.5	0.6	0.7	0.8	0.9
NISI	0.135*** (6.57)	0.106*** (5.27)	0.073*** (4.00)	0.080*** (3.57)	0.058*** (2.73)	0.030 (1.231)	0.004 (0.164)	−0.026 (−1.055)	−0.080 (−0.753)
PSI	−6984.503*** (−5.32)	−7952.003*** (−3.77)	−2124.712 (−1.03)	10928.391*** (4.53)	−15828.317*** (−6.75)	−18944.761*** (−6.90)	−22105.715*** (−8.46)	−25081.312*** (−9.59)	−24750.074** (−2.13)
Contains	15121.758*** (10.57)	22708.301*** (10.10)	23030.762*** (10.61)	8781.943*** (3.50)	46267.312*** (18.02)	56189.202*** (18.78)	66528.025*** (23.45)	76104.145*** (26.94)	92141.881*** (7.45)
Obs	973	973	973	973	973	973	973	973	973

备注：$*p<0.1$，$**p<0.05$，$***p<0.001$。

数据：世界银行（2021）

如图30显示，发展中经济体创新空间作用于经济增长的相关系数显著为正，在0.1—0.6分位点处总体上表现平稳促进的作用，尽管在0.7分位点处出现短暂的正向程度降低，但是仍然在0.8分位点处出现0.012的正相关系数。

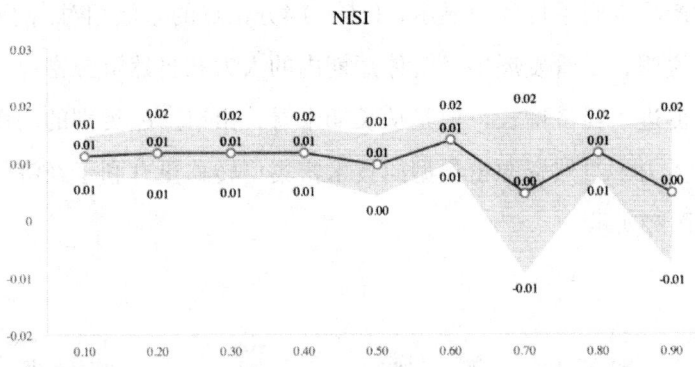

图30　发展中经济体NISI对GNI分位数回归趋势图

如图31所示，发达经济体创新空间促进经济增长的相关系数尽管自0.1—0.9分位点出现持续下降的趋势，但是总体相关系数均为正值，在0.8和0.9两处分位点的回归系数尽管为负，但是并未表现出显著性。而且，发达经济体创新空间促进经济增长的相关系数在0.1—0.6分位点处均显著大于发展中经济体，说明发展中经济体仍然需要提高创新空间的投入水平，以实现促进经济增长的更优效应。

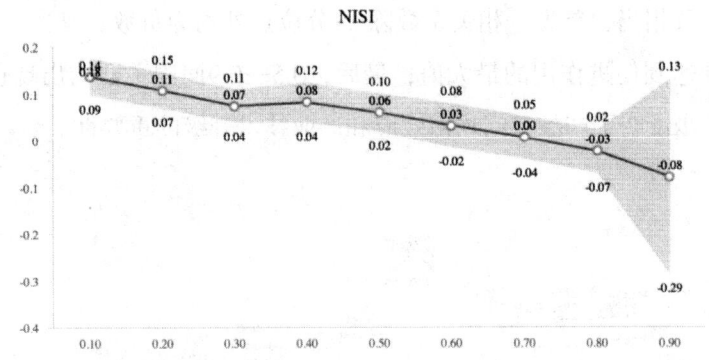

图31　发达经济体NISI对GNI分位数回归趋势图

发展中经济体产品空间系数作用于经济增长除0.5和0.7两个分位点相关系数显著为负外，总体上保持了正向的促进作用，并在0.9分位点处达到最大值4.224，具有显著性。这一结论与世界范围的全样本回归结果是相悖的，全球产品空间平均效应显示，0.1—0.4分位点的系数相对高于0.5—0.9分位点。说明，尽管发展中经济体短期内的人力和自然资源密集型产品出口优势度促进了经济增长，但是从长期来看，出口产品类别的均衡化、以及产业由人力、自然资源密集型向技术密集型转移更有利于经济的可持续增长，如图32所示。

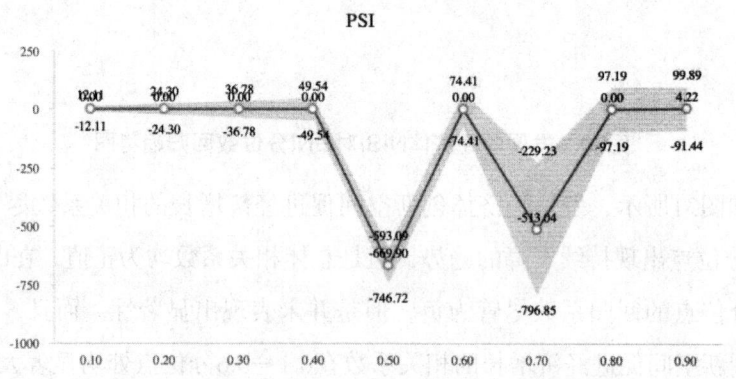

图32　发展中经济体PSI对GNI分位数回归趋势图

如图33所示，发达经济体的产品空间分位数回归趋势图与全球的平均趋势图大致相当，首先，相关系数除0.4分位点外均为负数；其次，均在0.4分位点处达到促进作用的最大值；最后，0.5—0.9回归系数均出现正U形结构，进一步说明了产品空间均衡效应和产业技术升级的重要性。

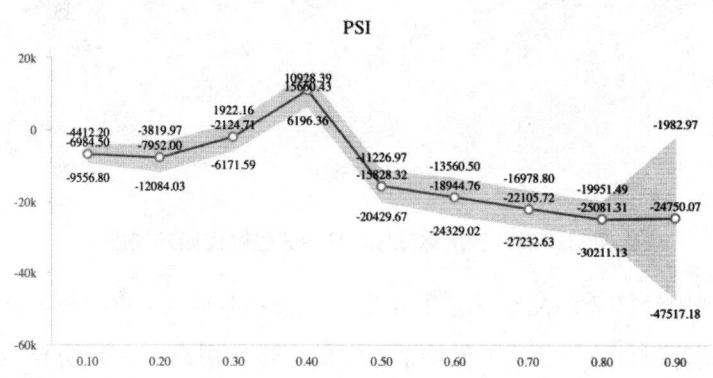

图33　发达经济体PSI对GNI分位数回归趋势图

4. 资源类型分组分位数回归结果

资源类型不同的经济体，在产品空间的初始位置、以及产品的邻近程度会有很大的不同。按照资源类型对经济体进行分组分位数检验，可以更加准确地考察创新空间和产品空间作用与经济增长的程度和趋势关系。如表44所示，人力资源密集型、自然资源密集型和技术密集型经济体创新空间系数对经济增长的关系均为正向关系。产品空间方面，人力资源型、自然资源型和技术型经济体均具有负向相关关系。

表44 资源类型分组分位数回归检验

人力密集型	GNI								
	0.1	0.2	0.3	0.4	0.5	0.6	0.7	0.8	0.9
NISI	0.031 (1.430)	0.028 (1.020)	0.020 (0.824)	0.079** (2.55)	0.342*** (7.85)	0.673*** (14.22)	1.151*** (20.83)	2.032*** (16.15)	3.580*** (9.63)
PSI	−11.168*** (−2.82)	−50.886*** (−8.43)	−30.220*** (−3.55)	−65.904*** (−4.94)	−76.653*** (−2.90)	−93.324*** (−2.38)	24.117 (0.388)	6.326 (0.033)	−59.948 (−0.075)
Contains	340.697*** (14.76)	564.827*** (19.75)	761.284*** (22.79)	1172.227*** (26.57)	1863.944*** (24.90)	2547.336*** (26.46)	3407.925*** (25.90)	5314.347*** (15.41)	12410.569*** (10.47)
Obs	1868	1868	1868	1868	1868	1868	1868	1868	1868
自然资源密集型	GNI								
	0.1	0.2	0.3	0.4	0.5	0.6	0.7	0.8	0.9
NISI	0.107*** (4.75)	0.197*** (7.33)	0.392*** (13.04)	0.458*** (13.86)	0.632*** (14.50)	0.885*** (14.86)	2.753*** (28.99)	5.636*** (31.84)	8.740*** (64.02)
PSI	−100.733*** (−14.88)	−172.344*** (−15.64)	−244.912*** (−15.77)	−300.278*** (−13.96)	−427.178*** (−11.59)	−494.404*** (−7.00)	−328.533** (−2.11)	−47.956 (−0.117)	−130.213 (−0.201)
Contains	652.973*** (14.00)	1029.815*** (17.10)	1492.507*** (21.33)	2137.021*** (25.91)	3224.043*** (26.37)	4472.790*** (21.91)	6589.845*** (16.73)	11133.515*** (12.18)	19944.730*** (16.05)
Obs	1628	1628	1628	1628	1628	1628	1628	1628	1628
技术密集型	GNI								
	0.1	0.2	0.3	0.4	0.5	0.6	0.7	0.8	0.9
NISI	0.009 (1.703)	0.014 (1.540)	0.007 (1.140)	0.135*** (19.82)	0.138*** (20.24)	0.138*** (10.46)	0.099*** (7.01)	0.056*** (2.75)	−0.004 (−0.227)
PSI	−702.494*** (−3.15)	0.000 (0.000)	−251.672 (−0.578)	−1377.923*** (−3.13)	−1427.845*** (−2.65)	−855.409 (−0.710)	−1691.088 (−1.067)	−2546.910 (−0.881)	−3765.249 (−1.093)
Contains	2639.465*** (8.37)	0.000 (0.000)	4483.579*** (8.07)	8520.173*** (14.46)	9507.537*** (13.49)	16949.317*** (10.89)	25868.795*** (12.91)	37680.558*** (10.63)	52612.726*** (12.90)
Obs	1781	1781	1781	1781	1781	1781	1781	1781	1781

备注：$*p<0.1$，$**p<0.05$，$***p<0.001$.

数据：世界银行（2021）

如图34所示，人力密集型经济体创新空间对经济增长作用显著为正，并在0.1—0.9分位点处连续性上升趋势，说明创新空间投入对于人力密集型经济体经济增长具有促进作用。且在0.4分位点后，促进幅度明显增强，0.9分位点处达到最大值，为3.58。

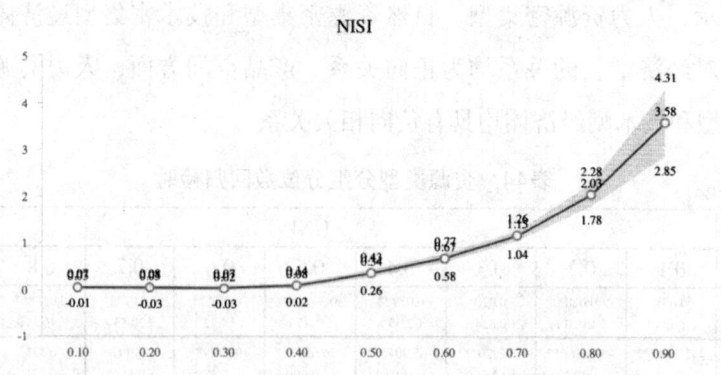

图34　人力密集型经济体NISI对GNI分位数回归趋势图

自然资源密集型经济体相比人力型经济体而言，创新空间作用经济增长的程度大幅提高，分别从0.1分位点的0.01提高到0.107和从0.9分位点的3.58提高到8.74。但是，创新空间的起点效应在0.6分位点处，相比人力型经济体的0.4分位点更大一些。说明自然资源型经济体进行创新空间要素投入具有最高的经济性，如图35所示。

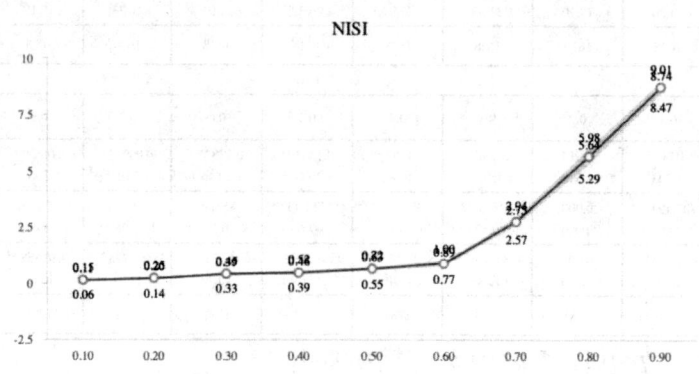

图35　自然资源密集型经济体NISI对GNI分位数回归趋势图

技术密集型经济体，创新空间与经济增长的关系为倒U形曲线关系，如图36所示，起点效应在0.3分位点处，0.4分位点与0.6分位点保持平稳增长，0.7—0.9分位点处出现下滑，但是总体上创新空间效应为正，并在0.6分位点处达到最大值0.14。

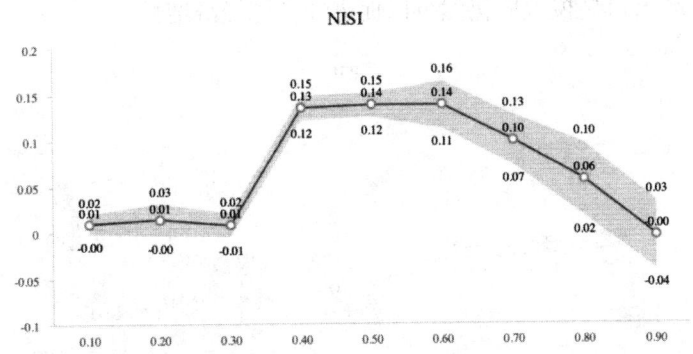

图36　技术密集型经济体NISI对GNI分位数回归趋势图

人力密集型经济体的产品空间在0.7—0.8两个分位点处效应为正，分别为24.12和6.33。其他分位点相关系数为负，且幅度变化不大。图37说明，人力密集型经济体在产品优势度方面，限于人工附加值较低的原因，出口产品类别转移并未给经济增长造成较大的影响。结合图的创新空间趋势图分析，创新要素的投入是经济体经济增长的重要途径。

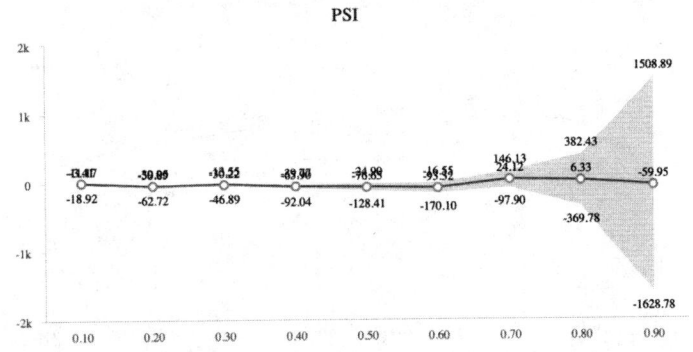

图37　人力密集型经济体PSI对GNI分位数回归趋势图

如图38所示，自然资源密集型经济体的产品空间与经济增长的关系呈正U形结构，左端的出口产品的均衡化和右端的特定产品出口比较优势对于经济增长具有正向作用。0.1—0.6分位点产品空间促进经济增长的作用持续下降，但是0.6—0.9分位点出现效应的提升，说明自然资源型经济体出口的资源类产品出口规模效应仍然可以促进经济体经济增长。

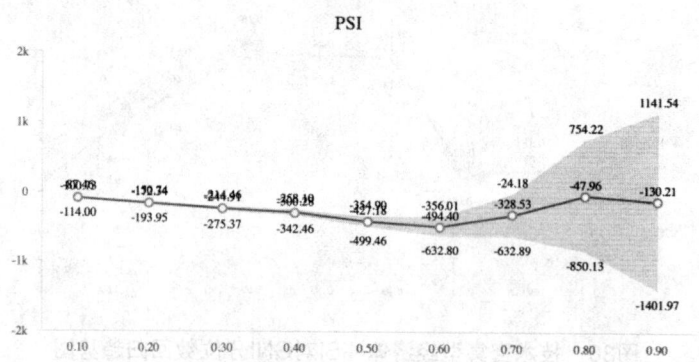

图38 自然资源密集型经济体PSI对GNI分位数回归趋势图

技术密集型经济体产品空间均衡性促进经济增长，产品空间在0.1—0.2分位点处具有促进经济增长的相对优势，但在0.2—0.9的分位点处表现为波动性下降的特点，并在0.9分位点处达到负效用最大值，为-3765.25，如图39所示。

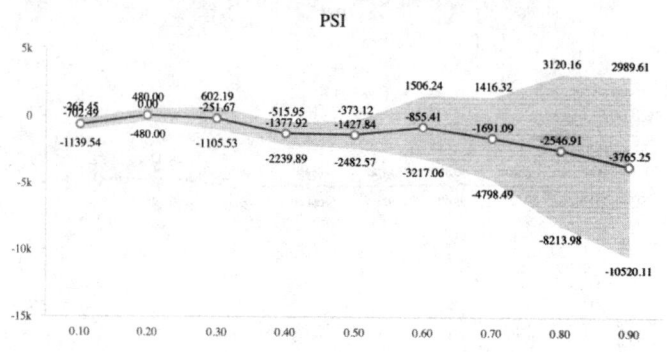

图39 技术密集型经济体PSI对GNI分位数回归趋势图

5. OLS全样本回归稳健性检验

通过OLS全样本回归，进行稳健性检验，回归模型如下所示：

$$GNI = 14926.46 + 0.571NISI_{it} - 0.0016NISI_{it}^2 - 2460.61PSI_{it} + 22.342PSI_{it}^2 - 0.335NISI*PSI_{it} + \varepsilon_{it}$$

（32）

回归模型拟合度F=32.816，调整后决定系数R^2=0.584，相应控制变量显著性结果如表45所示。

创新空间与经济增长呈倒U形结构，相关系数为0.571，表明每增加一个单位的创新空间系数，国民收入增加0.571美元，曲率为–0.0016，曲线开口向下，顶点数值为创新空间最优经济点，数值为2881。产品空间与经济增长呈正U形曲线关系，相关系数–2460.61，表明产品空间系数每增加一个单位，人均国民收入减少2460.61美元，说明产品出口比例越均衡，人均国民收入增长越迅速。但是，曲线开口向上，曲率为22.342，跨过底部端点数值后，产品空间系数每增加一个单位，人均国民收入增长2460.61美元。创新空间与产品空间的交互效应为负的0.335，说明创新空间会显著促进经济增长，而且，产品空间系数出现下降时，创新空间促进经济增长的效应会额外增加0.335美元。

表45 OLS回归稳健性检验

因变量		GNI			
		β-系数	误差	T值	P值
自变量	NISI	0.571***	0.071	7.965	0.000
	NISI2	–0.0016***	0.001	–4.690	0.000
	PSI	–2460.610***	399.943	–6.152	0.000
	PSI2	22.342***	4.144	5.391	0.000
	NISI*PSI	–0.335***	0.060	–5.572	0.000
截距		14926.466*** （27.789）			
决定系数		0.780			

因变量	GNI			
	β-系数	误差	T值	P值
R^2	0.608			
调整后R^2	0.584			
观测值	4894			
F值	32.816***			

备注：$*p<0.1$，$**p<0.05$，$***p<0.001$.

数据：世界银行（2021）

四、中介效应分析

针对创新空间、产品空间促进经济高质量发展的效应及其机制问题，基于熊彼特创新经济增长理论，依据世界银行1995—2019年199个经济体数据，构建分析框架。理论上，创新空间可以通过产业转型升级，赋能经济高质量发展。实证上，测度了1995—2019年全球199个经济体的创新空间和高质量发展的综合水平，并以非技术产业转型和技术产业升级刻画了经济体的产品空间，在此基础上进行中介效应计量分析。结果表明：创新空间显著促进了经济高质量发展，技术创新、市场创新和组织创新具有线性正向关系，产品创新和资源配置创新呈现倒U形结构，这一结论在分组和替代变量等稳健性检验后仍然成立。作用机制的分析显示，促进产业向技术密集型进行邻近迁移、技术追赶、形成规模效应以及获得技术壁垒是创新空间释放高质量发展红利的重要机制，创新空间促进技术密集型产业发展，加速了人力资源密集型和自然资源密集型产业的转型与退出机制。研究结论推动了经济高质量发展动因以及创新空间赋能高质量发展的效应、机制和地区差异的理解。

（一）问题提出

创新空间作为世界经济增长的重要动力，与经济社会各领域融合的广度和深度不断拓展，在产品创新、技术创新、市场创新、资源配置创新和组织创新等方面发挥重要作用。熊彼特"创新经济增长理论"认为创新是经济发展的本质特征，经济增长是将创新要素通过生产体系得以实现，即将生产要素和创新技术的"新组合"引进到生产体系中，通过产业的转型升级最大限度获取超额利润，不同的"创新组合"对产业转型升级的过程是非连续性和非均衡性的，由此形成了时间各一的经济周期（Joseph Schumpeter，1928）。其后，哈佛大学研究团队通过对世界银行数据库长期的跟踪分析，提出产品空间理论认为国家经济的发展依赖出口增长和经济复杂程度的提升，经济发展除基本遵循资源禀赋的"先发优势"外，还受到政策引导作用实现产业的"弯道超车"（Ricardo Hausmann和Bailey Klinger，2006）。上述理论为政府通过提升区域创新空间，改善产品空间进而促进经济高质量发展提供了理论支撑。实践中，随着中国经济进入新常态，亟须从投资驱动的增长模式转换到创新驱动，创新空间被认为是推动经济高质量发展的重要依托（Dementyev V., et al. 2021）。中国十九大政府报告和"二〇三五远景目标"指出要从创新投入、创新产出、创新环境支撑和创新可持续性发展等方面构建创新能力体系，创新空间要素投入是区域提高创新竞争能力的实现路径，创新空间对中国高质量发展的助推力量，成为近年来中国政府和社会各界广泛讨论的行动议题。

那么，创新空间是否驱动了经济的高质量发展？如果该效应得到证实，其后背的作用机制是什么呢？创新空间对高质量发展的作用在本身特征以及空间规律上又具有何种差异？对于这些问题，尽管创新空间为各个经济体所重视，并着力打造创新城市圈、经济带，创新空间建设也逐渐成为国民经济发展战略的重要组成部分，但准确评估创新空间对高质量发展的作用的实证研究较为缺乏。仅有的相关文献来自实现路径的理论阐述和创新空间如何影响全要素生产率（Kanbur，R和Zhang，X.，2005）、吸引国外投资（权衡和张鹏飞，2017）和城镇化增长率（周国梅等，2013），以及创新空间对贫富差距（Allen, F.et al., 2005）等影响经济高质量发展的子课题。要回答以上问题，需要在梳理相关理论的基础上，结合中国的现实背景进行实证研究，这也是本书提供了边际贡献的机会。

已有的理论研究认为，创新空间对经济高质量发展的影响是多维度的：在微观层面上，创新空间等创新要素的集聚，产业可以形成兼具规模效应、技术溢出效应及长尾效应的经济环境，在此基础上更好地提升城市就业率、改善教育科研，由此提高区域经济的均衡能力（周明海等，2010）；在宏观层面上，通过新的创新投入要素、新的资源配置效率和新的全要素生产率促进经济高质量发展。但是，这其中存在一个重要的问题——创新空间主要通过何种路径促进高质量发展，以往研究并没有提供一个统一的框架来回答该问题。对此问题，本书选取从创新空间对产品空间影响的视角展开研究。产品空间包括非技术产业邻近转移、技术追赶和技术产业规模效应、技术壁垒三个方面，产业转型升级是经济增长的内生动力，对推动新旧动能转换和经济结构升级、扩大就业、改善民生、实现机会公平和社会纵向流动发挥了重要作用，从而为促进经济高质量发展提供了有力支撑。通过该角度，本书尝试基于一个完整的框架探讨创新空间如何促进高质量发展，并且，本书选取经济体层面作为研究对象，能够在更加全面、宏观的空间尺度对半导体产业、创新活跃度和高质量发展进行研究。

具体而言，本书结合创新空间特有的产品创新、技术创新、市场创新、资源配置创新和组织创新密集的特点，以产品空间为视角构建理论分析框架，在此基础上，测度了1995—2019年全球199个经济体的创新空间和经济高质量发展水平，并将非技术类产业、技术类产业与经济体传统变量相匹配，运用OLS回归、分组回归和中介效应模型实证检验创新空间对经济体高质量发展的影响及其作用机制。研究结果显示，创新空间显著促进了高质量发展，实现产业转型升级是其中重要的影响机制。这些结论在进行分组类别变量和替代变量等稳健性检验后仍然成立。本书可能的边际贡献在于3个方面：①本书借鉴现有文献，从经济体层面对创新空间和高质量发展进行了较为全面的测度，能够从更全面、宏观的角度讨论两者的时空演化特征和影响关系。②本书在统一框架下探讨了创新空间主要通过何种路径影响经济高质量发展这一根本性问题，全面评估了创新空间在促进产品空间的作用，支持了产品空间对于创新空间影响高质量发展的路径作用，深化了已有文献的论述。③本书构建了较为全面的指标体系，经济高质量发展方面包含了人均国民收入、产业结构协调以及经济复杂度。产品空间指标包括了非技术类产业和技术类产业。创新空间指标包含了产品创新、技术创新、市场创新、资源配置创新和组织创新等。相比以往研究更能准确衡量产品空间在经济体的差异特征。此外，本书还进行了洲分组检验和替代变量检验，较好地提高了研究结果的稳健性。

（二）理论分析与研究假设

创新、协调、绿色、开放、共享是经济高质量发展的核心理念，涉及到社会经济各个领域，创新空间包含的效率政府（鲁桐和党印，2015）、吸引投资（王广谦，2020）、税收政策（余明桂等，2016）、基础设施（曹正勇，2018）、城镇化、以及贫富差距等本质特征，有效破除了城市高质量发展的要素供需矛盾、经济活动空间限制和公平效率未能兼顾等问题。除了凭借创新空间本质特征对高质量发展的直接影响外，创新空间还能影响经济体产品空间，通过产品空间邻近转移、产业技术追赶、形成规模效应和获得技术壁垒，对经济体高质量发展产生间接影响。同时，考虑到创新空间、产品空间的"技术溢出效应"和"产业先发优势"等，其促进经济高质量发展的影响也可能具有空间溢出效应（唐未兵等，2014）。这里将主要从创新空间影响经济高质量发展，创新空间促进产品空间，以及产品空间的中介效应3个方面研究并论证半导体产业对经济高质量发展的影响，并提出本书的研究假设，研究路径如图40所示。

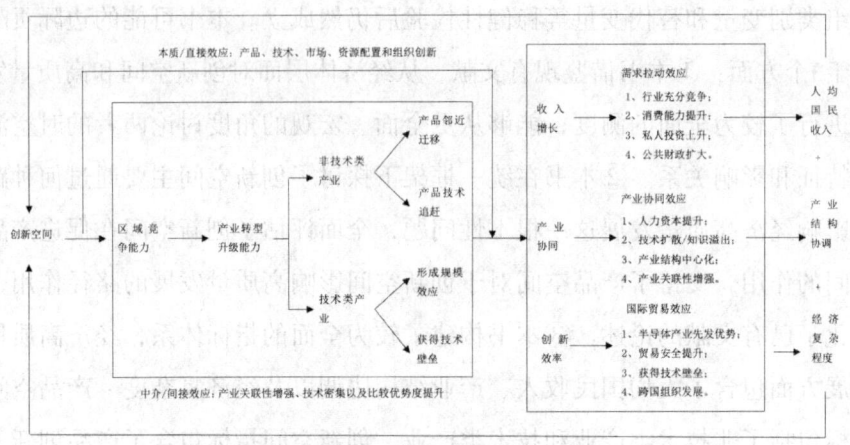

图40　创新空间促进经济高质量增长路径图

资料来源：作者整理

1. 创新空间与经济高质量发展

创新空间是指在区域范围内创新资源的密集程度，既包括产品创新、技术创新、市场创新、资源配置创新以及组织创新资源（宋洋，2019），还包括吸引外资能力、城镇化率、基础设施建设、人口就业率、人居环境、贫富结构、教育科研等资源（雷小苗等，2020）。Joseph Schumpeter（1928）是最早研究技术创新与经济增长关系的学者，他认为经济的本质是创新，是创新与生产的组合推动了经济增长。由于技术创新是非连续性和均衡性的，所以经济增长的周期性由此产生。

具体地，就业率方面，Lewis，S. A.（1954）指出资本投入与劳动投入相比较，即使因为劳动需求和资本需求富有价格弹性，实际工资上涨不利于就业率提高，但资本投入带来的技术创新仍然能够促进经济增长。城镇化方面，中国学者周一星（1982）依据1950—1975年日本、苏联、美国的城市化数据实证指出，人口向城市集聚是劳动分工逐渐完善的必要前提，城镇化促进国民经济增长是普遍规律。组织创新方面，Claudine Gay 和 Bérangère L. Szostak（2020）根据2020年丹麦企业数据库，实证社会经济中存在一些组织，其原则是民主作为一种治理机制，在"开放"世界中制定与创新价值应用相关的实践促进了经济增长。教育科研方面，陈良焜等（1986）基于1961—1979年世界银行数据，首次计量了经济体合理的教育投入比率不低于3.29%，并实证教育投入对GDP正向促进作用。Blanchard, O.和Giavazzi, F.（2003）利用1960—2000年世界银行数据协整检验表明，教育程度、人力资本对经济增长推动作用具有滞后性，但是长期内效果显著。产品创新方面，金乐琴和刘瑞（2009）认为，经济体应当提供低碳产品，以应对全球气候变化而带来的经济发展模式转型问题。市场创新方面，肖娱（2011）依据1980—2010年世界银行数据库和IFS国际金融数据库，实证宽松的货币政策环境可能有助于增加亚洲经济产出。刘林青等（2013）首次提出"国家创新空间"概念，并构建了税收、就业、教育和投资等框架，认为国家竞争能力的提高是取得经济发展的关键。技术创新方面，林洲钰等（2014）依据2013年中国创新型企业数据，实证表明技术创新表现出不随政府效率变化而变化的稳定性，对提高国家竞争力具有显著正向作用。资源配置创新方面，李煜华等（2015）和Julien Gourdon.等（2019）分别利用江苏省160份问卷调查、中国2003—2014年出口数据库，实证了政府通过税收政策、金融支持、产业政策、人才政策等政策资源效率配置工具，促进经济高质量发展。

综上，本书提出研究假设

H4a：创新空间促进经济高质量发展。

2. 创新空间与产品空间

关于创新空间与产品空间的直接研究较少，现有研究较多集中在某一产业关系的子课题上，缺少整体考察产业之间的产品空间结构关系的研究，本书认为创新空间通过促进区域内投资增加、公共财政支出扩大、行业充分竞争、人力资本流动、技术溢出以及形成区域品牌效应，进而提升技术密集型产业，诸如化工类、汽车类、设备类和半导体类产业的发展。

具体地，Lester M. Salamon和Stefan Toepler（2000）基于1995年13个国家数据分析认为，法治政府促进了非营利组织的发展，而非营利组织多为服务行业,该文献为产品空间的后续研究提供了有益借鉴。创新空间对建筑行业的影响,马晓微和张岩(2004)依据2000—2002年北京市建筑业数据库,通过构建生产函数实证城市移民数量促进北京市的建筑业行业发展。黄先海和谢璐(2005)以2003年中国汽车工业数据库为样本,研究发现政府研发补贴在汽车行业的作用最为明显,可以带来更大的国民福利。陈德民(2005)根据1991—2002中韩双边贸易数据,认为国际贸易制度安排,可能对经济体的半导体产业升级有利。钟昌标(2007)依据1999—2002中国工业数据库研究认为,FDI对出口有正向作用,但是,国有资本份额与出口负相关。曾世宏和郑江淮(2010)和Pérez-Hernández CC.等(2021)分别基于2009年中国统计局数据库和2020年墨西哥企业数据库,认为绿色创新技术,对出口产品升级作用显著,特别是高端生产型服务业和金融产业的发展。组织创新对于产业升级发挥重要作用,方荣贵和王敏(2010)根据VLSI、SEMAT-ECH、IMEC三家研发联盟案例,认为共性技术研发联盟是中国半导体产业获取共性技术、提升产业整体水平的一条切实有效的途径。郑江淮等(2018)认为高技术复杂度产品领域的开发、技术和知识创新扩散,应成为中国经济发展的政策重点。Muhlis Can和Buhari Doğan(2020)利用2019年韩国和日本的经济数据,指出创新要素投入促进产业结构转型,不仅会影响国家的收入水平,还会影响其许多经济参数。Eun-Young Nam和Xiao-Long Wang(2020)基于2019年中国半导体上市公司数据库,实证创新空间对技术投入影响经营增长的效益具有正向放大作用。

因此,本书提出研究假设

H4b:创新空间促进产品空间。

3. 产品空间中介效应

总体上,创新空间中介产品空间的产品邻近度、技术复杂度以及出口比较优势度,促进经济高质量增长。

具体地,王直等(1997)以劳动密集型产品为自变量,以GDP为因变量,实证指出发展中国家能够从扩大劳动密集型产品的出口中增长国家经济，而且是实现工业现代化的关键步骤。林毅夫和李永军（2003）依据2002年中国统计年鉴，实证了出口增长对经济增长具有直接和间接双重推动作用。Ricardo Hausmann和Bailey Klinger（2006）基于1985—2000年世界银行数据，首次建立产品空间理论框架，引入产品密度、技术复杂度、产品邻接度和RCA指标，计量产品空间作用与经济增长的关系。进一步地，部分学者研究了纺织产业（黄兴年，2006）、土地密集型农产品产业（郑云，2007）、金属类产业（陈晓华和黄先海，2010）、重工业（林毅夫和陈斌开，2013）以及煤炭行业（张丽和盖国风，2020；赵玉敏和童莉霞，2016）与经济高质量发展之间存在"诅咒效应"，与产品空间的比较优势度、经济高质量发展呈现负相关关系。即使经济体需要发展农业经济，也应当进行低碳技术创新，实现碳减排的方法（鲍健强等，2008）。数字产业方面，Chen, D. Y.和Han, C. D.（2012）利用2010—2011年中国金融数据库实证发现，数字互联网产业与其他产业关键经济安全要素之间存在正向显著关系，并交互促进国家经济增长。Yihan Wang和Ekaterina Turkina（2020）依据2019年加拿大魁北克省企业数据库，研究揭示了本地生产和全球连通性的产品，促进区域的竞争力和可持续发展。

因此，本书提出研究假设

H4c：产品空间对创新空间促进经济高质量发展产生中介效应。

4. 经济高质量发展的异质性

经济高质量发展除受到创新空间、产品空间的作用外，还可能因为经济体发展程度、地理位置、政体形式、资源类型以及经济周期而出现异质性。

具体地，地理区域异质性方面，魏后凯（1997）依据1978—1995年中国GDP数据最早研究国民收入差异原因，发现中国的城市地理区域是影响收入差异的主要原因，并且差异随时间出现倒U形结构。贺灿飞，等（2016）基于2001—2013中国产品出口数据，检验了技术关联与区域差异的异质性影响生产结构演化，并最终作用于经济高质量发展。产业类型异质性方面，齐玮（2013）基于1999—2010汽车出口数据，以汽车行业出口量为自变量，以互惠贸易为控制变量，考察对GDP的影响，结果发现，汽车产业的出口相比其他产业类型，是带动GDP增长的主要因素。邓向荣和曹红（2016）利用中国1962—2014年商品贸易数据，认为传统的劳动密集型产业应加大退出力度，以解决抑制技术密集型产业创新能力的问题。发展程度异质性方面，马海燕和刘林青（2018）基于115个国家（地区）跨54年的商品贸易数据，评估促进经济发展向谁模仿的问题，实证指出发展中国家应盯准最富有国家进行产业结构设计，是应对产业升级不确定性的改善机制。

因此，本书提出研究假设

H4d：创新空间、产品空间促进经济高质量发展存在异质性。

（三）研究设计

1. 数据整理

本书使用的数据来源于世界银行和哈佛大学Atlas数据库1995—2019年199个经济体数据。为避免数据选择性偏差，数据集除包含经济体名称、年份、人均国民收入，还包含了创新空间指标：产品创新CARB、技术创新PATE、市场创新INTE、资源配置创新TAX以及组织创新GOVE，以及经济体产品空间指标：纺织类产业占比TEXT、农业类产业占比AGRI、钻石类产业占比STON、矿产类产业占比MINE、金属类产业占比META、化工类产业占比CHEM、汽车类产业占比VEHI、设备类产业占比MACH、半导体类产业占比ELEC。为便于有效地从多个角度探究相关问题，本书数据库还包含了经济体发展程度、地理位置、政体形式、资源类型以及经济周期等二元数值变量。简言之，本书所用的数据具有一定的代表性和可信性。

变量选取方面，创新空间指标借鉴杨开忠（1994）与梁权熙和谢宏基（2019）的观点，本书从产品、技术、市场、资源配置和组织5个维度，对创新空间要素投入进行描述；产品空间指标则借鉴徐孝新和李颢（2019）与孙楚仁和易正容（2019）现有研究，选取哈佛大学Atlas数据库产品空间划分的9大类产业出口国内占比，作为中介指标。经济高质量发展指标借鉴丁志帆（2020）、郑小碧等（2020）、以及左鹏飞等（2021）有关定义，从人均国民收入对数lnGNI方面描述，涉及的相关变量指标定义见表46所示。

表46 变量设置与计算方法

类型	名称	符号	计算方法
因变量：经济高质量发展GROW	人均国民收入	lnGNI	经济体1995—2019年人均国民收入的对数，来自世界银行数据库
自变量：创新空间INNO	产品创新	CARB	经济体1995—2019年人均碳排放公吨数转化系数，数据来自美国橡树岭国家实验室
	技术创新	PATE	经济体1995—2019年居民专利申请数量，数据来自世界知识产权组织
	市场创新	INTE	经济体1995—2019年金融市场实际利率转化系数，数据来自国际货币组织国际金融统计所
自变量：创新空间INNO	资源配置创新	TAX	经济体1995—2019年税收占GDP比例转化系数，数据来自国际货币基金组织政府财政统计年鉴
	组织创新	GOVE	经济体1995—2019年创办企业所需时间转化系数，数据来自世界银行营商环境项目所
中介变量：产品空间PROD	纺织类	TEXT	经济体1995—2019年纺织类产业占比
	农业类	AGRI	经济体1995—2019年农业类产业占比
	矿产类	MINE	经济体1995—2019年矿产类产业占比
	金属类	META	经济体1995—2019年金属类产业占比
	化工类	CHEM	经济体1995—2019年化工类产业占比
	汽车类	VEHI	经济体1995—2019年汽车类产业占比
	半导体类	ELEC	经济体1995—2019年半导体类产业占比
控制变量：CLAS	发展程度	DEVE	经济体1995—2019年是否为发达国家，是为1，不是为0
	地理区域	CONT	经济体1995—2019年是否为亚洲国家，是为1，不是为0
	政体形式	GF	经济体1995—2019年是否为总统制，是为1，不是为0
	资源类型	RESO	经济体1995—2019年是否为技术密集型，是为1，不是为0
	经济周期	CYCL	经济体1995—2019年是否为2008—2019年期间，是为1，不是为0

数据来源:世界银行(2021)数据库以及哈佛大学Atlas(2021)数据库。

为提高数据的准确性,对样本数据进行如下处理:

首先,缩小变量间数据范围的相差程度,具体表现为对因变量人均国民收入进行对数化处理,如下式所示:

$$Y^* = \ln(y_i) \tag{33}$$

其中:Y^*表示经济高质量发展;y_i表示人均国民收入。

其次,对自变量、中介变量和控制变量数值进行数据编码化处理,如下式所示:

$$\mu_i = \frac{T - \bar{x}}{s} \tag{34}$$

其中:μ_i表示编码后均值;T表示变量值;$\bar{x}$表示变量均值;s表示标准差。

具体的,产品空间产业占比是衡量经济体某一类别产业在全国出口产品中占比的指标,旨在定量地描述一个经济体产品空间各个产业侧重程度。通过产业占比指数可以判定经济体的某一类产业在本国产业升级中的位置,从而揭示经济体在国际贸易中的比较优势。其表达式为:

$$PROD_{c,i,t} = \frac{\exp_{c,i,t}}{\sum_{i,t} \exp_{c,i,t}} \tag{35}$$

公式(35)中$PORO_{c,i,t}$表示某一经济体c在t时期的产业i的出口占比,$\exp_{c,i,t}$表示某一经济体c在t时期的产业i的出口金额,$\sum_{i,t}\exp_{c,i,t}$表示某一经济体c在t时期所有产业的产品出口金额。

最后,为保持回归系数方向的一致性,产品创新CARB指标数据整理如公式(36)所示:

$$CARB = MAXCARB_t - CARB_{it} \tag{36}$$

式中,CARB为转换后的系数,$MAXCARB_{it}$为全球经济体在t时期年人均碳排放最大公吨数,$CARB_{it}$为经济体i在t时期的年人均碳排放公吨数。本书还对市场创新INTE指标、资源配置创新TAX指标和组织创新GOVE指标进行了数据转换。

资源类型RESO控制变量方面,本书借鉴哈佛大学Atlas数据库,将世界贸易产品类别分为9大类,分别是纺织类、农业类、钻石类、矿产类、金属类、化工类、汽车类、设备类和半导体类,见图41所示。

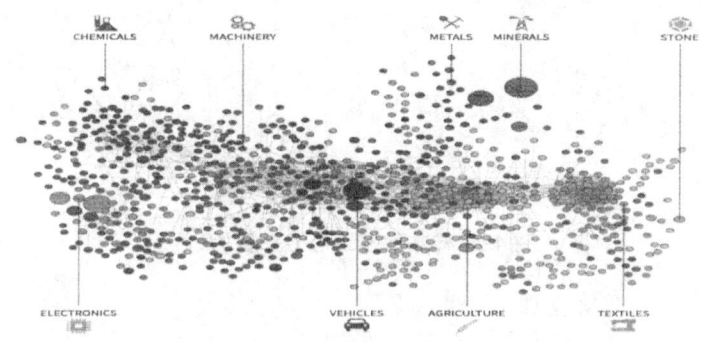

图41 产品空间结构图

数据来源:Atlas(2021)数据库

经济体是否判定为技术密集型类别变量,见下式所示:

$$\text{RESO}_{c,i,t} = \frac{\exp(\text{CHEM} + \text{VEHI} + \text{MACH} + \text{ELEC})_{c,i,t}}{\sum_{i,t} \exp_{c,i,t}} \quad (37)$$

公式(37)中,$exp(\text{CHEM}+\text{VEHI}+\text{MACH}+\text{ELEC})_{c,i,t}$为某一经济体$i$在$t$时期的化工类、汽车类、设备类和电子类出口总额,$\sum_{i,t}\exp_{c,i,t}$为某一经济体$c$产业$i$在$t$时期的出口总额。判定标准见公式(38)所示:

$$x_{c,j,t} = \begin{bmatrix} 1, \text{ERSO}_{c,i,t} > \text{MEAN}_{c,t} \\ 0, \text{RESO}_{c,i,t} \leq \text{MEAN}_{c,t} \end{bmatrix} \quad (38)$$

公式(38)中,$x_{c,j,t}$为判定系数,$\text{RESO}_{c,j,t}$为某一经济体c产业i在t时期,技术类资源类型出口占比数值,$\text{MEAN}_{c,t}$为全球经济体在t时期的技术资源出口占比均值。若经济体数值超过全球均值,则判定为技术密集型经济体,否则为非技术密集型经济体。

本书对样本数据的正态分布进行检验,输出结果见图42所示,表明数据呈正态分布,可以进行OLS回归检验。

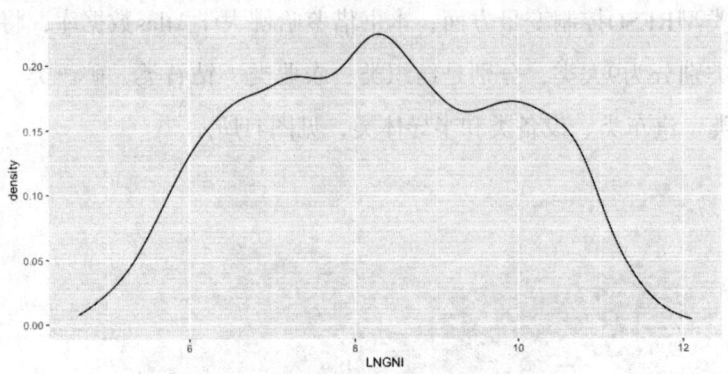

图42 样本数据正态分布检验

资料来源:作者整理

进一步,相关变量描述性统计整理见表47所示,变量数据峰值普遍大于0,说明总体数据分布与正态分布相比较为陡峭,为尖顶峰。变量数据的偏度普遍介于0.01~1之间,说明数据分布形态与正态分布的程度偏离不大,限于篇幅,本书只展示因变量和创新空间变量的描述性统计。

表47 变量描述性统计

变量	样本数	均值	中值	标准差	峰度	偏度	最小值	最大值
lnGNI	4894	8.31	8.29	1.59	0.93	0.01	4.63	12.09
CARB	4894	65.35	67.76	6.56	19.54	0.53	0	70.08
PATE	4894	6317	67	52325	36.28	1.17	1	1393815
INTE	4894	246.03	247.34	13.04	131.04	01.74	0	346.51
TAX	4894	133.77	134.61	8.63	50.59	−1.61	0	149.99
GOVE	4894	658.86	671	53.41	82.62	−1.48	0	697.5

注:作者整理

2. 模型构建

本书构建中介效应模型，考察总效应、直接效应、间接效应和效应中介量，步骤如下：

首先，为检验研究假设H1，对创新空间促进经济高质量发展的总效应，构建基本模型见公式（39）所示，观察系数c是否具有显著性。

$$GROW_i = \beta_0 + c*INNO_i + \varepsilon_i \tag{39}$$

其中：$GROW_i$为经济高质量发展类别；β_0为截距；c为总效应系数；$INNO_i$为创新空间类别；ε_i为残差。

其次，为检验研究假设H2，对创新空间促进产品空间的影响关系如下所示，观察系数a是否具有显著性。

$$PROD_i=\gamma_0+a*INNO_i+\varepsilon_i \tag{40}$$

其中：$PRODI_i$为产品空间类别；γ_0为截距；a为间接效应系数；$INNO_i$为创新空间类别；ε_i为残差。

再次，为检验研究假设H3，研究产品空间在创新空间促进经济高质量发展的中介效应是否存在以及作用程度如何？构建模型如公式（41）所示，考察直接效应系数c'以及间接系数b是否具有显著性。

$$GROW_i = \delta_0 + c'*INNO_i + b*PROD_i + \varepsilon \tag{41}$$

其中：$GROW_i$为经济高质量发展类别；δ_0为截距；c'为直接效应系数；b为间接效应系数；$INNO_i$为创新空间类别；$PROD_i$为产品空间类别；ε_i为残差。

通过观察系数c'是否具有显著性，来判定中介效应是否存在。如果系数c具有显著性，但是，系数c'不具有显著性，则产品空间具有完全的中介效应。如果系数$c'<c$，则产品空间具有部分中介效应，部分效应量为$a*b$，见公式（42）所示：

$$c-c'=a*b \tag{42}$$

最后，为检验研究假设H4，对控制变量在创新空间、产品空间促进经济高质量发展作用的异质性进行考察，构建公式（43）：

$$GROW_i = \delta_0 + c'*INNO_i + b*PROD_i + d*CLAS_i + \varepsilon \qquad (43)$$

其中：$CLAS_i$ 为控制变量的类别，d 为作用系数。

进一步，检验主效应回归方程（43）中各变量的 Pearson 相关系数。结果显示：钻石类产业与金属类产业相关系数为 0.60，设备类产业与半导体类产业相关系数为 0.55，为避免变量存在多重共线性问题，且综合考虑行业规模及行业间产业链关系的情况下，本书将钻石类产业和设备类产业进行了删除，其他主要变量的相关系数在 0.3 及以下，证明变量之间不存在明显的多重共线性问题，可以进行回归分析，结果见表 48、表 49。

表 48 创新空间变量的 Pearson 相关系数

符号	CARB	PATE	INTE	TAX	GOVE
CARB	1				
PATE	0.09*	1			
INTE	−0.11*	−0.03*	1		
TAX	−0.06*	−0.06*	−0.02*	1	
GOVE	−0.12*	−0.05*	0.03*	0.06*	1

注：系数 0.3 以下为低相关，用 * 表示。

表 49 产品空间变量的 Pearson 相关系数

符号	TEXT	AGRI	MINE	META	CHEM	VEHI	ELEC
TEXT	1						
AGRI	−0.04*	1					
MINE	−0.24*	−0.28*	1				
META	−0.02*	−0.03*	−0.06*	1			
CHEM	−0.06*	−0.11*	−0.16*	0.04*	1		
VEHI	−0.10*	−0.10*	−0.16*	−0.01*	0.13*	1	
ELEC	−0.01*	−0.13*	−0.21*	−0.01*	0.13*	0.11*	1

注：系数 0.3 以下为低相关，用 * 表示。

（四）实证检验

第四章 结果分析与稳健性检验

1. 基准回归结果

本书使用"节俭方程"公式（39）进行前向逐步回归，发现产品创新 CARB 和资源配置创新对经济高质量增长没有直线性显著关系，考察非直线性相关关系，多元二次回归模型如下所示：

$$GROW_i = \beta_0 + c_1 * CARB_i + c_2 * CARB_i^2 + c_3 * PATE \\ + c_4 * INTE_i + c_5 * TAX_i + c_6 * TAX_i^2 + c_7 * GOVE_i + \varepsilon_i \quad (44)$$

其中：$GROW_i$ 为经济高质量发展类别；β_0 为截距；c_1 为产品创新系数；c_2 为产品创新曲率；c_3 为技术创新系数；c_4 为市场创新系数；c_5 为资源配置创新系数；c_6 为资源配置创新曲率；c_7 为组织创新系数；ε_i 为残差。

表50报告了系数 c 的显著性，以及创新空间影响经济体高质量发展的估计结果：产品创新对经济高质量发展具有倒U形曲线关系，影响系数为正，具有显著性，曲率为-0.0043，曲线开口向下。技术创新对经济高质量发展具有促进作用，系数为正，具有显著性。市场创新对经济高质量发展具有正向作用，系数为正，具有显著性。资源配置创新对经济高质量发展具有倒U形曲线关系，系数为正，具有显著性，曲率为-0.00054，曲线开口向下。组织创新对经济高质量发展系数为正，具有显著性。结论支持假设H4a。

表50 创新空间影响高质量发展

因变量		GROW公式（12）		
		lnGNI	T值	P值
自变量INNO	CARB	0.33***	25.12	0.00
	CARB 2	−0.0043***	−36.24	0.00
	PATE	0.00000085***	2.89	0.00
	INTE	0.0047***	4.04	0.00
	TAX	0.094***	11.08	0.00
	TAX 2	−0.00054***	−14.76	0.00
	GOVE	0.0037***	12.90	0.00
截距		−0.93		
F值		893.01***		
观测值		4894		

备注：*$p<0.1$、**$p<0.05$、***$p<0.001$，0.1%置信水平下显著相关

数据：世界银行数据库和Atlas（2021）数据库

表51报告了系数a的显著性，以及创新空间影响产品空间的程度。借鉴鲁桐和党印（2014）的观点，本书将创新空间产业类型划分为技术密集型产业和非技术密集型产业。①技术密集型产业方面，创新空间对化工类产业、汽车类产业，以及半导体类产业促进作用为正，具有显著性，其中产品创新和资源配置创新作用具有倒U形结构，相关系数为正，具有显著性，曲率为负，曲线开口向下。②非技术密集型产业方面，人力密集型纺织类产业，产品创新和组织创新作用为负，技术创新、市场创新、资源配置创新不具有显著性。人力密集型农业类产业，产品创新、技术创新和市场创新作用为负，资源配置创新和组织创新不具有显著性。自然资源密集型矿产类产业，产品创新、技术创新、资源配置创新和组织创新作用为负，仅有市场创新具有正的0.00097关系，具有显著性，可能的理解是，矿产类产业也是资金密集型产业，对于金融市场化有正向需求。自然资源密集型金属类产业，组织创新作用为负，具有显著性，技术创新、资源配置创新和组织创新不具有显著性。综上发现，创新空间对于产品空间中的技术密集型产业转型升级具有促进作用，对于人力密集型产业和自然资源密集型产业具有抑制和加速退出机制。结论支持假设H4b。

表51　创新空间促进产品空间

		因变量PROD公式（40）						
		TEXT	AGRI	MINE	META	CHEM	VEHI	ELEC
自变量 INNO	CARB	−0.0070*** (−4.05)	−0.014*** (−6.45)	−0.0088*** (−3.02)	0.0046*** (2.41)	0.0048*** (6.01)	0.00656*** (6.66)	0.0064*** (6.55)
	CARB 2	0.00010*** (6.54)	0.00020*** (10.17)	−0.00003016 (−1.12)	−0.000046*** (−2.60)	−0.000063*** (−8.59)	−0.000064*** (−7.17)	−0.000062*** (−6.95)
	PATE	0.000000045 (1.17)	−0.00000013*** (−2.71)	−0.00000055*** (−8.50)	0.0000080 (0.18)	0.000000075*** (4.17)	0.00000013*** (6.10)	0.00000027*** (12.61)
	INTE	0.000082 (0.53)	−0.00090*** (−4.57)	0.00097*** (3.75)	−0.0010*** (−6.13)	0.00032*** (4.51)	0.000081 (0.92)	0.00021** (2.49)
	TAX	0.00087 (0.78)	0.0022 (1.56)	−0.023*** (−12.49)	0.0018 (1.44)	0.0050*** (9.58)	0.0012** (1.92)	0.0017** (2.49)
	TAX 2	0.0000013 (0.28)	−0.0000075 (−1.21)	0.00012*** (−15.77)	−0.0000071 (−1.31)	−0.000025*** (−11.40)	−0.0000082*** (−2.98)	−0.000015*** (−3.86)
	GOVE	−0.00010*** (−2.68)	−0.000017 (−0.35)	−0.00046*** (−7.31)	−0.000016 (−0.37)	0.00026*** (14.72)	0.000078*** (3.65)	0.000093*** (4.37)

	因变量PROD公式（40）						
	TEXT	AGRI	MINE	META	CHEM	VEHI	ELEC
截距	−0.001 (−0.01)	0.29*** (2.54)	1.81*** (11.86)	0.10 (1.03)	−0.10*** (−2.47)	−0.19*** (−3.87)	−0.26*** (−5.17)
F值	38.67***	86.28***	163.63***	6.64***	100.70***	25.36***	48.13***
观测值	4894	4894	4894	4894	4894	4894	4894

备注：*$p<0.1$、**$p<0.05$、***$p<0.001$，分别在10%、5%和1%置信水平下显著相关

数据：世界银行数据库和Atlas（2021）数据库

本书以半导体类产业中介效应为例，考察中介效应是否存在，以及中介效应量的程度关系。表52报告了系数b和系数c'的显著性，以及产品空间促进经济高质量发展中介效应的估计结果：①创新空间方面：产品创新促进经济高质量发展，为倒U形关系，系数为正，具有显著性，曲率为负，曲线开口向下；技术创新促进经济高质量发展的系数为正，具有显著性；市场创新促进经济高质量发展，具有显著性；资源配置创新与经济高质量发展为倒U形曲线关系，系数为正，曲率为负，曲线开口向下；组织创新促进经济高质量发展，具有显著性。②半导体类产业方面，促进人均国民收入对数增加1.82，提高产业结构协调性1.82，提升经济体经济复杂程度3.44，并且具有显著性。创新空间作用系数c'，以及产品空间作用系数b均具有显著性，且系数c'<c，说明产品空间的中介效应存在，结论支持研究假设H4c。

表52　产品空间中介效应

因变量		GROW公式（41）		
		lnGNI	T值	P值
自变量 INNO	CARB	0.31***	24.34	0.00
	CARB 2	−0.0042***	−35.45	0.00
	PATE	0.00000034*	1.68	0.10
	INTE	0.0043***	3.73	0.00

因变量		GROW公式（41）		
		lnGNI	T值	P值
自变量 INNO	TAX	0.091***	10.81	0.00
	TAX 2	−0.00052***	−14.34	0.00
	GOVE	0.0035***	12.39	0.00
中介变量 PROD	ELEC	1.82*** （9.62）	9.62	0.00
截距		−0.45 （−0.66）		
F值		807.62***		
观测值		4894		

备注：*$p<0.1$、**$p<0.05$、***$p<0.001$，分别在10%、5%和1%置信水平下显著相关

数据：世界银行数据库和Atlas（2021）数据库

进一步，表53报告了创新活跃度中介效应量的结果：半导体类产业对创新空间促进人均国民收入中介效应存在，具体的，对产品创新的中介效应量为6.06%，对技术创新的中介效应量为60%，对市场创新的中介效应量为8.51%，对资源配置创新的中介效应量为3.195，对组织创新的中介效应量为5.40%。结论为：技术创新中介半导体产业促进经济高质量增长的作用程度最大，发展以半导体产业技术为导向的技术创新可以极大增长人均国民收入（张睿和钱省三，2005）。

表53　产品空间的中介效应量

变量	lnGNI公式（10）					
	总效应（c）	直接效应（c'）	效应（a）	效应（b）	间接效应（ab）	中介效应量（%）
CARB	0.33	0.31	0.0064	1.82	0.02	6.06%
PATE	0.00000085	0.00000034	0.00000027	1.82	0.00000051	60.00%
INTE	0.0047	0.0043	0.00021	1.82	0.0004	8.51%

变量	lnGNI公式（10）					
	总效应（c）	直接效应（c'）	效应（a）	效应（b）	间接效应（ab）	中介效应量（%）
TAX	0.094	0.091	0.0017	1.82	0.003	3.19%
GOVE	0.0037	0.0035	0.000093	1.82	0.0002	5.40%

数据来源：作者整理。

本书分组检验了经济体发展程度、地理位置、政体形式、资源类型和经济周期类别，对产品空间中介效应的影响。表54报告了控制变量对中介效应影响的异质性：①经济体发展程度异质性方面，发达经济体较发展中经济体和不发达经济体而言，在促进人均国民收入方面，具有先发优势，相关系数为正，并具有显著性。②经济体地理位置方面，亚洲经济体在促进经济高质量发展方面具有优势，相关系数为0.27，并具有显著性。③政体形式方面，总统制政体形式相比君主立宪制和民主共和制经济体，对经济高质量发展的相关系数为负，并具有显著性。④经济体资源类型方面，技术资源密集型的经济体，促进经济高质量发展的相关系数最大，达到0.53，这一结论与创新空间中介技术型产业升级促进经济高质量发展的论证相符。⑤经济周期对人均国民收入提高具有正向促进作用。综上所述，经济体分类控制变量的异质性效应存在，且具有显著性，结论支持假设H4d。

表54 控制变量异质性检验结果

因变量		GROW公式（11）		
		lnGNI	T值	P值
控制变量CLAS	DEVE	1.74***	38.21	0.00
	CONT	0.27***	7.14	0.00
	GF	−0.84***	−22.32	0.00
	RESO	0.53***	13.89	0.00
	CYCL	0.76***	23.55	0.00
截距		7.81***（201.20）		
F值		960.55***		

因变量	GROW公式（11）		
	lnGNI	T值	P值
观测值	4894		

备注：*$p<0.1$、**$p<0.05$、***$p<0.001$，分别在10%、5%和1%置信水平下显著相关

数据：世界银行数据库和Atlas（2021）数据库

2. 稳健性检验

借鉴葛和平和吴福象（2021）运用分样本与替代变量相结合的稳健性检验方法，本书使用亚洲经济体数据、汽车类产业中介变量，考察创新空间、产品空间与人均国民收入的结论是否具有稳定性。限于篇幅，本书不对数据整理、模型构建做介绍。稳健性检验结果见公式（45）所示。

$$Y_{LNGNI}=0.11+0.032*CARB_i-0.0000074*CARB_i^2+0.00000092*PATE_i$$
$$+0.003*INTE_i+0.037*TAX_i-0.00017*TAX_i^2+0.0025*GOVE_i$$
$$+0.19*VEHI_i+1.54*DEVE_i-0.084*GF_i+0.95*RESO_i$$
$$+0.39*CYCL_i+\varepsilon_i$$

（45）

其中，Y_{lnGNI}为人均国民收入对数，$VEHI_i$为替代自变量表示经济体i的汽车类产业出口占比，其他变量定义与前文一致。结果支持了创新空间促进经济高质量发展，产品空间中介效应显著为正的结论。

进一步，绘制变量残差散点图发现，结果$E(\varepsilon)=0$，各自变量残差没有表现出明显的趋势，意味着模型没有被错误假定。预测的（$\hat{y}$）的残差图符合随机分布，符合误差方差为常数的假定。模型生成的残差直方图，正态误差的假定合理。按照时间顺序绘制的残差图显示，残差值为正数的概率要明显多于负数情况，且多重独立误差的假定是合理的。综上，OLS回归是合适的。

（五）结论与政策含义

本书立足于区域创新空间极大影响了社会经济发展这一典型事实，从产品空间的视角切入，基于世界银行和Atlas数据库1995—2019年经济体层面数据，在构建创新空间之产品创新、技术创新、市场创新、资源配置创新、组织创新与经济高质量发展指数的基础上，运用中介效应模型、替代变量以及分组检验，多维度实证检验了创新空间对经济高质量发展的影响及其内在机制。

主要结论如下：①产品创新与资源配置创新对经济高质量发展具有倒U形关系，技术创新、产品创新和组织创新对经济高质量发展具有正向线性关系。②创新空间对化工类、汽车类和半导体类技术密集型产业具有显著性作用，对纺织类、农业类人力资源密集型产业作用不具有显著性，对矿产类、金属类自然资源密集型产业作用为负，具有显著性。③产品空间分组之钻石类产业与金属类产业具有强相关关系，半导体类产业与设备类产业具有强相关关系，证明半导体产业是设备产业的关键性和基础性产业。④产品空间中介作用方面，技术创新和市场创新促进经济高质量增长的中介作用最大，系数分别为60.00%、58.33%。⑤分组检验方面，发达经济体具有创新空间、产品空间的先发优势，正向系数为1.74。亚洲经济体形成了半导体产业发展的联动性，相比其他洲经济体，正向系数为0.27。总统制经济体与经济高质量发展关系为负，具有显著性。技术密集型经济体促进经济高质量发展程度最高，正向系数为0.53。经济周期对人均国民收入具有显著促进作用。

本书除了为创新空间促进经济高质量发展提供了一系列经验证据，结论还具有以下政策启示：①在创新空间能够成为推动经济高质量发展的新动能现实之下，加大对产业转型升级能力的建设，包括引导技术落后、资源密集型和人力密集型产业加速退出。通过政策引导和加大创新空间要素投入，吸引技术人才跨国流动，实现产业技术追赶和弯道超车，利用中国特有的"集中力量办大事"的优势机制（贾根良和楚珊珊，2019），加大国有资本对产业升级的引领作用。②半导体类产业被证明对创新空间推动经济增长具有明显的中介效应，推行"官产学研"合作战略，建立半导体产业创新统筹基金，包括：设立半导体官产学研专项计划，优先支持企业与高校、科研院所联合承担半导体技术攻关任务，采取"横向课题"按一定比例配套"纵向资金"的做法，为企业的技术创新能力、管理创新能力和产品研发能力提供有利环境支撑。③产品空间是创新空间促进经济高质量发展的中介因素，中国应合理承接国际半导体产业转移，培养半导体产业的创新极为重要。包括：半导体产品创新，技术创新，金融市场创新，专利保护法治环境创新，半导体产业人才、技术、资本等资本配置创新，以及政府、科研院所和企业的组织能力创新等。④创新空间作用经济高质量发展的方式并不完全是直线型关系，在低碳产品创新和税收配置创新方面，经济体具有倒U形的曲线关系，对于发展中国家的中国来说，快速的降低碳排放和税收水平并不能促进经济高质量发展，而应当将工作重点放在技术创新和市场创新方面。⑤创新空间明显地促进了经济体经济发展质量的提升，其产品、技术、市场、资源配置和组织能力，显著提高了人均国民收入水平，已成为新时代下中国推动高质量发展的重要力量，通过分组检验与替代变量检验，该结论仍然成立。原因在于产品空间技术密集型产业的转型升级一方面解决国内产品的旺盛需求，另一方面解决电子、设备行业技术受制于人的现状，畅通国内和国际大循环，形成强大的国内和国际双市场，最终实现国家经济安全和可持续发展。⑥创新空间的"空间溢出"效应、"机会窗口期"和"先发优势"效应得到证实，创新空间有助于形成区域协调发展的经济格局。通过产业邻近转移、政策引导技术追赶、实现规模效应以及获得技术壁垒，是创新空间赋能经济高质量发展的作用机制，提升半导体类产业出口占比对实现中国经济高质量发展具有重要意义。

四、本章小结

本章主效应与稳健性分析方面，分为三个部分展开，分别是创新空间结果分析与稳健性检验、产品空间结果分析与稳健性检验，以及创新空间、产品空间与稳健性检验。每一个部分又按照洲际、政体形式、发展程度，以及资源类型等进行分组检验、讨论。

此外，本章以创新空间之技术创新、产品空间之半导体产业，以及国家经济增长之人均国民收入为对象，构建中介效应模型，研究发现，创新空间通过产品空间，扩大对国家经济增长的影响。

本章利用世界银行1995—2019年199个国家及经济体数据，采用有限混合模型、逐步回归和熵值法权重，对经济体地理位置、政体形式、贝叶斯分类组以及控制变量对国家经济增长的促进作用进行了研究，结果表明，自变量与内生类别变量、外生给定类别变量中，教育水平与城镇化因素对国家经济增长具有显著促进作用，各类别变量在促进国家经济增长方面具有异质性。首先，洲方面。亚洲对技术创新表现出促进经济增长最好的外部经济性；北美洲和大洋洲对于提高政府效率收益最高；除南美洲外，吸引外国投资促进经济增长具有一致性；税收政策影响经济是曲线性关系，非洲和欧洲提高税负有利，而其他洲则需要降低税负率；城镇化、基础设施建设、碳排放表现出所有洲均具有作用的一致性。再者，政体形式方面。世界经济体采用总统议会制的数量最多，君主立宪制的优势在于政策的稳定性，技术创新、政府效率、教育水平、政策安全指数、就业率促进经济增长具有较高的正向作用。民主共和制则在税收政策、基础设施建设、金融市场表现出更多优点。最后，经济体最多选择的总统议会制，表现出均衡性的特点，所有指标与经济增长均保持了正向相关性，而且，人居环境方面是唯一一个增加净移民数量促进经济增长0.10%的类别。最后，区别于人为给定分组类别的情况，本章通过贝叶斯分类器，将经济体分为两组，通过OLS回归结果发现，中长期的国民收入与世纪前的技术创新、政府效率存在显著性，但是，短期内，具体到某个经济体，在资源有限的假定下，技术投入和政府效率的优先选择应该各有侧重。同时，在基尼系数和金融市场利率等方面也出现方向的不同。这一点，进一步在熵值法构建的国家创新空间评价系数中得到印证。国家宏观指标凝练成的综合系数与经济增长的关系表现为倒U形结构，并且出现"转移效应"和"起点效应"，发达经济体和最不发达经济体在创新要素促进经济增长的程度同样受到抑制。

综上，经济体在应对全球疫情冲击情况下，国家经济治理手段和路径需要结合自身特点，分主次、分方向的实施，寻找最优的国家经济治理多路径依赖机制。本章讨论了国家经济治理中的一般规律，通过熵值法构建了国家创新空间综合评价系数，据此对经济体综合提出以下政策建议：首先，所有经济体无论内生要素和外生给定分类如何，在城镇化和基础设施建设方面对经济增长的改善是一致的，均会促进经济增长。其次，不能因为技术创新、政府效率中长期决定国家经济增长而同等投入或者重点投入，经济体发展是众多因素共同作用的结果，本书考察的其他11个控制变量影响经济增长的作用，应当结合自身洲、政体和贝叶斯分组情况，选择投入的最优经济性。最后，资本因素在经济体增长的作用逐渐降低，政府主导的制度因素，包括税收、贫富结构、政府效率、实际利率水平以及政策安全指数等因素作用程度在提高。这为弱后经济体通过建立"效率型政府"实现经济赶超提供了新的视野。

第五章 国家经济增长现状、成因与作用机制

一、国家经济增长概况

（一）经济增长指标界定与选取

人均国民收入是一个国家在一定时期内按人口平均计算的国民收入占有量。人均国民收入与国民收入成正比，与人口数量变动成反比。它基本上可以反映一国生产力发展水平和国民的生活水平。人均国民收入的变动决定于下列因素：①劳动生产率的提高；②物质消耗的节约；③总人口的变化；④劳动力人口占总人口的比重的高低。人均国民收入水平是衡量一国的经济实力和人民富裕程度的一个重要指标。人均国民收入是综合地反映一国经济发展水平、经济实力、人民生活水平的重要标志。它与人口增长成反比，与国民收入增长成正比。第二次世界大战后，发展中国家经济发展速度快于发达国家，人口增长速度则大大超过发达国家。致使发达国家和发展中国家在人均国民生产总值上差距增大。为增加人均国民收入，增强一国的经济实力和提高人民生活水平，要在大力发展经济、增加生产的基础上合理地调节人口增长。

如图43所示，全球人均国民收入增长表现为三个阶段，首先，在1995—2001年间变化幅度不大；其次，2001—2008年持续增长；最后在2009—2019年间持续振荡，总体出现略微下降的趋势。

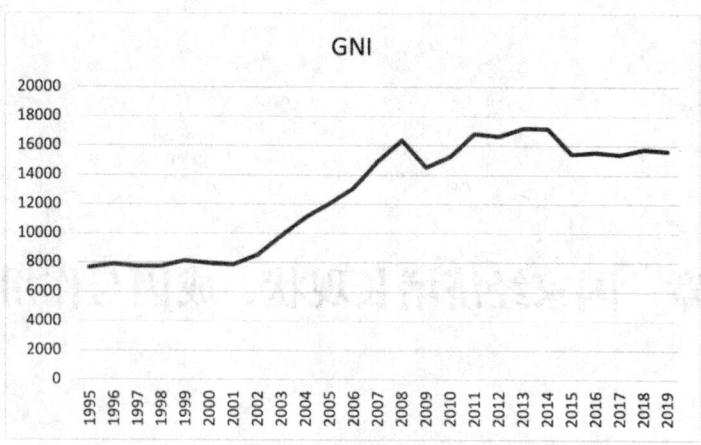

图43 全球平均人均国民收入变动趋势图

国内生产总值GDP是指按国家市场价格计算的一个国家（或地区）所有常驻单位在一定时期内生产活动的最终成果，常被公认为是衡量国家经济状况的最佳指标。国内生产总值GDP是核算体系中一个重要的综合性统计指标，也是中国新国民经济核算体系中的核心指标，它反映了一国（或地区）的经济实力和市场规模。GDP是按市场价格计算的一个国家（或地区）所有常住单位在一定时期内生产活动的最终成果。国内生产总值有三种表现形态，即价值形态、收入形态和产品形态。从价值形态看，它是所有常住单位在一定时期内生产的全部货物和服务价值超过同期投入的全部非固定资产货物和服务价值的差额，即所有常住单位的增加值之和；从收入形态看，它是所有常住单位在一定时期内创造并分配给常住单位和非常住单位的初次收入之和；从产品形态看，它是所有常住单位在一定时期内所出产的最终使用的货物和服务价值减去货物和服务进口价值。在实际核算中，国内生产总值有三种计算方法，即生产法、收入法和支出法。三种方法分别从不同方面反映国内生产总值及其构成，理论上计算结果相同。

如图44所示，世界经济体平均国内生产总值从1995—2019年间除2009年和2015年出现短暂下滑之外，保持了增长态势，其中，1995—2002年间增长缓慢，2003—2008年间增长迅速，但是2009—2019年间持续振荡增长的趋势，总体上仍保持了较高的平均增长水平。

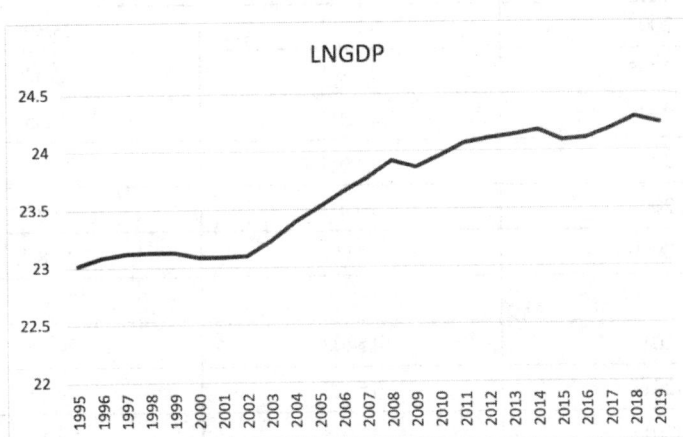

图44　全球平均国内生产总值对数变动趋势图

具体的，世界平均人均国民收入从1995年的7660美元，上升至2018年的15757美元，世界平均国内生产总值对数数值从23.02上升至24.29。从阶段上看，1995—2001年间，平均人均国民收入增长了0.39%，平均国内生产总值对数增长了1%。2002—2008年间，平均人均国民收入增长了13.17%，平均国内生产总值对数增长了11.71%。2009—2018年间，平均人均国民收入增长了0.86%，平均国内生产总值对数增长了4.30%。具体见表55所示。

表55　全球及各洲平均人均国民收入及国内生产总值情况表

年份	GNI	lnGDP
1995	7660	23.02
1996	7906	23.09
1997	7765	23.12
1998	7768	23.13
1999	8151	23.13
2000	7955	23.09
2001	7873	23.09
2002	8515	23.1
2003	9808	23.23

年份	GNI	lnGDP
2004	11117	23.39
2005	12054	23.52
2006	13090	23.65
2007	14897	23.77
2008	16367	23.92
2009	14511	23.86
2010	15240	23.96
2011	16802	24.07
2012	16628	24.11
2013	17198	24.14
2014	17153	24.18
2015	15412	24.09
2016	15545	24.11
2017	15408	24.19
2018	15759	24.29
2019	15625	24.24

备注：$*p<0.1$，$**p<0.05$，$***p<0.001$。

数据：世界银行（2021）

（二）洲经济增长概况

整理1995—2019年全球199个经济体出口数据，按照洲分类标准如图45所示，发现：从增长绝对值上看，美洲、大洋洲和亚洲的平均人均国民收入与世界平均水平变化趋势大致相同，非洲最低，欧洲最高；从增长相对值上看，非洲的增长幅度最为平缓，其次是美洲、亚洲和大洋洲，变化幅度最大的是欧洲；从增长阶段上看，全球平均人均国民收入从1995年至2008年总体保持增长，但2009—2019年增长出现差异，部分洲如美洲、大洋洲和亚洲增长起伏较大，非洲则保持平缓增长，而欧洲则表现为阶段性下降的趋势。

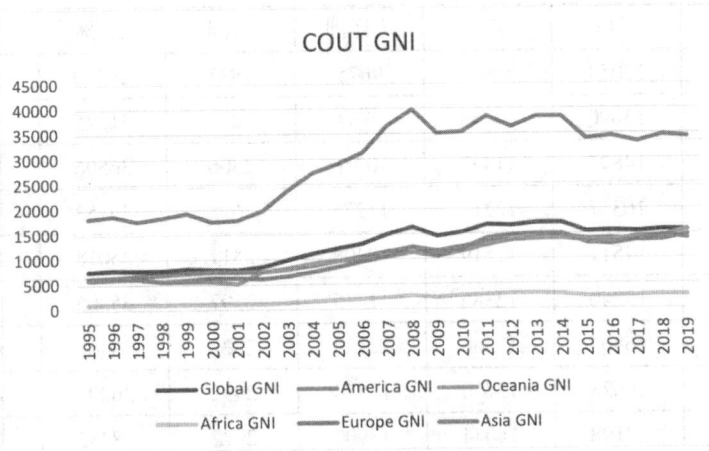

图45 全球及各洲平均人均国民收入变动趋势图

具体而言，1995—2008年间全球年平均人均国民收入增长率为8.11%，其中欧洲的增长最为明显，特别是2000—2008年期间，增长幅度达到13.99%。美洲、大洋洲和亚洲与全球平均水平大致相当。而非洲绝对值则增长缓慢，仅提高1598美元/人。2009—2019年间，全球年平均人均国民收入增长率为0.86%，其中美洲为1.82%、大洋洲为3.68%。非洲为1.62%、亚洲为1.83%，欧洲是唯一出现负增长的洲，为-1.29%。详见表56所示。

表56 全球及各洲平均人均国民收入情况表

年份	全球	美洲	大洋洲	非洲	欧洲	亚洲
1995	7660	6285	5894	1077	18190	5927
1996	7906	6479	6177	1116	18723	6146
1997	7765	6859	6171	1138	17720	6226
1998	7768	7044	5673	1077	18381	5647
1999	8151	7263	5700	1112	19281	5889
2000	7955	7570	5675	1122	17593	6387
2001	7873	7407	5103	1083	17827	6258
2002	8515	7509	7569	1078	19711	6098
2003	9808	7993	8176	1284	23709	6635
2004	11117	8727	9107	1553	27218	7439

年份	全球	美洲	大洋洲	非洲	欧洲	亚洲
2005	12054	9563	9675	1835	28980	8431
2006	13090	10445	9887	2040	31245	9492
2007	14897	11447	10356	2306	36596	10500
2008	16367	12211	11275	2675	39752	12321
2009	14511	11519	10498	2317	35018	10530
2010	15240	12385	11475	2597	35305	11988
2011	16802	13360	12739	2823	38401	14029
2012	16628	13710	13573	2992	36291	14678
2013	17198	14044	13900	2972	38332	14952
2014	17153	14405	13963	2911	38375	14936
2015	15412	13891	13400	2467	33940	13057
2016	15545	13968	13514	2415	34427	12824
2017	15408	13498	14298	2578	33311	13557
2018	15759	13617	14366	2694	34602	14583
2019	15625	14648	15746	2604	34287	13945

备注：$*p<0.1$，$**p<0.05$，$***p<0.001$.

数据：世界银行（2021）

（三）政体形式经济增长概况

政治体制（Form of Government，FG），是指政权的组织形式，即统治阶级采取什么样的方式来组织自己的政权机关。政治体制是政治制度的体现。不同政治制度的国家，其经济、文化、外贸等政策也不同。政治体制，是政治学科政治名词政体，为国家的政治、统治形态，即国家政治体系运作的形式。一般指一个国家政府的组织结构和管理体制，在不同的历史时期，不同的国家和地域，政治体制都不尽相同。

本书将政体形式分类为君主立宪制、民主共和制和总统制度，如图46所示，君主立宪制和民主共和制政体的经济体平均人均国民收入绝对值高于全球平均水平，而总统制政体的平均人均国民收入低于世界平均水平。

从发展趋势上看，1995—2001年，三种类型的政体增长幅度均较为平缓，2002—2008年间，君主立宪制政体经济增长幅度最高，其次是民主共和制和总统制。非常有趣的是，2009—2019年，总统制是唯一一个保持经济总体增长的政体形式，而君主立宪制和民主共和制均出现了不同程度的经济下滑。

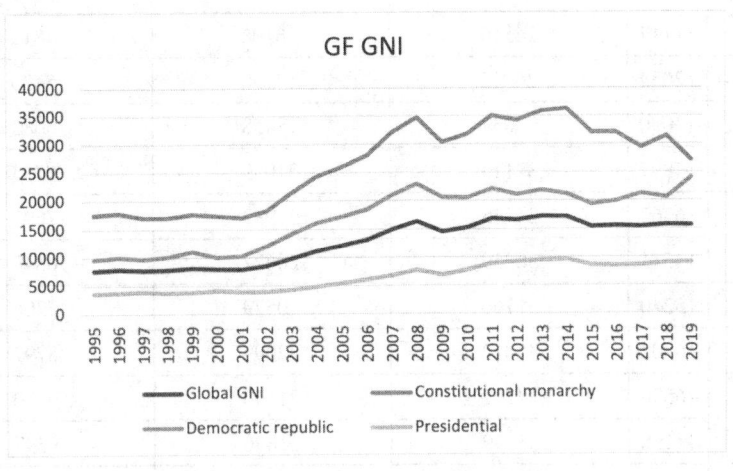

图46　全球及各政体形式平均人均国民收入变动趋势图

具体如表57所示，1995—2001年间君主立宪制政体经济增长幅度为-0.33%，民主共和制政体经济增长幅度为0.988%，总统制政体经济增长幅度为1.24%。2002—2008年间，君主立宪制政体经济增长幅度为12.85%，民主共和制政体经济增长幅度为13.07%，总统制政体经济增长幅度为13.83%。2009—2018年间，君主立宪制政体经济增长幅度为0.33%，民主共和制政体经济增长幅度为0.04%，总统制政体经济增长幅度为2.96%。

表57　全球及各政体形式平均人均国民收入情况表

年份	全球	Constitutional monarchy	Democratic republic	Presidential
1995	7660	17508	9612	3639
1996	7906	17836	10003	3802
1997	7765	17093	9716	3916
1998	7768	17077	10127	3766

年份	全球	Constitutional monarchy	Democratic republic	Presidential
1999	8151	17680	11027	3847
2000	7955	17412	10032	4046
2001	7873	17099	10277	3956
2002	8515	18283	11999	3907
2003	9808	21430	14125	4251
2004	11117	24350	16106	4811
2005	12054	26022	17256	5426
2006	13090	28037	18458	6083
2007	14897	32113	21059	6783
2008	16367	34735	22982	7692
2009	14511	30359	20627	6847
2010	15240	31766	20579	7706
2011	16802	35012	22099	8797
2012	16628	34262	21146	9170
2013	17198	35899	21896	9397
2014	17153	36326	21208	9518
2015	15412	32096	19368	8530
2016	15545	32126	19927	8451
2017	15408	29390	21255	8557
2018	15759	31369	20540	8877
2019	15625	27149	24015	8977

备注：*$p<0.1$，**$p<0.05$，***$p<0.001$。

数据：世界银行（2021）

（四）发展程度经济增长概况

经济发展水平亦称"经济发展量""经济动态数列水平"。反映社会经济现象在不同时期的规模或水平，是计算各种动态分析指标的基础。一般是指绝对数水平，也可以是相对数水平和平均数水平。依据在一个动态数列中所处的位置，分为最初水平、最末水平、报告期水平、基期水平。

所谓最初水平就是动态数列中的首项指标数值；最末水平指动态数列中的末项指标数；在对比两个时期的发展水平时，所研究时期的发展水平叫作报告期水平（亦称"计算期水平"）；作为对比基础时期的水平叫作基期水平。经济发展水平是指一个国家经济发展的规模、速度和所达到的水准。反映一个国家经济发展水平的常用指标有国民生产总值、国民收入、人均国民收入、经济发展速度、经济增长速度。对一个国家或地区经济发展的水平，可以从其规模（存量）和速度（增量）两个方面来进行测量。所谓"经济规模测量"是指对一个国家在特定时间范围里能够生产出来的财富总量，包括从基本的生活用品到复杂的生产资料，再到各种文化和精神产品等财富的总量。在对经济规模的测量中最常用的指标是"国内生产总值"（GDP），它综合性地代表了一个国家或地区在一定时期内所生产的财富（物品和服务）的总和。此外，对经济规模的测量又分为对绝对规模和相对规模的测量。绝对规模指标只是测量一个国家或地区在特定时期内的GDP总量，而不论这一规模的GDP是多少劳动力创造出来的。而相对规模指标则要关心一个国家的人口（或劳动力数量）与其GDP总量之间的关系。在相对规模指标中，最常用的是"人均GDP"指标。在经济发展速度方面，最常用的指标是"GDP年增长率"。

本书以2019年世界银行的发展中经济体与发达经济体的划分标准，分析1995—2019年的经济增长变化趋势，如图47所示，首先，发达经济体对比发展中经济体具有"先天比较优势"，1995年平均人均国民收入明显高于发展中经济体；其次，发达经济体的经济增长效应具有"马太效应"，1995—2019年经济增长相对值和绝对值均明显高于发展中经济体；最后，发展阶段上看，发展中经济体1995—2008年增幅相差不大，而发达经济体则从2003年开始，增速明显提升，并在2018年经济增长达到最大值，突破50000美元，相比发展中经济体的6189美元，贫富差距在进一步拉大。

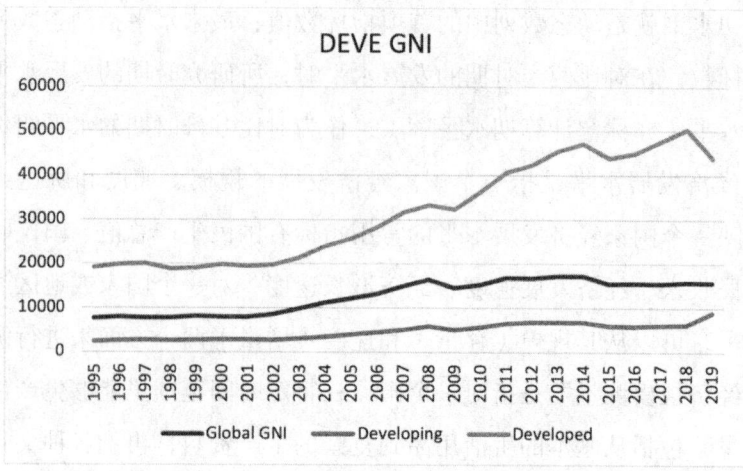

图47　全球及各发展程度经济体平均人均国民收入变动趋势图

具体上而言，1995—2019年间，发展中经济体人均国民收入绝对值增加3736美元，增幅为6.34%；发达经济体人均国民收入绝对值增加31282美元，增幅为6.83%。详见表58。

表58　全球及各发展程度经济体平均人均国民收入情况表

年份	全球	Developing	Developed
1995	7660	2453	19057
1996	7906	2572	19795
1997	7765	2681	19975
1998	7768	2609	18799
1999	8151	2685	18946
2000	7955	2865	19840
2001	7873	2814	19378
2002	8515	2748	19685
2003	9808	3000	21304
2004	11117	3427	23839
2005	12054	3956	25632
2006	13090	4472	28236

年份	全球	Developing	Developed
2007	14897	4980	31578
2008	16367	5837	33202
2009	14511	4994	32332
2010	15240	5629	36260
2011	16802	6502	40642
2012	16628	6783	42292
2013	17198	6824	45419
2014	17153	6829	47168
2015	15412	5980	43904
2016	15545	5800	44915
2017	15408	6071	47625
2018	15759	6189	50339
2019	15625	8859	43902

备注：$*p<0.1$，$**p<0.05$，$***p<0.001$。

数据：世界银行（2021）

（五）资源密集类型经济增长概况

资源密集度分类法是按照劳动、资本、知识等生产要素的比重或对各生产要素的依赖程度对产业进行分类的方法。

第一，有利于将各个产业使用的各种生产要素的组合在产业之间进行比较。

第二，有利于判断整个国家的经济发展水平。因为从发达国家经济发展历程来看，工业化使产业结构一般经历了以劳动密集型为主的产业结构过渡到以资本密集型为主的产业结构，再过渡到以技术（知识）密集型为主的产业结构的发展过程；对于某一个产业发展而言，也会由劳动密集型向资本密集型、技术密集型方向发展。所以，经济发展阶段与不同生产要素在生产过程中的作用有较强的相互关系。

第三，有利于研究产业之间对生产要素依赖程度的差异，对于求得最佳宏观经济效益和制定经济发展战略具有重要的意义。

本书以1995—2019年经济体各类产品出口比较优势度是否高于全球平均水平为标准，将世界经济体划分为人力密集型经济体、自然资源密集型经济体和技术密集型经济体。首先，技术密集型经济体平均人均国民收入高于世界平均值，自然资源密集型经济体低于平均值，人力资源密集型经济体最低。其次，技术密集型经济体平均人均国民收入有一个积累的负效应过程，在1995—2000年期间，经济为负增长。但是，2004—2014年促进经济增长的作用逐渐增强。相比而言，人力资源密集型的经济体，2019年经济增长水平和2005年相当，促进经济的作用最为有限。详见图48所示。

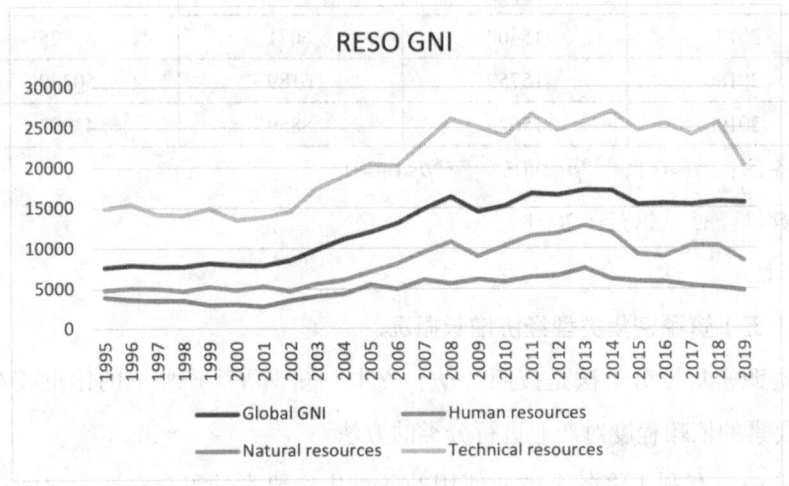

图48　全球及各资源密集类型经济体平均人均国民收入变动趋势图

如表59所示，1995—2019年间，全球平均人均国民收入从7660美元，增长到15759美元，平均增长幅度为4.40%；人力资源密集型经济体平均人均国民收入从3935美元，增长至5136美元，增长幅度为1.27%；自然资源密集型经济体平均人均国民收入从4824美元，增长至10389美元，增长幅度为4.8%；技术资源密集型经济体平均人均国民收入从14957美元，增长至25629美元，增长幅度为2.97%。

表59 全球及各资源密集类型经济体平均人均国民收入情况表

年份	全球	Human resources	Natural resources	Technical resources
1995	7660	3935	4824	14957
1996	7906	3654	5096	15485
1997	7765	3551	5051	14249
1998	7768	3563	4740	14099
1999	8151	2977	5247	14948
2000	7955	3060	4862	13528
2001	7873	2849	5319	13891
2002	8515	3541	4745	14543
2003	9808	4067	5621	17388
2004	11117	4360	6118	18876
2005	12054	5524	7100	20454
2006	13090	4951	8129	20216
2007	14897	6117	9548	23133
2008	16367	5612	10792	26071
2009	14511	6150	9006	25010
2010	15240	5880	10313	23936
2011	16802	6459	11571	26664
2012	16628	6624	11830	24706
2013	17198	7500	12819	25725
2014	17153	6197	11972	27017
2015	15412	5909	9259	24686
2016	15545	5874	9031	25484
2017	15408	5394	10370	24125
2018	15759	5136	10389	25629
2019	15625	4769	8444	20274

备注：*$p<0.1$，**$p<0.05$，***$p<0.001$。

数据：世界银行（2021）

二、国家经济增长成因

（一）遵循产品比较度先发优势地位

先发优势从定义上讲是先行者对革命性的产品居垄断地位，即是领先技术和产品带来的持久的竞争优势。优势是先行者有机会探索网络效应，在高技术产业中，企业往往会为了成为第一个开发出革命性新产品而竞争，亦即竞争成为先行者。从定义上讲，先行者对于革命性的产品居垄断地位。如果新的产品满足了顾客未能满足的需求并且需求很大，则先行者可以获得极大的收入和利润。所谓先发优势即是领先技术和产品带来的持久的竞争优势。

先发者获得的优势主要来自5个方面：①先行者有机会探索网络效应和正反馈回路，封杀竞争对手的技术。②先行者可以建立重要的品牌忠诚度，后来者很难打破。③先行者可能有机会限于竞争对手实现销售，通过规模经济和学习效应实现成本优势。④先行者为使用它的顾客创造了转换成本，后来者很难从先行者手中夺取。⑤先行者可能积累起关于顾客需求、分销渠道、产品技术、工艺技术等的有价值的知识。

促进国家经济增长的先发优势体现为产业集群，是产业发展演化过程中的一种地缘现象，即某个领域内相互关联（互补、竞争）的企业与机构在一定区域内的集中，形成上、中、下游结构完整（从原材料供应到销售渠道甚至最终用户）、外围支持产业体系健全，具有灵活机动等特性的有机体系。鉴于集群在国家和地区经济增长中的积极作用，发展和扶持具有先发优势的产业集群，已经成为世界经济体经济决策的重要内容。

半导体产业集群新城中的经济体差异是一个十分突出的经济现象，一方面，不同地区集聚不同的产业，并且在集群的规模、发展程度上存在着显著的差异。另一方面，某一地区一旦形成半导体产业集群，往往在相关产业领域树立起绝对优势，吸引周边地区乃至全球范围内大量的新增投资,其他地区在短期内很难超越,从而体现出半导体产业的先发优势。对于半导体产业先发优势现象的解释,目前多集中在地区经济条件和产业发展环境的差异上,例如经济发展阶段、需求结构、自然条件、要素禀赋、经济状况、文化与制度环境等。

目前国际上对半导体先发优势的讨论主要集中于规模经济下的政府和企业行为,众多研究者将先发优势定义为首动者优势,主要是指博弈中第一个采取行动的局中人所拥有的资源。Marksen(1990)对一种"历史的偶然"大感兴趣,即一国比他国更早地进入规模报酬递增部门,则由于这种先动行为,该经济体会从中发挥优势并获得更多利益,一旦一国在第一阶段进入市场,对于最终产品而言投入就成为一种补充。由于补充效应的存在,不利国家(后进国家)在后一阶段会远远落后。其原因有两个方面,一方面是由于先发国家已经继承了第一阶段获得的生产率优势,后进国家的企业进入报酬递增部门非常困难,这就是所谓的"封锁进入现象"。另一方面是即便后进国家的企业进入了报酬递增部门,其进入的水平也会远远低于先发国家的企业。由此,后进国家远远落后且差距逐渐变大。

为何在当今,尽管半导体产业后发国家在不断追赶先发国家,但是最终其差距不是越来越小而是越来越大?产生这些现象的原因正与先发优势存在重要的密切关系。国家经济增长成因归纳为以下三方面。

首先,技术创新环境发生变化,一国保持经济上的领先地位已经不能通过反复的模仿和创新来实现。不同于19世纪末和20世纪初,技术在当今是局部而渐进的,需要经过大量的时间积累和改进。技术水平的提高是一个长期的积累过程。现在的技术进步更多的是以科学为基础,通过大量而长期对基础科学的投入获得的。也就是说,先进的技术在当今越来越不具有可模仿性。半导体先发优势的获得和发挥,特别是技术创新主要由对研发持续、大量的投入来实现的。此外,半导体产业的规模经济与原创性的技术专利保护力度在世界范围正日益加大,使得技术创新越来越具有重要意义。

其次，国际经济秩序规则的制定越来越有利于先发国家，全球化进程中，国际关系中霸权的建立，国际经济秩序的制定，越来越有利于那些制定规则的国家和地区，而这些国家往往是产业上有先发优势进而有了制定游戏规则的话语权。一旦一个国家或者一个利益集团在全球经济一体化过程中占有先机，则制度和惯例的制定必然对其自身有利，其他国家再想介入就会显得尤为艰难。新制度经济学表明，制度的变迁往往是那些从中得到潜在利益的利益相关者推动的。

最后，产业升级路径依赖问题日益明显，Arthur（1989）曾做出关于技术演变过程的自我增强机制和路径依赖性质的开创性研究。他指出，由于某种原因，先发展起来的技术通常可以凭借先占的优势，实现自我增强的良性循环，从而在竞争中胜过对手。相反，一种较之其他技术更具有优良品质的技术却可能因为晚了一步，导致无法获得足够的追随者而陷入困境甚至锁定在某种恶性循环的被动状态之中。本书认为半导体产业先发优势的培养来源于两个方面，一是在国际经济、政治博弈中，有关国家和利益集团拥有某种优势，这种优势来源于现行形成的要素、技术或者制度方面的优势。二是有关国家和利益集团在参与竞争中采取有意识的先发行动，相对其他国家而言，就拥有了较大的话语权，在参与区域一体化谈判过程中，可以形成对本国有利的国家竞争规则。

（二）政策引导产业升级实现技术追赶

国家经济增长成因以韩国政府产业政策引导，半导体产业转型升级、实现技术追赶为例。

韩国自1960年以来，产业发展经历了"劳动驱动、资本驱动、技术驱动，以及创新驱动"的升级过程，符合产业升级的普遍规律。①追赶阶段为早期的20世纪60年代，经济结构以轻工业等劳动驱动型产业为主。②追赶阶段的中后期，经济转向资本驱动型，70年代以钢铁、石化等重化工业为主，80年代以造船、汽车等设备类重工业为主。③进入90年代转型期，经济逐渐转向技术驱动型，半导体、高端家电、移动通信、生物科技等产业逐渐成为主导；④进入21世纪10年代，经济进一步转向创新驱动型，LCD等高端电子设备、新材料、文化产业等，逐渐成为韩国经济主导产业。与其他转型经济体不同的是，韩国的产业升级节奏较快、主导产业过渡平稳，产业升级过程中并未出现经济增速"断崖式"下跌、社会稳定失衡等严重问题，这可能与韩国转型过程中，政策的合理引导密切相关。

韩国的产业升级，不仅与产业自身发展规律有关，也与韩国政府产业政策的合理引导密切相关。例如，韩国产业政策积极引导产业体系向重化工业倾斜，实现经济快速赶超式增长。20世纪50年代韩国集中发展以轻纺工业为主的劳动密集型加工业，产品附加值不高、生产效益相对低下。60年代韩国开始加快重化工业建设，相继发布《机械工业振兴法》《钢铁工业扶持法》《石油与化学扶持法》等产业政策，提出"工矿业部门主导经济增长"，重点发展钢铁、机械、石化等重化工业，带动工业经济实现快速赶超式增长。1980年代初，伴随产业技术的不断提升，韩国在发展重化工业基础上，发布《汽车工业合理化措施》，开始着重建设汽车等技术含量和附加值更高的产业。

韩国产业政策引导同时，还非常注重政策的合理搭配，贸易、财税、金融、科技等配套政策共同发力，支持产业升级。为了支持重化工业加速发展，韩国在贸易、财税、金融、外汇、科技等各个政策领域共同发力，形成推动产业发展的合力。例如，1964年韩国发布《出口工业建设法》，在全国各地建立出口工业区、重化学工业区和出口加工工业区，为投资者提供标准化的厂房和仓库，鼓励重化工业和出口导向型产业发展。1973年韩国设立国家投资基金（NIF），专门用于支持大型重工业投资项目，基金提供的资金利率设定为9%，远低于同期15%左右的市场利率。

（三）产品邻近度决定产业转移路径

产品间邻近度（Hidalgo等，2007）反映出两种产品在同一国家同时生产的可能性，表明了不同产品之间所需生产能力的相似性。当产品A和产品B与产品A和产品C相比较，在更多的国家同时进行生产时，那么产品A和产品B二者的关系，相对于产品A和产品C二者的关系，就可以定义为更具邻近性。

在考虑一个由n种产品组成的产品空间中，可以计算出任意一个产品与其他产品之间的邻近度，取值范围在0~1之间。若没有一个国家在生产一种具有显性比较优势产品的条件下能够生产另外一种具有显性比较优势产品，则意味着这两种产品之间不存在技术关联，所需要的生产能力完全不同，因而邻近度为0；若$i=j$时，则邻近度为1。

对于一种具体产品i而言，i产品与其他$n-1$种产品之间，要么存在技术关联，要么不存在技术关联。对于前者而言，若i产品与j产品之间邻近度值越大，意味着i、j两种产品间的技术距离越短，所体现的生产能力就越相似，也意味着从i产品到j产品（或从j产品到i产品）的产品结构转型也就越容易。同时，产品结构转型也与产业度有关（张其仔，2008；张其仔和李颢，2013；邓向荣和曹红，2016）。产业度测量的是与该产品拥有相似生产能力的产品的数量，反映了该产品向其他产品转型升级的路径可能性。邓向荣和曹红（2016）将产业度引入扩展的HK模型，认为产业度越高企业跳跃距离就越短，将越有助于产业转型升级。综合邻近度和产业度两个指标，本书借鉴Hausmann和Hlinger（2006）提出的产品连通性（paths）来度量生产能力禀赋，反映某一产品与周围其他产品拥有生产能力相似程度的大小，相当于产品邻近度矩阵每一行邻近度值加总。

国家经济增长遵循产品邻近度转移路径体现在以下几点：①不同产品所需生产能力禀赋的差异性，有些产品所需生产能力相似，彼此之间联系紧密，并在产品空间中分布稠密，居于产品空间中心区域，另一些产品则处于产品空间的稀疏区域。产品连通性反映不同产品所需生产能力相似程度，决定了产品结构转型升级的可能性。一种产品连通性越强，表明能够比较容易地将该产品的生产能力应用于生产其他产品，意味着产品结构成功转型的概率越高。如果一个国家专业化生产位于产品空间密集区域中连通性较强的产品，表明该国生产能力禀赋较强，转型生产其他产品相对比较容易，因为已经获得的生产能力禀赋能够比较容易地应用于生产邻近产品，如设备、电子产品等。然而，如果一个国家主要生产边缘区域中连通性较低的产品，反映该国生产能力禀赋较弱，将现有生产能力禀赋的重新组合转型生产新产品将比较困难，因为没有其他产品与该产品拥有比较相似的生产能力，尤其是资源类产品如石油、谷物等，从而抑制产品转型升级。产品连通性指标能够较好地反映生产能力禀赋，已被国内外学者（张其仔，2014；Felipe等，2014）采用，用于研究产品结构转型升级。②并非所有产品对经济增长的贡献相同。不同产品对经济增长的影响不同（Hausmann等，2007），主要取决于产品复杂度大小，专业化生产复杂产品的国家将能够维持经济持续较高速度增长（Jarreau和Poncet，2012）。因而，产品复杂度指明了产品结构转型的方向。产品复杂度越高，转型生产此类产品，将有助于促进一国经济增长，进而提高其人均收入水平。因此，部分经济体之所以落入"收入陷阱"的重要原因在于其较大比重的较低复杂度产品不能有效提高本国国民收入，同时其生产活动、生产能力禀赋集中于产品空间边缘区域，相对较低的产品连通性使得产品结构转型受阻，难以实现向高技术含量、高附加值的复杂产品生产结构转型，从而落入"产品陷阱"。

三、国家经济增长作用机制

（一）成功经济体案例

1. 韩国经济增长作用机制分析

韩国是一个高收入国家，2019年国内生产总值在全球经济体中排名第24位，其5170万居民的人均GDP为31,846美元（2019年购买力平价为42,727美元）。过去五年人均国内生产总值平均增长2.4%，高于地区平均水平。在经济复杂性指数（ECI）排名中，韩国在最复杂的国家中排名第四。与十年前相比,韩国的经济变得更加复杂,在ECI排名中提高了5位。展望未来,韩国将利用其现有的专业知识,利用许多机会实现生产多元化。韩国的收入水平比预期的要复杂。因此,其经济预计将温和增长。至2029年预计年增长率为3.2%,位居全球国家前列。韩国在2019年出口了价值6440亿美元的产品。在过去五年中,出口年均下降1.4%,拖累了整体经济增长,因为出口代表了经济的萎缩部分。过去五年非石油出口每年下降1.1%,低于全球平均增长率。2019年进口总额为5960亿美元,使韩国在商品和服务方面出现贸易顺差。半导体产业是韩国出口带动最大的产业,其中,电子集成类产品占据首位,为13.57%,其次分别为精炼石油的5.80%和汽车出口的5.75%。如图49所示。

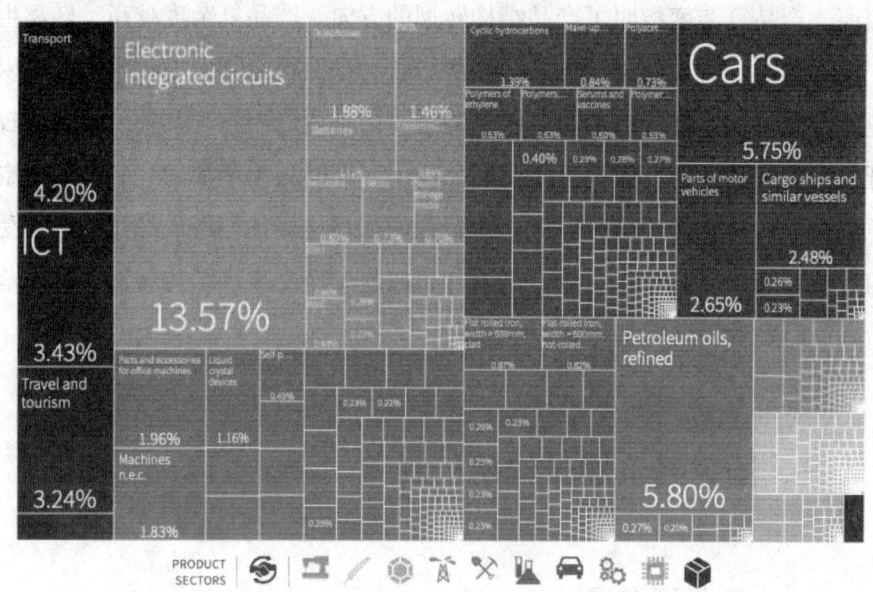

图49 韩国出口产品类别占比图

研究发现,韩国增长可以通过专业知识的多样化过程来推动,以生产更广泛、日益复杂的商品和服务。韩国最大的商品出口是高度复杂的产品,即电子产品和设备。如图50所示,韩国产品空间中,技术密集型产业的经济复杂度的产品分别为汽车类的1.27,设备类的1.83和半导体类的

1.43。

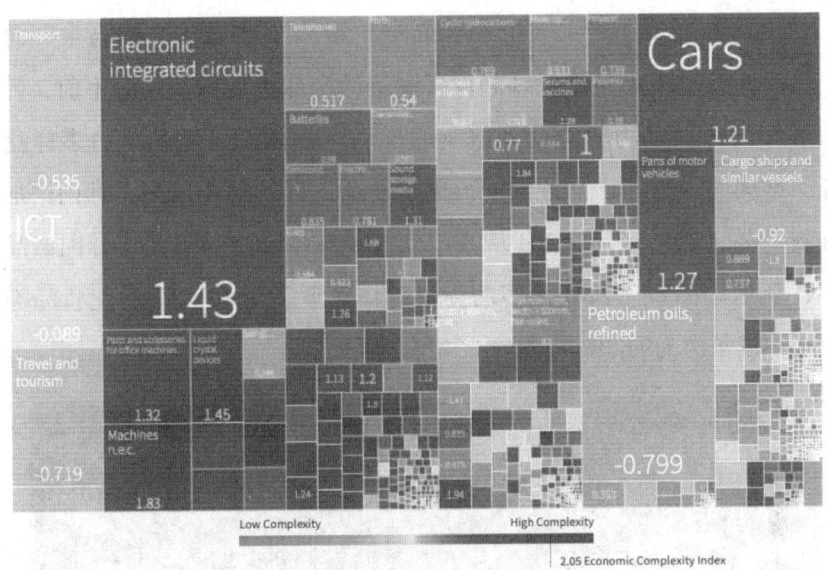

图50　韩国最具经济复杂度的产品类别图

韩国的出口增长模式前景看好,其中对出口增长贡献最大的是高复杂性产品,尤其是电机设备和工业设备产品。如图51所示,韩国未来5年最具有竞争力和高复杂度的产品为半导体类产业、汽车产业和设备类产业。

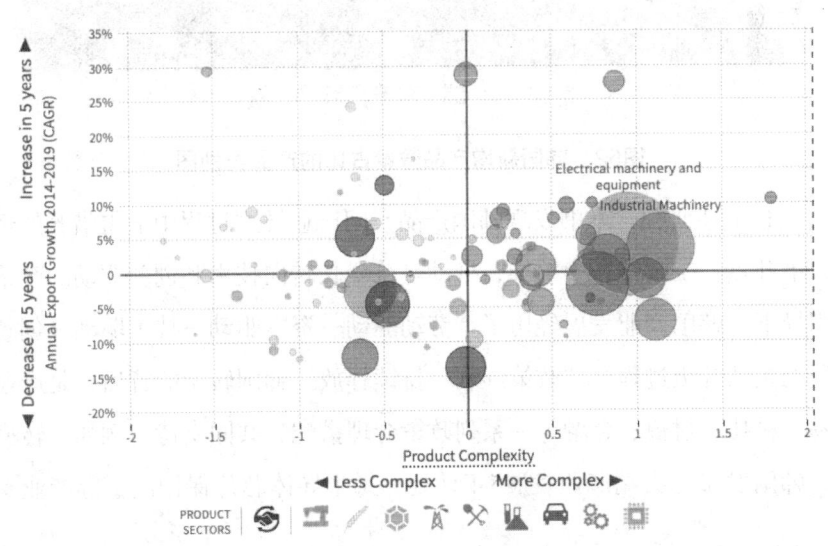

图51　韩国未来5年最具竞争力和高复杂度的产品类别图

韩国已经完成了产品空间结构转型,进入了所有主要的高生产力部门。然而,在过去十年中,韩国设备制造的全球市场份额停滞不前,韩国过去五年的出口动力一直受到汽车的推动。韩国经济增长是由多样化的新产品推动的,这些产品逐渐变得更加复杂,自2004年以来,韩国增加了23种新产品,这些产品在2019年为人均收入贡献了574美元。韩国产品空间中,新增产品数量占比最多的为半导体产业类为40.82%,化妆品类为18.15%和设备类为9.60%。

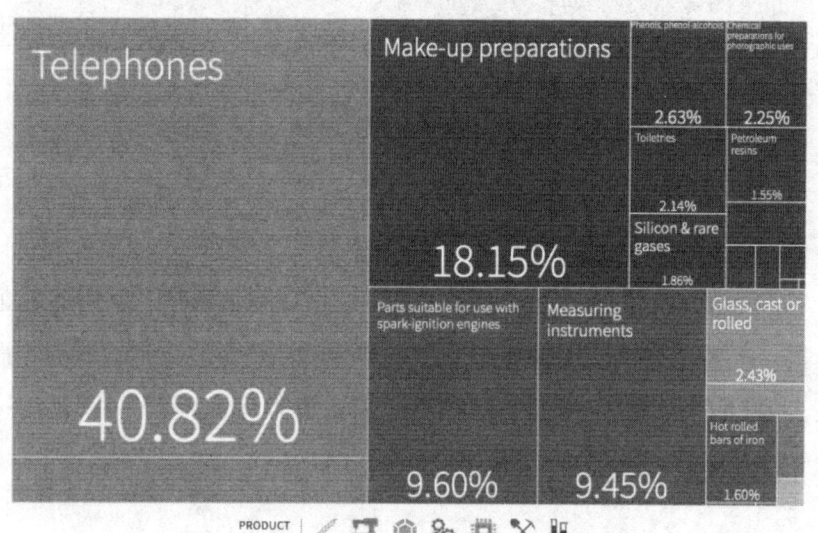

图52　韩国新增产品数量占比的产品类别图

通过上述研究,本书发现韩国产品空间产业转型过程中值得借鉴的经验有以下几点:①政策合力引导,推动经济增长转向技术和创新驱动。政策合力引导下,韩国产业发展经历了"劳动驱动—资本驱动—技术驱动—创新驱动"的主动升级过程,"政策红利"持续释放。韩国转型的背后,是产业、贸易、科技、财税、金融等一系列政策合理搭配、共同支持。例如,转型阶段,韩国发布《尖端产业发展5年计划》《半导体芯片保护法》等产业支持政策，大力推动高新技术产业发展；同时密集出台科技类政策、积极引进海外技术，支持产业结构转型。②传统产业有序向外转移，为产业向中高端升级腾出空间。政策引导下，韩国深度参与全球产业转移，实现向全球产业价值链高端跃升。韩国是第2次全球产业大转移的转入国，曾积极承接了来自日本的纺织、服装等劳动密集型轻工业；20世纪80年代后，韩国又逐渐成为第3次全球产业大转移的转出国。转型阶段，韩国对外转移产业以低技术制造业为主，为本国制造业向中高端转型腾出空间；半导体、精密仪器、光学仪器等技术和创新密集型产品，接续发力、实现较快增长。③技术进步引领自主创新驱动，带领产业加速迈向中高端。转型阶段，韩国政府高度重视技术培育；伴随教育和研发投入的持续增长，韩国自主创新能力明显提升，高技术人力资本储备充足，全球专利申请数量排名升至第5位，创新驱动增长模式逐渐显现。分行业看，电气工程等行业技术研发水平内生赶超，进一步支持韩国的产业升级和出口竞争力提升。

2. 美国经济增长作用机制分析

美国是一个高收入国家，人均国民收入在全球经济体中排名第五，其3.28亿居民的人均GDP为65，279美元（2019年购买力为65，279美元）。过去五年人均国内生产总值平均增长1.8%，高于地区平均水平。美国在经济复杂性指数（ECI）排名中位列第11位。与十年前相比，美国经济变得更加复杂，在ECI排名中提高了4位。尽管出口多元化程度下降，但美国的复杂性有所改善。展望未来，美国将利用适度的机会利用其现有的专业知识使其生产多样化，美国的收入水平比预期的要复杂一些。至2029年预测年增长率为2.7%，位居全球国家前列。美国在2019年出口了价值2.51万亿美元的产品，过去五年，出口年均增长1.1%，拖累了整体经济增长，因为出口代表了经济的萎缩部分。过去五年非石油出口年均增长0.9%，低于全球平均增速。2019年进口总额为2.92万亿美元，使美国在商品和服务方面出现贸易逆差。美国出口产品类别占比前三的产品分别为半导体产品ICT占7.75%、旅游产品占7.71%和保险金融产品占6.06%。见图53所示。

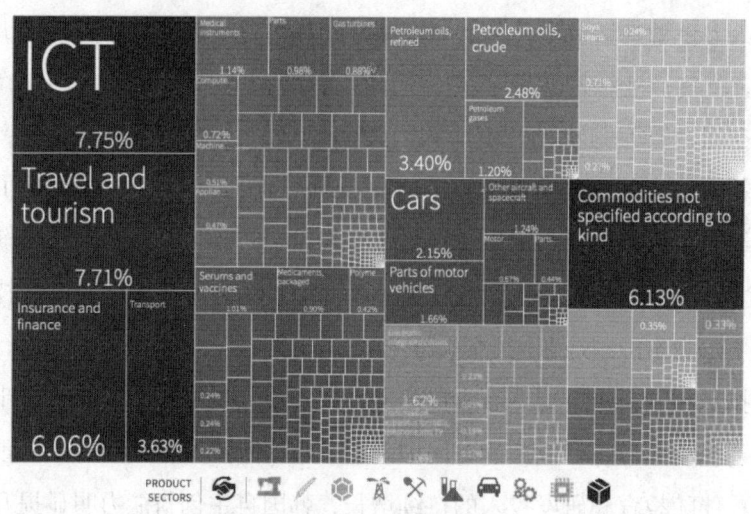

图53　美国出口产品类别占比图

研究发现，美国出口比收入水平预期更复杂的国家增长要快，因此，增长可以通过专业知识的多样化过程来推动，以生产更广泛、日益复杂的商品和服务。美国最大的商品出口是高度复杂的产品，以及设备和化学品。如图54所示，技术密集型的产业中，半导体产业经济复杂度为1.83、汽车产业为1.21、以及设备类为1.43%。

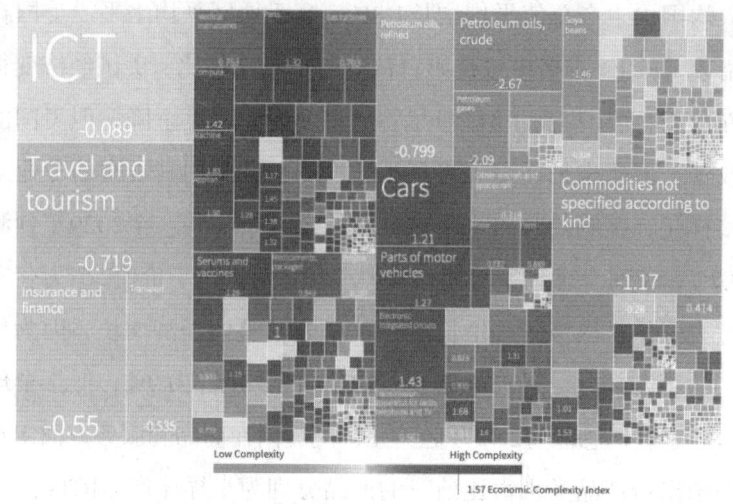

图54　美国最具经济复杂度的产品类别图

美国的出口增长呈静态模式，对出口增长的最大贡献来自中等复杂产品，特别是矿物燃料、油和蜡以及保险和金融产品。如图55所示，美国未来5年最具有竞争力和高复杂度的产品分别为设备类产业、半导体产业和汽车类产业。

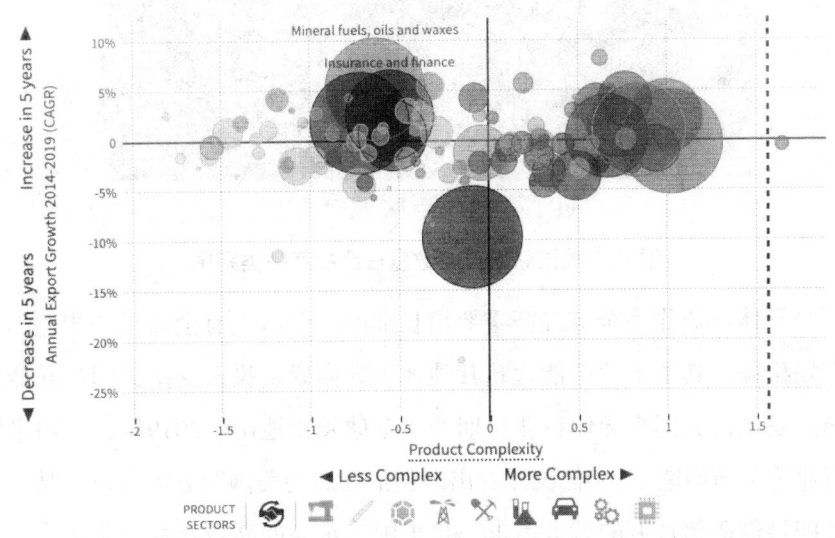

图55　美国未来5年最具竞争力和高复杂度的产品类别图

美国已经完成了产品空间结构转型，进入了所有主要的高生产力部门。然而，美国设备制造的全球市场份额在过去十年停滞不前。美国过去五年的出口动态是由服务业推动的。令人担忧的是，服务业出口下降。因此，美国的经济增长因专注于全球出口下降的部门而受到阻碍。经济增长是由多样化的新产品推动的，这些产品逐渐变得更加复杂。美国自2004年以来增加了5种新产品，这些产品在2019年为人均收入贡献了263美元。美国的多元化产品太少，无法促进收入的大幅增长。如图56所示，美国新增产品数量占比，精炼石油为98.83%，其他4种产品分别为汽车类、化工类、农业类。

图56 美国新增产品数量占比的产品类别图

半导体行业作为全球经济重要增长部门,美国拥有全球近一半的半导体市场份额,其本土的产能远超其他地区,高研发投入支撑美国半导体行业快速发展,美国半导体行业长期处于全球领先地位。2019年,美国半导体行业为美国创造了460亿美元的出口创汇,成为美国第五大出口产品,直接和间接创造超百万的就业需求,是美国最重要的高新技术行业之一。美国半导体行业资本支出占销售收入的比重较大,2019年美国半导体行业资本性支出占行业销售收入的比重达12.5%,成为仅次于再生能源行业。美国半导体行业研发投入占销售收入的比重仅次于生物制药行业,成为美国高新技术产业中研发投入最多的行业,2019年美国半导体行业研发投入占销售收入的比重为16.4%,与其他国家相比,美国半导体行业的研发投入占销售收入比重远高于其他国家,2019年欧洲半导体研发投入占销售收入的比重为15.3%,中国台湾占比为10.3%,日本占比为8.4%,中国占比为8.3%,韩国占比为7.7%,其他地区占比仅为5.6%。高资本性支出和研发投入是支撑美国半导体行业快速发展的动力,根据SIA公布的数据显示,1999年—2019年,美国半导体研发支出由111亿美元增加至398亿美元,20年里的年均复合增长率达6.6%,美国半导体行业的销售额也从1999年的767亿美元增加至2019年的1928亿美元,年均复合增长率达4.7%。

3. 中国经济增长作用机制分析

中国是一个中上等收入国家，在所研究的世界经济体中排名第50位，其14亿居民的人均GDP为10，216美元（2019年购买力平价为16，772美元），过去五年人均国内生产总值平均增长6.2%，高于地区平均水平。中国在经济复杂性指数（ECI）排名中位列第16位最复杂的国家，与十年前相比，中国经济变得更加复杂，在ECI排名中上升了10位。中国的出口多元化推动了中国复杂性的提高。展望未来，中国将利用其现有技术，利用许多机会实现生产多元化。中国的收入水平比预期的要复杂，因此，其经济预计将快速增长，至2029年预测每年以6.2%的速度增长，在全球国家中名列前茅。2019年中国出口产品价值2.70万亿美元，进口总额为2.15万亿美元，使中国在商品和服务方面出现贸易顺差。如图57所示，中国出口产品类别占比前三的分别是半导体类的6.77%、设备类的4.59%和集成电路类的3.92%。

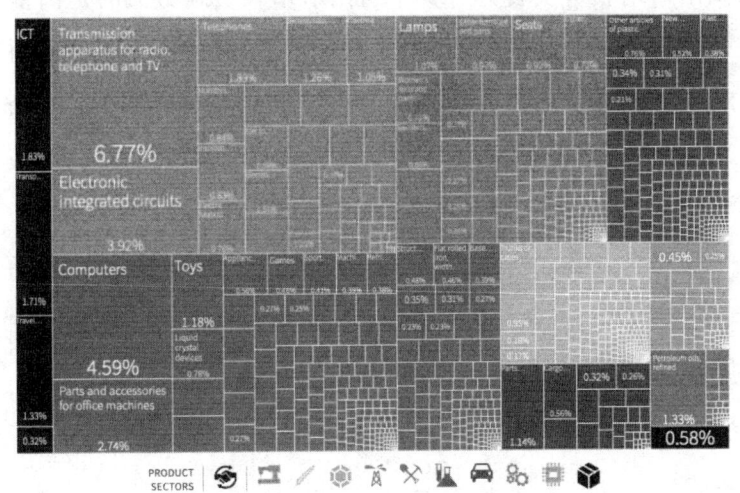

图57　中国出口产品类别占比图

研究发现，中国的出口比收入水平预期更复杂的国家增长更快。因此，增长可以通过专业知识的多样化过程来推动，以生产更广泛、日益复杂的商品和服务。中国最大的商品出口是高度复杂的产品，即电子产品和设备。如图58所示，中国最具经济复杂度的产品类别中，半导体产业为

1.43、设备类产业为1.42,以及汽车类别为1.27。

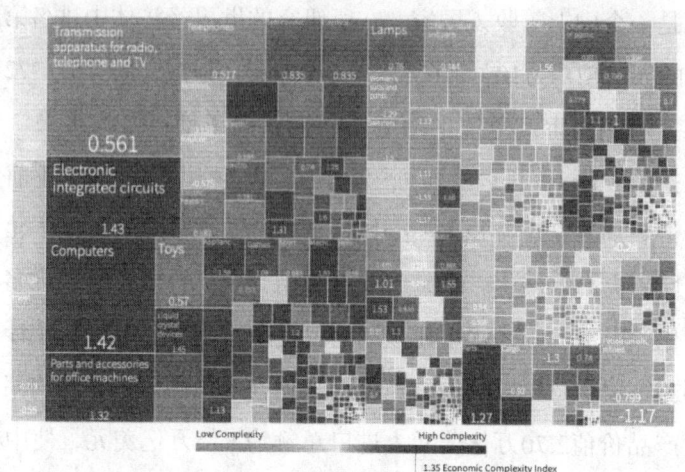

图58　中国最具经济复杂度的产品类别图

中国出口增长势头良好,其中对出口增长贡献最大的是高复杂性产品,尤其是电机设备、工业设备产品以及半导体类产品,如图59所示,中国未来5年最具竞争力和高复杂度的产品类别为半导体类产品、设备类产品和化工类产品等高技术密集型产品。

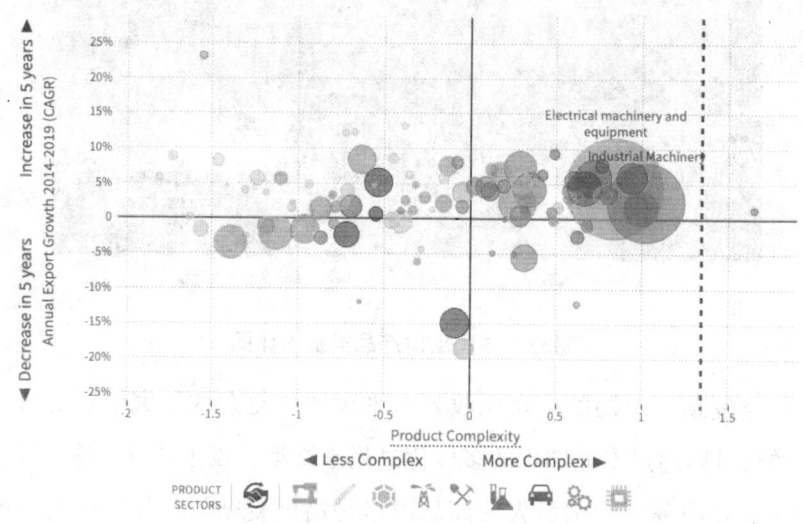

图59　中国未来5年最具竞争力和高复杂度的产品类别图

中国已经完成了产品空间的结构转型，进入了所有主要的高生产力部门，然而，中国机械制造的全球市场份额在过去十年停滞不前。中国过去五年的出口增长是由半导体产业、电子产品带动的。中国在电子行业的增长很大程度上得益于"行业增长窗口期"，即专注于不断增长的全球行业。中国的经济增长是由多样化的新产品推动的，这些产品逐渐变得更加复杂。自2004年以来，中国增加了43种新产品，这些产品在2019年为人均收入贡献了74美元。中国已经多元化发展足够数量的新产品。如图60所示中国新增产品数量占比从图中可以看出，新产品占比数量最多的分别为矿产类新产品、设备类新产品、化工类新产品和纺织类新产品。

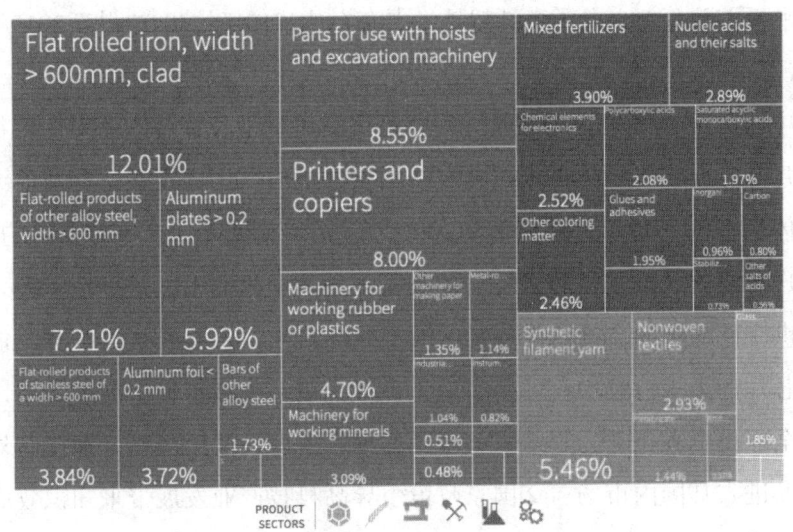

图60　中国新增产品数量占比的产品类别图

根据全球半导体贸易组织（WSTS）统计，2013年至2019年中国半导体市场规模的复合年均增长率为9.91%。2013年中国半导体市场规模为817亿美元，占全球半导体市场规模的26.73%；2019年中国的半导体市场规模达到1,441亿美元，占全球半导体市场规模的34.95%。2019年，受全球宏观环境及产业趋势影响，全球半导体市场同比大幅下滑12.1%，中国市场同样遭受影响，同比2018年下滑8.7%，下滑幅度小于全球整体下滑幅度，全球半导体产业链向中国转移的趋势仍在持续。从区域结构看，中国已连续多年成为全球最大的半导体消费市场。2020年中国市场占比最高达到34.4%。美国、欧洲、日本和其他市场的份额分别为21.7%、8.5%、8.3%和27.1%。其中，美国市场实现了21.3%的强劲增长，亚太市场实现了5.1%的增长，日本市场实现了1.3%的微弱增长，欧洲市场下降了5.8%。受疫情影响，办公、远程教学等应用快速爆发，带动下游市场中通信和计算机产品快速复苏。2020年通信和计算机依旧占据全球半导体最大用量，市场份额分别达到33.5%和29.1%。受益于4G普及和5G应用，通信芯片市场占比从2010年的22.2%增加至2020年的33.5%。与此同时，PC的市场占有率不断被智能手机、平板电脑等新兴电子产品超越，占有率从2010年的40.9%跌至2019年的29.1%。

中国的半导体产业能够促进国家经济高质量增长，可能的作用路径有以下几个方面：①国内需求拉动经济增长的效应，中国现在是全球最大的半导体消费国，每年进口价值约2000亿美元。其庞大的人口包括8亿互联网用户。中国人口规模和经济增长支持强劲的国内需求，这推动了大多数外国供应商的利润。虽然许多发达国家的PC和移动设备已接近饱和，但中国对芯片的需求持续增长。事实上，世界经济越来越依赖中国的需求，更多的全球投资者正在为其未来买单。这种转变有助于中国更好地控制外国制造商进入其国内市场。②国家政策引导高科技产业发展带来知识效应溢出，尽管中国经济有所降温，但规模仍然很大，这使得国家及其产业能够积累大量资金。虽然中国政府因其与最大产业的紧密关系而受到批评，但国家控制使市场协调更紧密。2014年，中国国务院宣布了《集成电路产业发展和促进国家指导方针》，解决了中国制造商与全球领导者之间的技术差距，并得到由政府支持企业牵头的218亿美元基金的资助。2015年，中国宣布了"中国制造2025计划"，该计划旨在将包括半导体在内的国内核心技术部件的产量到2020年提高到40%，到2025年提高到70%。此外，为支持这些目标，已筹集更多资金。全球第五大合约芯片制造商中芯国际预计

2018年的国家补贴将接近1亿美元。中芯国际已向荷兰ASML订购了极紫外光刻（EUV）设备，该设备是最先进的芯片生产工具之一，估计费用为1.2亿美元。这家上海制造商希望在2019年底之前扩大其14纳米工艺的生产规模，尽管建造具有竞争力的代工厂需要花费数十亿美元。但并不只有它。行业组织SEMI估计，到2018年，中国将在制造设备上花费130亿美元，成为世界第二大买家。截至2017年底，中国计划新建至少14家芯片代工厂。③ 外国经营和外国人才吸引增加国家经济竞争能力，自动驾驶汽车位于机器人、人工智能和半导体的交叉点。它们面临着非常困难的设计挑战，中国初创公司和国内顶级超大规模平台公司仍然希望从硅谷获得无人驾驶技术的专业知识。然而，虽然自动驾驶汽车的专业知识可能仍然是外国的，但中国汽车行业正通过投资外国制造商、积极招聘和将市场领导者转移到国内来寻求制造自主驾驶汽车所需的硬件和软件。

（二）失败经济体案例

1. 阿联酋经济增长作用机制分析

阿拉伯联合酋长国是一个高收入国家，在所研究的经济体中排名第17位。其977万居民的人均GDP为43,103美元（2019年购买力平价为69,957美元）。过去五年人均国内生产总值平均增长1.5%，低于全球平均水平。阿联酋在经济复杂性指数（ECI）排名中位列第82位最复杂的国家。与十年前相比，阿联酋的经济变得不那么复杂，在ECI排名中的排名下降了4位。阿联酋日益恶化的复杂性是由于出口缺乏多元化。展望未来，阿联酋的收入水平预计将缓慢增长。至2029年预测以每年0.1%的速度增长，落后于全球大多数国家。如图61所示，阿联酋出口产品类别占比中，原油类产品出口占比42.12%，提炼原油占比17.92%，其他原油类7.24%，合计矿产类总计达到70%左右。钻石类和黄金类是第二出口大类，半导体份额仅占2.42%左右，其他化工类、设备类、汽车类的产品份额更少。

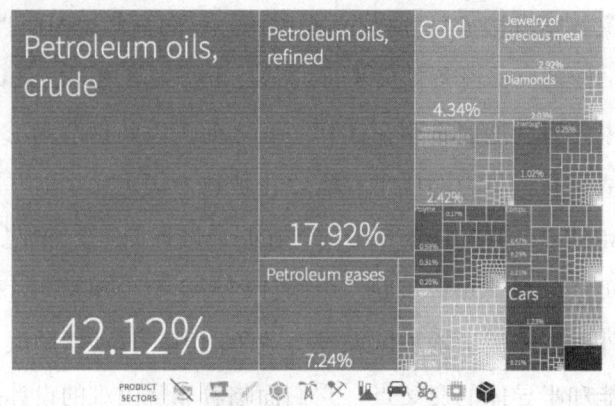

图61　阿联酋出口产品类别占比图

阿拉伯联合酋长国最大的商品出口分别是低复杂度和中等复杂度的产品，包括矿物和石材等。如图62所示，阿联酋最仅有经济复杂度的产品类别，包括半导体类、汽车类和设备类的占比非常少，出口量巨大的石油、金属类等，经济复杂度分别为-2.67、-0.799和-2.09，严重阻碍了阿联酋经济的高质量发展。

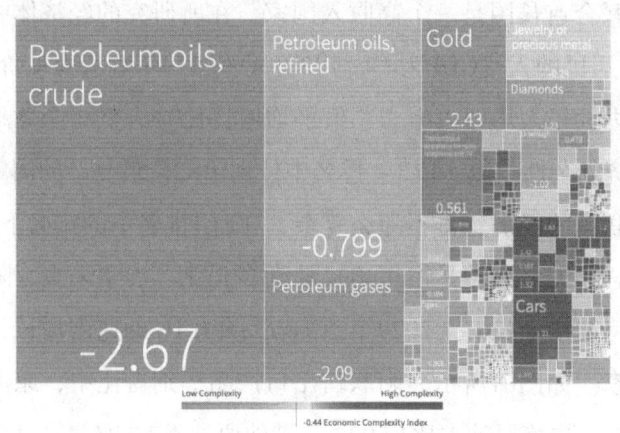

图62　阿联酋最具经济复杂度的产品类别图

阿拉伯联合酋长国的出口增长的最大贡献来自中等和低度复杂的产品，特别是矿物燃料、油和蜡等产品。如图63所示，阿联酋未来5年最具竞争力且最具复杂度的半导体类、设备类和化工类产品市场占比较小，最具竞争力的但是低复杂度的石油、金属类产品出口份额较大，经济体人均国民收入可能会继续缓慢增长，但是从长久来看，经济发展后继乏力。

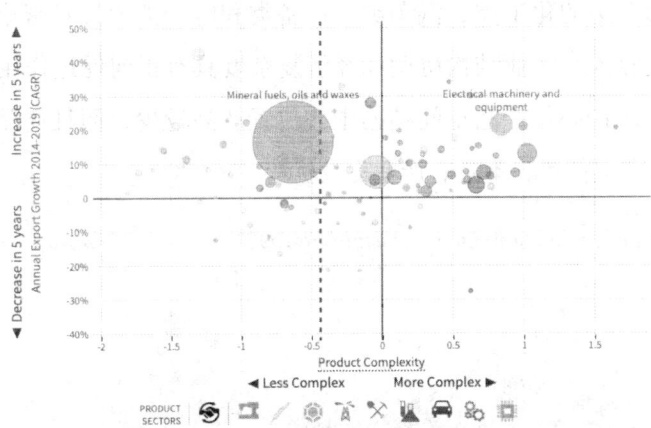

图63　阿联酋未来5年最具竞争力和高复杂度的产品类别图

阿拉伯联合酋长国尚未完成成品空间的结构转型，过去五年的出口增长是由矿产推动的，矿产的出口增长是通过扩大其全球市场份额来推动的。阿拉伯联合酋长国自2004年以来增加了16种新产品，这些产品在2019年为人均收入贡献了459美元。如图64所示，阿联酋新增产品数量中，矿产类占比42.17%、农业类占比30%左右，化工类占比10%左右，但高科技的半导体类、设备类和汽车类没有新产品，无法为收入增长做出贡献。

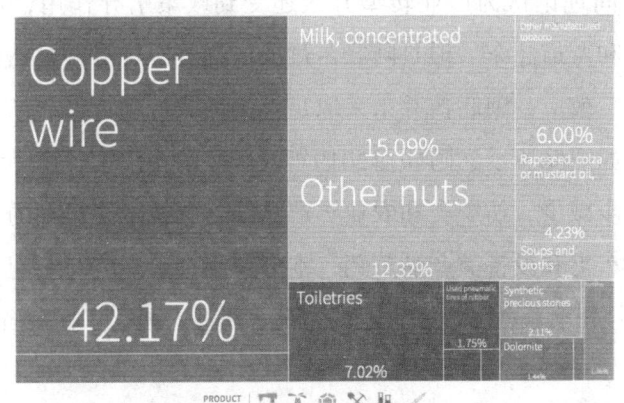

图64　阿联酋新增产品数量占比的产品类别图

产品空间理论认为，经济体出口产品越居于产品空间图中心位置，产品越具有空间邻近度优势，有利于产业的迁移和转型升级。而且，产品空间中，图形左边的化工类、汽车类、设备类和电子类为技术密集型产业，对人均国民收入、产业结构协调和经济复杂度具有正向促进作用。如图65所示，阿联酋1995年产品空间结构中心位置产品较少，而且产品多数集中在空间图的右边位置，不具有产业先发优势。

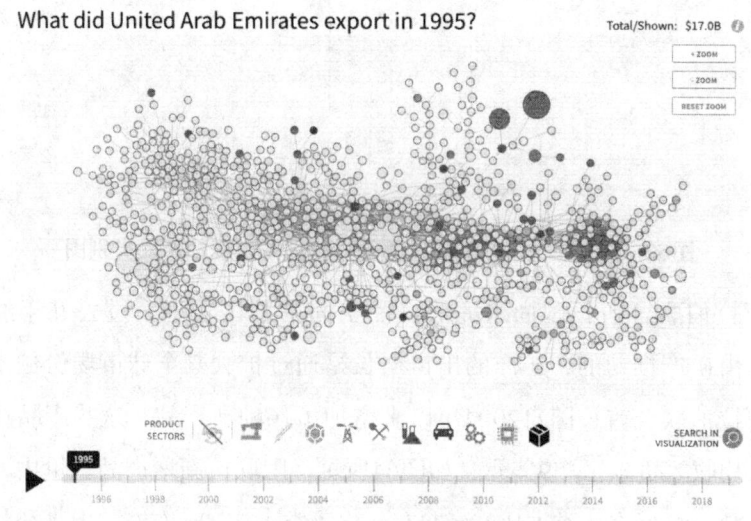

图65　阿联酋1995年产品空间结构图

产品空间理论认为产业转型升级还受到政策引导作用，可以实现产业技术追赶和弯道超车。但是阿联酋过分依赖资源优势，显然收入陷阱和"资源诅咒"效应。阿联酋并未采取足够的国家行动，引导产业向技术类产业转移。如图66所示，阿联酋2019年的产品结构图中，产品结构中心位置产品进一步减少，纺织类和农业类产品缺乏，技术密集型的半导体类、化工类、汽车类和设备类产品荒芜，本书预测，未来的25年间，阿联酋的经济可能会缓慢增长甚至出现衰退的情况，而进入国家"收入陷阱"。

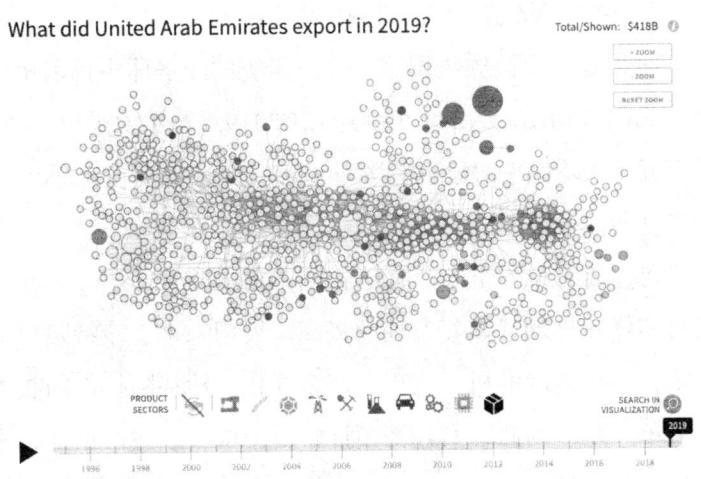

图66　阿联酋2019年产品空间结构图

经济复杂度指标（ECI）避免了相对比较优势指标和平均价格水平指标的"富国出口复杂产品，穷国出口简单产品"的逻辑。而是指出：①某一经济体具有比较优势，生产的产品普遍性将提高。②这些增加的具有比较优势的产品，只有少数国家能够生产时，才具有经济转化性。因此该指标同时考虑了产品的市场需求能力和提供能力。通过对比1995—2019年阿联酋经济复杂度指数，如图67所示，阿联酋2019年的经济复杂度低于历史最低水平，如果再不进行产品空间布局、提升技术密集型产业的发展，经济增长形势可能会出现进一步的恶化。

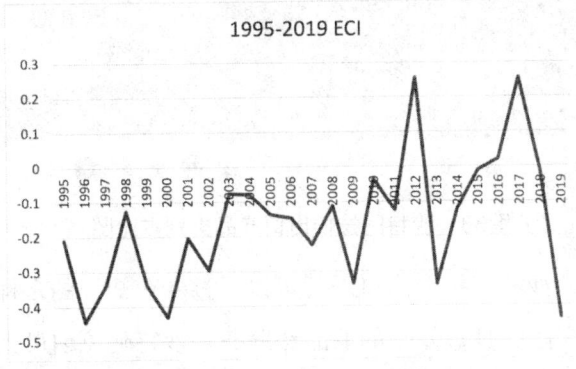

图67　阿联酋1995—2019年经济复杂度变化图

2. 沙特阿拉伯经济增长作用机制分析

沙特阿拉伯是一个高收入国家，在所研究的经济体中排名第32位，其3，430万居民的人均GDP为23，139美元（2019年购买力平价为48，948美元）。过去五年人均GDP增长率平均为-0.5%，低于地区平均水平。沙特阿拉伯在经济复杂性指数（ECI）排名中位列第39位最复杂的国家。与十年前相比，沙特阿拉伯的经济变得更加复杂，在ECI排名中上升了47位。沙特阿拉伯的出口多样化推动了其复杂性的提高。展望未来，沙特阿拉伯将利用其现有技术，利用适度的机会实现生产多样化。沙特阿拉伯的收入水平比预期的要简单一些。因此，其经济预计将缓慢增长。我们预计，未来十年沙特阿拉伯的年增长率为2.7%。沙特阿拉伯在2019年出口了价值2230亿美元的产品。在过去五年中，出口年均下降12.4%，拖累了整体经济增长。如图68所示，沙特阿拉伯出口产品类别占比中，矿产类为70%左右，其次是化工类和金属类产品。

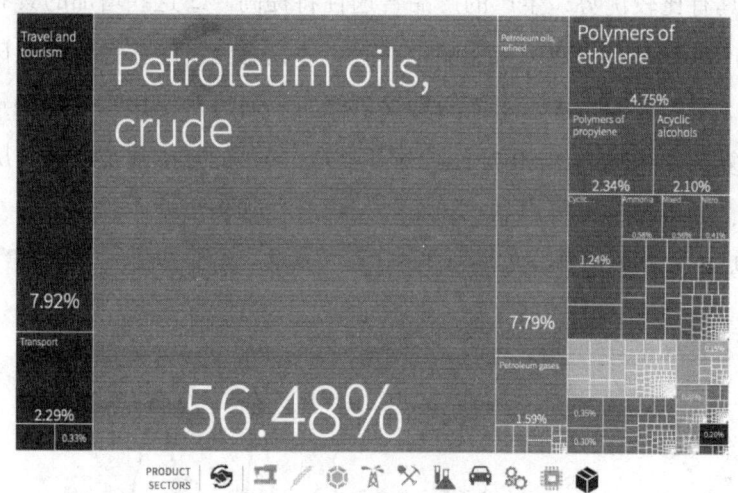

图68　沙特阿拉伯出口产品类别占比图

研究发现，沙特阿拉伯出口增长可以通过专业知识的多样化过程来推动，以生产更广泛、日益复杂的商品和服务。沙特阿拉伯最大的商品出口分别是低复杂度和中复杂度产品、矿物和化学品。如图69所示，沙特阿拉伯最具经济复杂度的产品出口比例很低，而出口比例较大的产品，例如石油类经济复杂度为–2.67，矿产类为–0.79等。

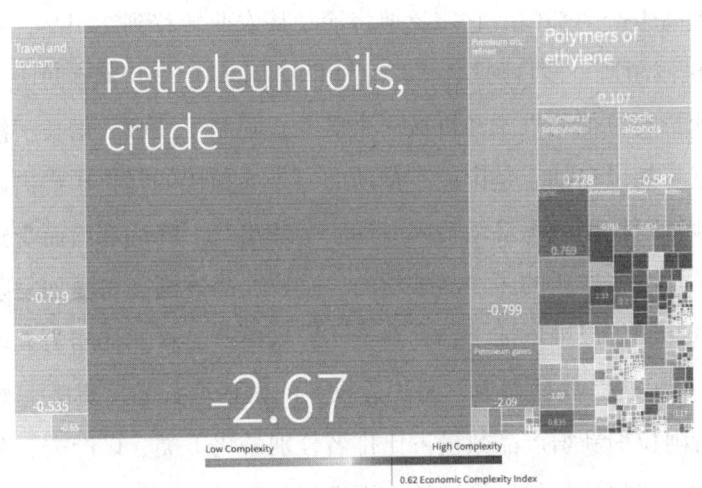

图69　沙特阿拉伯最具经济复杂度的产品类别图

沙特阿拉伯出口的增长逐渐形成模式，对出口的最大部分来自中等复杂性的产品，尤其是旅行和旅游产品。如图70所示，沙特阿拉伯具有竞争力和高经济复杂度的产品为化工类，但是出口量不大，具有竞争力但是经济复杂度低的为旅游产品，不具有竞争力而且经济复杂度低的为石油和矿产类别。

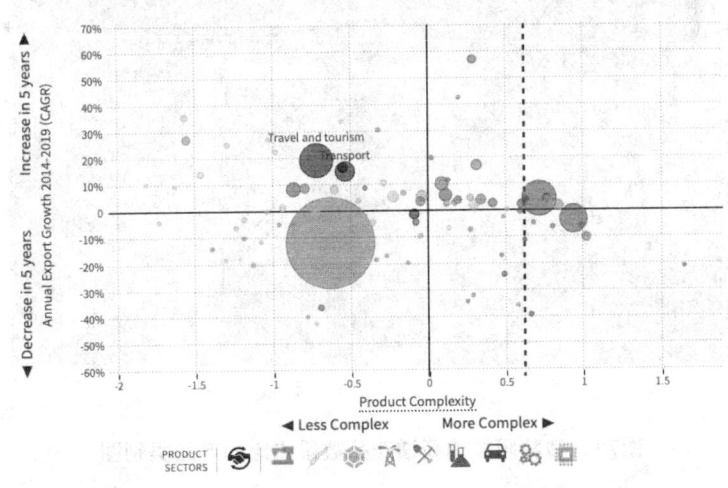

图70　沙特阿拉伯未来5年最具竞争力和高复杂度的产品类别图

沙特阿拉伯尚未启动产品空间的结构转型进程，产品空间产业转型升级作为经济增长的一个重要来源，这一过程将经济活动从低生产力部门重新分配到高生产力部门。它广泛地将活动从农业转移到纺织品，其次是电子和/或机械制造。沙特阿拉伯纺织品出口的全球市场份额在过去十年停滞不前；沙特阿拉伯的电子和机械尚未启动，限制了其收入增长。沙特阿拉伯过去五年的出口动态是由矿产推动的，令人担忧的是，矿产出口下降。因此，沙特阿拉伯的经济增长因专注于全球出口下降的部门而受到阻碍。经济增长是由多样化的新产品推动的，这些产品逐渐变得更加复杂。沙特阿拉伯自2004年以来增加了19种新产品，这些产品在2019年为人均收入贡献了182美元，但数量太少，无法为收入的大幅增长做出贡献。如图71所示，沙特阿拉伯新增产品数量占比排名分别是化工类、矿产类、金属类和纺织类。沙特阿拉伯的经济增长作用机制与阿联酋相近，也表现为人均国民经济增长，但是国家经济复杂度下降，而且依赖自然资源优势，并未对产品空间进行产业布局。限于篇幅，本书不再对沙特阿拉伯的产品空间结构图和经济复杂度图形进行展示。

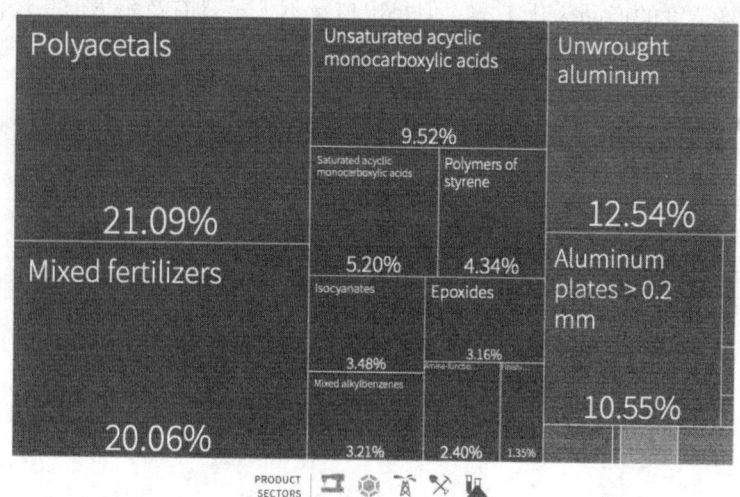

图71　沙特阿拉伯新增产品数量占比的产品类别图

四、本章小结

本节利用世界银行和哈佛大学Atlas数据库1995—2019年199个经济体数据，采用分位数回归和OLS稳健性检验，对经济周期、发展程度和资源类型分组检验，以及对变量影响国家经济增长的作用进行了研究，结果表明：自变量与分组类别变量、自变量与自变量之间产生交互效应，对经济增长形成最优外部性。①从世界范围看，创新空间对经济增长形成正向促进作用，并呈现倒U形结构，"起点效应"出现在0.2分位点处，"转移效应"出现在0.7分位点处。产品空间对经济增长负相关，表明产品出口结构越均衡，国民收入增长越稳定，表现为0.1—0.4分位点回归系数明显高于0.5—0.9分位点处，说明过度依赖人力和自然资源类型的经济体需要尽快向技术型产业转移。②从经济周期分组来看，2007—2019年阶段，创新空间仍然正向促进经济增长，但是幅度相比前一经济周期明显降低，而且这一阶段的产品空间系数与经济增长的关系为持续增加的负效应，进一步表明当前阶段出口产品类别的均衡化是影响经济增长的重要因素。③从经济体发展程度上看，发展中经济体创新空间促进经济增长的作用在0.1—0.6分位点处创新增强，相比发达经济体的0.1—0.9分位点处持续减弱的趋势，发展中经济体存在"弯道超车"的机会窗口。④从资源密集类型上看，自然资源密集型经济体的创新投入促进经济增长的作用最大，相应的政府部门应当有意识等提高创新要素投入，发挥政府引导经济增长的作用。产品空间方面尽管人力密集型和自然资源类型的经济体，在短期内仍然存在部分产品空间系数促进经济增长的作用，但是从长期来看，尽早布局技术型产业发展，遵循产品邻近和产品向中心化的发展演进是提升经济的关键。

本章还对国家经济增长成因从产品比较优势度、政策引导实现产业追赶以及产品邻近度决定产业转移路径等方面进行了分析，并结合韩国、美国和中国产品空间促进国家经济增长的成功案例以及阿联酋和沙特阿拉伯未进行产品空间布局导致经济缓慢增长或者负增长的失败案例出发,解释了产品空间优化如何促进经济高质量增长的路径,指出产品应当先产品空间中心位置进行转移,向左下方(如图9所示,指产品空间结构图中的电子产业、汽车产业)的技术密集型产业进行转移,以及进行提前布局、政府产业政策引导的重要性。

第六章 结论与展望

一、研究结论

本书利用世界银行1995—2019年199个国家及经济体数据,采用有限混合模型、逐步回归和熵值法权重,对经济体地理位置、政体形式、贝叶斯分类组,以及控制变量对国家经济增长的促进作用进行了研究,结果表明:①创新空间促进国家经济增长(假设H1),包括技术创新促进国家经济增长(假设H1a)、政府效率促进国家经济增长(假设H1b)以及控制变量促进国家经济增长(假设H1c)。②产品空间促进国家经济增长(假设H2),包括人力资源和自然资源密集型产品比较优势度对国家经济增长具有抑制作用(假设H2a),以及产品空间要素影响国家经济增长具有异质性(假设H2b)。③创新空间综合系数、产品空间综合系数促进国家经济增长(假设H3),包括创新空间综合系数促进国家经济增长(假设H3a),以及产品空间综合系数促进国家经济增长(假设H3b)。④产品空间对创新空间促进国家经济增长具有中介效应(假设H4),包括创新空间促进经济高质量发展(假设H4a)、创新空间促进产品空间(假设H4b)、产品空间对创新空间促进经济高质量发展具有中介效应(假设H4c),以及中介效应存在异质性(假设H4d)。

第一,创新空间促进国家经济增长方面:①技术创新促进人均国民收入增长0.1%，1995年的技术创新对2019年的人均国民收入具有44.1%的正向关系，对2019年的国内生产总值具有54.9%的显著相关关系。技术创新和政府效率的交互项对人均国民收入和国内生产总值分别具有0.32%和0.23%的正向交互效应。回归结果说明1995年的技术创新与政府效率，对2018年的国民经济增长具有正向促进作用，并且技术创新相比政府效率具有更优的经济性。②提高政府效率促进国家经济增长0.15%。③1995年的政府效率对2019年的人均国民收入具有37.6%的正向关系，对2019年的国内生产总值具有11.8%的显著相关关系。技术创新、政府效率虽然在中长期对经济增长的作用是显著正向的，但是，对于某一洲或者经济体而言，技术创新、政府效率和经济具有最佳匹配性，即技术创新呈现倒U形结构，达到一定规模后，继续投入促进经济的方式不显著。政府效率与经济增长则呈现正U性结构，政府效率累积到一定的规模后，对经济产生正向影响。③控制变量促进国家经济增长方面，吸引外国投资促进0.47%，税收政策促进1.71%，城镇化促进2.72%，基础建设促进0.69%，降低基尼系数促进0.44%，提高教育水平促进0.80%，绿色经济促进6.02%，降低市场实际利率促进经济增长0.18%，提高政策安全指数促进11.69%，就业率与经济增长关系为倒U形结构，促进作用为5.09%，但是曲面向下，曲率为-0.00046，净移民数量与经济增长呈现正U形结构，当净移民数量达到规模效应后，开始出现正效益。曲面开口向上，曲率为正的0.001。

　　第二，产品空间作用国家经济增长方面，①纺织类产品抑制人均国民收入增长17.1%，农业类抑制16.9%，钻石类抑制2.2%，矿产类抑制4.3%，但呈现正U形结构，开口向上，曲率为正的0.008。结论支持人力和资源密集型产品比较优势度对国民经济体增长具有抑制作用，存在"资源诅咒"现象。②产品空间要素影响国家经济增长具有异质性，产品空间正向作用有：金属类产品比较优势度促进人均国民收入增长1%；化工类产品促进20.2%；汽车类产品促进9.5%，设备类产品促进人均国民收入增长幅度最大为61.2%，经济复杂程度促进人均国民收入增长22.9%，产品邻近度促进增长24.4%，农业类产品出口比较优势度抑制国内生产总值17%，钻石类产品抑制作用为1.6%。上述结论支持异质性的结论。

第三，创新空间综合系数、产品空间综合系数促进国家经济增长分位数检验方面，①创新空间综合系数与经济增长呈倒U形结构，相关系数为0.571，表明每增加一个单位的创新空间系数，国民收入增加0.571美元，曲率为-0.0016，曲线开口向下，顶点数值为创新空间综合系数最优经济点。创新空间综合系数与产品空间综合系数的交互效应为负的0.335，说明创新空间会显著促进经济增长。产品空间系数出现下降时，创新空间促进经济增长的效应会额外增加0.335美元。产品空间综合系数与经济增长呈正U形曲线关系，相关系数-2460.61，表明产品空间系数每增加一个单位，人均国民收入减少2460.61美元，说明产品出口比例越均衡，人均国民收入增长越迅速。但是，曲线开口向上，曲率为22.342，跨过底部端点数值后，产品空间系数每增加一个单位，人均国民收入增长2460.61美元。运用熵值法计算权重系数，对经济体产品空间进行系数评价。系数从高到低，排位前十名依次为博茨瓦纳、布基纳法索、马里、圭亚那、苏里南、赞比亚、乌兹别克斯坦、尼日尔、北马里亚纳群岛和莱索托。产品空间综合系数与经济增长的关系为正U形曲线关系，相关系数为负，曲线开口向上，曲率为0.003，表明总体上通过政策引导产业均衡发展，相比遵循资源禀赋发展单一产品类别，更能促进国家经济增长。

第四，依据熊彼特"创新理论"的5个创新空间要素指标促进经济高质量发展方面，①产品创新对经济高质量发展具有倒U形曲线关系，影响系数为正，具有显著性，曲率为-0.0043，曲线开口向下。技术创新对经济高质量发展具有促进作用，系数为正，具有显著性。市场创新对经济高质量发展具有正向作用，系数为正，具有显著性。资源配置创新对经济高质量发展具有倒U形曲线关系，系数为正，具有显著性，曲率为-0.00054，曲线开口向下。组织创新对经济高质量发展系数为正，具有显著性。②创新空间促进产品空间方面，技术密集型产业方面，创新空间对化工类产业、汽车类产业,以及半导体类产业促进作用为正,具有显著性,其中产品创新和资源配置创新作用具有倒U形结构,相关系数为正,具有显著性,曲率为负,曲线开口向下。非技术密集型产业方面,人力密集型纺织类产业,产品创新和组织创新作用为负,技术创新、市场创新、资源配置创新不具有显著性。人力密集型农业类产业,产品创新、技术创新和市场创新作用为负,资源配置创新和组织创新不具有显著性。自然资源密集型矿产类产业,产品创新、技术创新、资源配置创新和组织创新作用为负,仅有市场创新具有正的0.00097关系,具有显著性,可能的理解是,矿产类产业也是资金密集型产业,对于金融市场化有正向需求。自然资源密集型金属类产业,组织创新作用为负,具有显著性,技术创新、资源配置创新和组织创新不具有显著性。综上发现,创新空间对于产品空间中的技术密集型产业转型升级具有促进作用,对于人力密集型产业和自然资源密集型产业具有抑制和加速退出机制。③产品空间对创新空间促进经济高质量发展具有中介效应方面,产品创新促进经济高质量发展,为倒U形关系,系数为正,具有显著性,曲率为负,曲线开口向下;技术创新促进经济高质量发展的系数为正,具有显著性;市场创新促进经济高质量发展,具有显著性;资源配置创新与经济高质量发展呈倒U形曲线关系,系数为正,曲率为负,曲线开口向下;组织创新促进经济高质量发展,具有显著性。半导体类产业方面,促进人均国民收入对数增加1.82,提高产业结构协调性1.82,提升经济体经济复杂程度3.44,并且具有显著性。创新空间作用系数c',以及产品空间作用系数b均具有显著性,且系数$c'<c$,说明产品空间的中介效应存在。具体的,对产品创新的中介效应量为6.06%,对技术创新的中介效应量为60%,对市场创新的中介效应量为8.51%,对资源配置创新的中介效应量为3.195,对组织创新的中介效应量为5.40%。结论为:技术创新中介半导体产业促进经济高质量增长的作用程度最大,发展以半导体产业技术为导向的技术创新可以极大增长人均国民收入。

第五,异质性方面,①洲别方面。亚洲对技术创新表现出促进经济增长最好的外部经济性；北美洲和大洋洲对于提高政府效率收益最高；除南美洲外，吸引外国投资促进经济增长具有一致性；税收政策影响经济是曲线性关系，非洲和欧洲提高税负有利，而其他洲则需要降低税负率；城镇化、基础设施建设、碳排放表现出所有洲均具有作用的一致性。有趣的是，先富带动后富，不仅在亚洲的中国一段时期内适用，对于非洲，也具有正向显著性。政体形式方面。世界经济体采用总统议会制的数量最多，但真理"不掌握在多数人手里，同样也不属于少数人"，特别是经济效益的"真理"更多在于匹配性。君主立宪制的优势在于政策的稳定性，技术创新、政府效率、教育水平、政策安全指数、就业率促进经济增长具有较高的正向作用。民主共和制则在税收政策、基础设施建设、金融市场表现出更多优点。最后，经济体最多选择的是总统议会制，表现出均衡性的特点，所有指标与经济增长均保持了正向相关性，而且，人居环境方面是唯一一个增加净移民数量促进经济增长0.10%的类别。区别于人为给定分组类别的情况，在基尼系数和金融市场利率等方面也出现方向的不同。这一点，进一步在熵值法构建的国家创新空间评价系数中得到印证。国家宏观指标凝练成的综合系数与经济增长的关系表现为倒U形结构，并且出现"转移效应"和"起点效应"，发达经济体和最不发达经济体创新要素促进经济增长的程度同样受到抑制。②从世界范围看，创新空间对经济增长形成正向促进作用，并呈现倒U形结构，"起点效应"出现在0.2分位点处，"转移效应"出现在0.7分位点处。产品空间对经济增长负相关关系，表明产品出口结构越均衡，国民收入增长越稳定，表现为0.1—0.4分位点回归系数明显高于0.5—0.9分位点处，说明过度依赖人力和自然资源类型的经济体需要尽快向技术型产业转移。从经济周期分组来看，2007—2018年阶段，创新空间仍然正向促进经济增长，但是幅度相比前一经济周期明显降低，而且这一阶段的产品空间系数与经济增长的关系为持续增加的负效应，进一步表明当前阶段出口产品类别的均衡化是影响经济增长的重要因素。从经济体发展程度上看，发展中经济体创新空间促进经济增长的作用在0.1–0.6分位点处显著增强，相比发达经济体的0.1—0.9分位点处持续减弱的趋势，发展中经济体存在"弯道超车"的机会窗口。③从资源密集类型上看，自然资源密集型经济体的创新投入促进经济增长的作用最大，相应的政府部门应当有意识对提高创新要素投入，发挥政府引导经济增长的作用。产品空间方面尽管人力密集型和自然资源类型的经济体，在短期内仍然存在部分产品空间系数促进经济增长的作用，但是从长期来看，尽早布局技术型产业发展，遵循产品邻近和产品向中心化的发展演进是提升经济的关键。

二、对策建议

本书讨论了国家经济治理中的一般规律，通过熵值法构建了国家创新空间综合评价系数，据此对经济体综合提出以下政策建议：①所有经济体无论内生要素和外生给定分类如何，在城镇化和基础设施建设方面对经济增长的改善是一致的，均会促进经济增长。不能因为技术创新、政府效率中长期决定国家经济增长而同等投入或者重点投入，经济体发展是众多因素共同作用的结果，本书考察的11个控制变量影响经济增长的作用，应当结合自身洲、政体和贝叶斯分组情况，选择投入的最优经济性。资本因素对经济体增长的作用逐渐降低，政府主导的制度因素，包括税收、贫富结构、政府效率、实际利率水平以及政策安全指数等因素作用程度在提高。这为经济体通过建立"效率型政府"实现经济赶超提供了新的视野。②不同洲在发展产品比较优势度方面存在差异性，例如北美洲应当优先发展农业、矿产、汽车和设备类产品出口；大洋洲可以将发展纺织、钻石、矿产、金属类产品作为优先选择；非洲则可以从矿产、电子类产品、提升经济复杂度和产品邻近度方面发展本国经济；南美洲可以优先发展金属类和电子类产品；欧洲的钻石类、汽车类、设备类和电子类产品可以显著促进经济增长；亚洲发展化工类、汽车类、设备类产品，可以促进经济增长

43.1%、19.7%和64.3%。2007—2019年的经济周期相比1995—2006年而言，应当优先发展化工类产品和设备类产品出口，而且选择产品空间中处于中心区域和邻近度最高的产品加以优先发展，促进经济增长的作用分别为15.3%、131.4%、12.4%和18.1%。发展中经济体相比发达经济体在资金和技术方面优势不足，在化工、汽车和设备类产品促进经济增长的幅度不及发达经济体，仅为5.3%、8.6%和15.7%。但是，在纺织类、电子类产品和产品邻近度指标方面，相对比较优势分别为16%、42.1%和1.8%。人力密集型经济体在所有经济体中，优先发展农业类产品和金属类产品出口，提升经济增长4.3%和1.8%；自然资源型经济体中，侧重发展矿产类产品和汽车类产品，促进国家经济增长26.1%和11.6%；技术密集型经济体则应在设备类产品中加大出口比较优势度，将会促进经济增长49.6%。③基于以上结论，经济体在经济治理手段和路径需要结合自身特点，分主次、分方向的实施，寻找最优的国家经济治理路径依赖机制。

参考文献

[1] 易信，刘凤良. 金融发展、技术创新与产业结构转型——多部门内生增长理论分析框架[J]. 管理世界，2015（10）：24—40.

[2] 苏治，徐淑丹. 中国技术进步与经济增长收敛性测度——基于创新和效率的视角[J]. 中国社会科学，2015（07）：4—26.

[3] 孙正，张志超. 流转税改革是否优化了国民收入分配格局？——基于营改增视角的PVAR模型分析[J]. 数量经济技术经济研究，2015（7）：74—89.

[4] 鲁桐，党印. 投资者保护，行政环境与技术创新：跨国经营证据[J]. 世界经济，2015（10）：99—124.

[5] 杨明海，冯玉静. 权利距离与人均国民生产总值的关系研究[J]. 经济与管理评论，2012（3）：61—65.

[6] Connor, M., and Rafferty, M. Corporate governance and innovation[J]. Journal of Financial and Quantitative Analysis, 2012, 47（2）, 397—413.

[7] Acemoglu, D., and Veronica, G. Capital deepening and non-balanced economic growth[J]. Journal of Political Economy, 2008, 116, 467—498.

[8] Allen, F., Qian, J., and Qian, M. J. Law, finance, and economic growth in China[J]. Journal of Financial Economics, 2005, 77, 57—116.

[9] 龚刚，杨光. 论工资性收入占国民收入比例的演变[J]. 管理世界，2010（5）：45—57.

[10]姚枝仲. 什么是真正的中等收入陷阱[J]. 国际经济评论，2014（6）：75—89.

[11]林洲钰，林汉川，邓兴华. 什么决定国家标准制定的话语权：技术创新还是政治关系[J]. 世界经济，2014（12）：140—161.

[12]唐未兵，傅元海，王展祥. 技术创新、技术引进与经济增长方式转变[J]. 经济研究，2014（7）：31—43.

[13] Lewis，S. A. Economic development with unlimited supplies of labor[J]. The Manchester School，1954，22，139—191.

[14]林毅夫，陈斌开. 发展战略、产业结构与收入分配[J]. 经济学（季刊），2013，12（4）：1109—1140.

[15]夏诗园. 转轨时期政府债务、财政赤字及经济增长的长短期动态研究——基于SVAR模型的实证分析[J]. 宏观经济研究，2017（3）：68—78.

[16] Paula.，and Jose A. S. Value-added taxes，chain effects，and informality[J]. American Economic Journal：Macroeconomics，2010，10（2），195—221.

[17] Blanchard，O.，and Giavazzi，F. Macroeconomic effects of regulation and in goods and labor markets[J]. Quarterly Journal of Economics，2003，118，879—907.

[18]黄祖辉. 现代农业能否支撑城镇化？[J]. 西北农林科技大学学报，2014（1）：1—6.

[19]孙冶方. 关于生产劳动和非生产劳动：国民收入和国民生产总值的讨论——兼论第三次产业这个资产阶级经济学范畴以及社会经济统计学的性质问题[J]. 经济研究，1981（8）：15—24.

[20]林毅夫，李永军. 出口与中国的经济增长：需求导向的分析[J]. 经济学（季刊），2003（7）：779—194.

[21]余明桂，范蕊，钟慧洁. 中国产业政策与企业技术创新[J]. 中国工业经济，2016（12）：5—22.

[22] 陈斌开,陆铭. 迈向平衡的增长:利率管制、多重失衡与改革战略[J]. 世界经济,2016(5):29—53.

[23] 袁建国,后青松,程晨. 企业政治资源的诅咒效应——基于政治关联与企业技术创新的考察[J]. 管理世界,2015(1):139—155.

[24] 李煜华,王月明,胡瑶瑛. 基于结构方程模型的战略性新兴产业技术创新影响因素分析[J]. 科研管理,2015,36(8):10—17.

[25] Kanbur, R., and Zhang, X. Fifty years of regional inequality in China: a journey through central planning, reform, and openness[J]. Review of Development Economics, 2005, 9(1): 87—106.

[26] 万建香,汪寿阳. 社会资本与技术创新能否打破"资源诅咒"?——基于面板门槛效应的研究[J]. 经济研究,2016(12):76—89.

[27] 李阳,党兴华,韩先锋. 环境规制对技术创新长短期影响的异质性效应——基于价值链视角的两阶段分析[J]. 科学学研究,2014,32(6):937—949.

[28] 梅农·戈登,罗飞,汪争平. 中国国民生产总值的国际比较研究[J]. 管理世界,1991(1):34—42.

[29] Johnson, R. C., and Noguera, G. A portrait of trade added over four decades[J]. The Review of Economics and Statistics, 2017, 99(5), 896—911.

[30] 章和杰,何彦清. 财政政策与货币政策对国民收入的影响分析[J]. 统计研究,2011,28(5):21—26.

[31] 周明海,肖文,姚先国. 中国经济非均衡增长和国民收入分配失衡[J]. 中国工业经济,2010(6):35—45.

[32] 肖文,林高榜. 政府支持、研发管理与技术创新效率[J]. 管理世界,2014(4):71—80.

[33] 魏后凯. 中国地区经济增长及其收敛性[J]. 中国工业经济,1997(3):31—37.

[34]陈良焜，贾志永，章铮. 教育经费在国民生产总值中的比例的国际比较[J]. 高等教育学报，1986（3）：28—34.

[35]杨开忠. 中国区域经济差异变动研究[J]. 经济研究，1994（12）：28—34.

[36]牛晓健，陶川，钱科. 中国的国防支出会构成军事威胁吗？——基于新中国建立以来国防支出和经济增长关系的实证研究[J]. 复旦学报（社会科学版），2009（6）：28—35.

[37]周一星. 城市化与国民生产总值关系的规律性探讨[J]. 人口与经济，1982（3）：28—35.

[38]李文溥，李昊. 中国居民的财产收入状况分析[J]. 财贸经济，2016（6）：20—33.

[39]马晓微，张岩. 城市流动人口的经济贡献量化初探[J]. 人口研究，2004（7）：63—67.

[40] Stark, Q., and Wang, Y. Inducing human capital formation, migration as a substitute for subsidies[J]. Journal of Public Economics, 2002, 86（1）, 29—46.

[41] Chen, D. Y., and Han, C. D. A comparative study of online p2p lending in the USA and China[J]. Journal of Internet Banking and Commerce, 2012, 17（2）, 1—15.

[42]刘湖，张家平. 互联网+时代背景下ICT与经济增长关系的实证分析——来自中国省际面板数据研究[J]. 统计与信息论坛，2015，30（12）：73—78.

[43]乔志程，黄薇，吴非. 政治信任能否促进经济增长？——基于1995—2014年跨国数据的实证研究[J]. 世界经济与政治论坛，2018（3）：92—107.

[44]罗新远. 腐败的根源及其与经济增长的相关性分析[J]. 广州大学学报（社会科学版），2018，17（9）：5—10.

[45]申树斌. 中国高等教育成长与经济增长关系的国际比较研究[J]. 辽宁大学学报（自然科学版），2018，45（4），350—357.

[46]马卫，曹小曙，李涛等. 开放度水平提升是否促进了企业经济增长？——基于"一带一路"沿线国家面板数据的实证分析[J]. 经济经纬，2019，36（5）：64—71.

[47]梁权熙，谢宏基. 政策不确定性损害了中国经济的长期增长潜力吗？——来自企业创新行为的证据[J]. 中央财经大学学报，2019（7）：79—92.

[48]张亭，刘林青，梅诗晔. 产品空间的动态演化[J]，管理评论，2018（9）：12—22.

[49] Simon., and Gunter. Steinmann. The economic implications of learning-by-doing for population size and growth[J]. European Economic Review，1984，26（2）：167—185.

[50] Ricardo, Hausmann and Bailey, Klinger. Structural Transformation and Patterns of Comparative Advantage in the Product Space[J]. CID Working Paper，2006，128（8）：1—39.

[51Arnelyn Abdon and Jesus Felipe, The Product Space: What Does It Say About the Opportunities for Growth and Structural Transformation of Sub-Saharan Africa？[J]. Levy Institute scholars and conference participants，2011（5）：1—35.

[52] Anna Jankowska, Arne Nagengast and José Ramón Perea. The product space and the middle-income trap: Comparing Asian and Latin American experiences[R], OECD Development Centre Working Paper No.311，2012（5）：1—70.

[53]张其仔，李颢. 中国产业升级机会的甄别[J]，中国工业经济，2013，302（5）：44—52.

[54]贺灿飞，董瑶，周沂. 中国对外贸易产品空间路径演化[J]，地理学

报，2016，71（6）：970—983.

[55]毛琦梁，王菲. 比较优势、可达性与产业升级路径——基于中国地区产品空间的实证分析[J]，经济科学，2017（1）：48—62.

[56]马海燕，于孟雨. 产品复杂度、产品密度与产业升级——基于产品空间理论的研究[J]，财贸经济，2018（3）：123—137.

[57]毛琦梁. 我国中西部典型城市产业升级的机会甄别与基本路径——基于产品空间理论的研究[J]，西部论坛，2019（1）：71—84.

[58]刘威. 出口产品密度对产业创新的影响——基于中国出口贸易的经验数据[J]. 税务与经济，2020（1）：44—50.

[59]张丽，盖国风. 煤炭产业依赖对全要素生产率影响研究——基于有条件资源诅咒假说[J]. 财经问题研究，2020（3）：39—47.

[60]熊若愚，吴俊培. 政府提供公共服务受到了资源诅咒吗？[J]. 财贸经济，2020（6）：19—34.

[61]海琴，高启杰. 资源密集地区企业创新能力挤出效应研究[J]. 科技进步与对策，2020（07）：1—10.

[62]李晓华. 电子产业的外国直接投资及其影响[J]. 当代经济管理，2006，28（2）：65—69.

[63]黄兴年. 中国纺织服装出口企业贫困增长源于对比较优势战略的过分依赖[J]. 国际贸易问题，2006（3）：40—45.

[64]邓向荣，曹红. 产业升级路径选择：遵循抑或偏离比较优势——基于产品空间结构的实证分析[J]，中国工业经济，2016（2）：52—67.

[65]赵玉敏，童莉霞. 我国稀缺矿产资源贸易政策的演变与展望[J]. 宏观经济管理，2016（5）：72—76.

[66]陈普. 要素禀赋、产业距离与产业升级路径选择[J]. 技术经济，2020，39（6）：24—33.

[67]曾世宏，郑江淮. 企业家"成本发现"、比较优势演化与产品空间结构转型——基于江苏经济发展的案例研究[J]，产业经济研究，2010，44

（1）：9—15.

[68]齐玮. 我国汽车制造业的贸易流量与出口潜力：基于引力模型的分析[J]. 国家贸易问题，2013（1）：78—86.

[69]姜延书，何思浩. 中国纺织服装业出口贸易增加值核算及影响因素研究[J]. 国际贸易问题，2016（8）：40—51.

[70]陈砺，黄晓玲. 产品空间结构与动态比较优势研究——基于中国与"一带一路"沿线国家产品数据分析[J]. 现代经济探讨，62—70.

[71] Ricardo, Hausmann and Bailey, Klinger. Structural Transformation and Patterns of Comparative Advantage in the Product Space[J]. CID Working Paper, 2006, 128（8）：1—39.

[72] Lester M. Salamon, Stefan Toepler. THE INFLUENCE OF THE LEGAL ENVIRONMENT ONTHE DEVELOPMENT OF THE NONPROFIT SECTOR[R]. Center for Civil Society Studies Working Paper Series, 2000（17）：1—23.

[73] Koenker R., and Bassett G W. Regression quantiles [J]. Econometrica, 1978（46）：33 –50.

[74]刘林青，黄起海，闫志山. 国家空间里的能力加值比赛——基于产业国际竞争力的结构观[J]，中国工业经济，2013，301（4）：17—29.

[75]王直，王慧炯，李善同，翟凡. 中国加入世贸组织对世界劳动密集产品市场与美国农业出口的影响——动态递推可计算一般均衡分析[J]. 经济研究，1997（4）：54—65.

[76]钟昌标. 影响中国电子行业出口决定因素的经验分析[J]. 经济研究，2007（9）：62—70.

[77]鲍健强，苗阳，陈锋. 低碳经济：人类经济发展方式的新变革[J]，中国工业经济，2008，241（4）：153—160.

[78]肖娱. 美国货币政策冲击的国际创导研究——针对亚洲经济体的实证分析[J]，国际金融研究，2011（9）：18—29.

[79]郑云. 中国农产品出口贸易与农业经济增长——基于协整分析和

Granger因果检验[J]. 国际贸易问题, 2006 (7): 26—31.

[80]陈晓华, 黄先海. 中国出口品技术含量变迁的动态研究——来自50国金属制品1993—2006年出口的证据[J]. 国际贸易问题, 2010 (4): 3—12.

[81] Adler, P. S., and Seok-Woo Kwon (2002), "Social Capital: Prospects for A New Concept", Academy of Management Review, 27 (1), 17—40.

[82] Bai, Jun-Hong, and Fu-Xin Jiang (2015), "Synergy Innovation, Spatial Correlation and Regional Innovation Performance", Economic Research, 7, 174—187.

[83] Bai, Jun-Hong, Ke-Shen Jiang, and Jing Li (2009), "On the Efficiency and Total Factor Productivity Growth of China's R&D Innovation", The Journal of Quantitative and Technical Economics, 23, 139—151.

[84] Bai, Yi-Xin, Xing Liu and Ling An (2008), "The Influence of Ownership Structure on R&D Investment Decision", Statistics and Decision Making, 5, 131—134.

[85] Bercovitz, J. E. L. and M. P. Feldman (2007), "Fishing Upstream: Firm Innovation Strategy and University Research Alliances", Research Policy, 36 (7), 930—948.

[86] Carlsson, B. (2006), "Internationalization of Innovation Systems: A Survey of the Literature", Research Policy, 35 (1), 56—67.

[87] Cassiman, B. and R. Veugelers (2006), "In Search of Complementarity in Innovation Strategy: Internal R&D and External Knowledge Acquisition", Management Science, 52 (1), 68—82.

[88] Chen, Heng and Wei Chen (2006), "A DEA Research on R&D Efficiency: Compare with Most Famous Transnational Corporations in PRC, USA and South Korea", Science and Technology Progress and Countermeasures, 8,

7—10.

[89] Chen, Yu and Fu-Ji Xie(2017),"Study on Spatial Difference and Evolution of Innovation in Yangtze River Delta Based on Exploratory Spatial Data Analysis", Technology Economics, 36(3), 8—13.

[90] Chen, Yu, Xiao-Ping Li and Peng Bai(2007),"How Market Structure Influence R&D Input: An Empirical Analysis on China's Manufacture's Panel Data", Nankai Economic Studies, 1, 135—145.

[91] Cheng, Zhong-Hua, and Jun Liu(2015),"Industrial Agglomeration, Spatial Spillover and Manufacturing Innovation: Spatial Econometric Analysis Based on Chinese cities' Data", Journal of Shanxi University of Finance and Economics, 37(4), 34—44.

[92] Fang, E., R. W. Palmatier and K. R. Evans(2008),"Influence of Customer Participation on Creating and Sharing of New Product Value", Journal of The Academy of Marketing Science, 36(3), 322—336.

[93] Fang, Yuan-Ping, and Man Xie(2012),"The Effect of Innovation Elements Agglomeration on Regional Innovation Output-Based on Chinese Provinces and Cities's ESDA-GWR Analysis", Economic Geography, 32(9), 8—14.

[94] Friedman, J. H.(2001),"Greedy Function Approximation: A Gradient Boosting Machine", Annals of Statistics, 29(5), 1189—1232.

[95] Gao Yu, Cheng-Li Shu, Jiang Xu, Shan-Xing Gao, and A. L. Page(2017),"Managerial Ties and Product Innovation: The Moderating Roles of Macro-and Micro-Institutional Environments", Long Range Planning, 50(2), 168—183.

[96] Gu, Yuan-Yuan and Kun-Rong Shen(2012),"The Effect of Local Governments' Behavior on Corporate R&D Investment: Empirical Analysis Based on China's Provincial Panel Data", China's Industrial Economy, 10, 77—

88.

[97] Güner, A. B., U. Malmendier and G. Tate (2008), "Financial Expertise of Directors", Journal of Financial Economics, 88 (2), 323—354.

[98] He, Jian (2005), "Study on Latecomers' R&D Strategy of Managing Across Borders: A Case of Samsung", Review of South University, 7, 192—216.

[99] Landry, R., N. Amara and M. Lamari (2002), "Does Social Capital Determine Innovation? To What Extent?", Technological Forecasting and Social Change, 69 (7), 681—701.

[100] Li, Jing, Qing-Mei Tan and Jun-Hong Bai (2010), "Spatial Econometric Analysis of Regional Innovation Production in China: An Empirical Study Based on Static and Dynamic Spatial Panel Models", Management World, 7, 43—55.

[101] Li, Mei (2010), "Human Capital, R&D Input and OFDI's Reverse Technology Spillovers", World Economic Research, 10, 69—77.

[102] Liu, Si-Ya and Jia-Zhi Xie (2014), "Product Involvement, Perceived Risk and Repurchase Intention of Financial Commodities", Journal of Nanjing Normal University (Social Science Edition), 5, 7.

[103] Lu, Yan-Qin, and Bin Zhao (2020), "Foreign Direct Investment, Regional Innovation and Urbanization Development: Dual Perspectives Based on Government and Market", Technology Economics, 39 (1), 149—155.

[104] Luan, Chun-Juan, Xu-Kun Wang and Ze-Yuan Lin (2008), "Comparison of Patent Distribution Between Samsung Electronics CO LTD and Huawei Technologies CO LTD", Scientific Management Research, 2, 18—21.

[105] Niosi, J. and B. Bellon (1994), "The Global Interdependence of National Innovation Systems: Evidence, Limits and Implications", Technology

in Society, 16(2), 173—197.

[106] Niu, Xin and Xiang-Dong Chen (2013), "Innovation Connection between Cities and Spatial Structure of Innovation Network", Chinese Journal of Management, 10(4), 575—582.

[107] Qian, Xiao-Ye, Wei Chi and Bo Li (2010), "The Role of Human Capital in Regional Innovation Activities and Economic Growth: Spatial Econometric Study", The Journal of Quantitative and Technical Economics, 4, 107—121.

[108] Reppas, P. A. and D. K. Christopoulos (2005), "The Export-Output Growth Nexus: Evidence from African and Asian countries", Journal of Policy Modeling, 27(8), 929—940.

[109] Shen, Kun-Rong and Wen-Jie Sun (2009), "The Market Competition, Technical Spillover and the R&D Efficiency of Domestic Enterprises: An Empirical Research Based on the Industry Level", Managememt World, 1, 38—48

[110] Sun, Zao and Wei Song (2012), "Evaluation on the Independent Innovation Ability of Strategic Emerging Industry: Construction of Industry Innovation Indicator System Which Takes Enterprises as Subject", Economy Management Journal, 8, 49—65.

[111] Wang, Chao and Hui-Zhi Zhang (2018), "The Successful Experience and Enlightenment of Developing Semiconductor Industry in South Korea", Northeast Asia Economic Research, 5(9), 44—53.

[112] Wang, Wen-ting, Li-Rong Jian, Di-Fei Wang and Jin-Long Chao (2020), "Empirical Study on the Spatial Correlation Network of Independent Innovation Efficiency in National High-Tech Zones", Technology Economy, 39(1), 61—73.

[113] Wu, Jie (2011), "Asymmetric Roles of Business Ties and Political

Ties in Product Innovation", Journal of Business Research, 64 (11), 1151—1156.

[114] Wu, Xiao-Bo, Xue-Feng Liu, and Guan-Nan Xu (2006), "The Shift of Technological Paradigm and the Match of Dynamic Capabilities: The Case of Samsung's Dynamic Capabilities", Journal of Chongqing University (Social Science Edition), 4, 40—46.

[115] Xi, Guo-Ming and Shun-Qi Ge (2000), "Internationalization Strategy of Multinational R&D", World Economy, 10, 3—12.

[116] Xie, Wei-Min, Qing-Quan Tang and Shan-Shan Lu (2009), "Government R&D Funding, Enterprise R&D Expenditure and Independent Innovation: Empirical Evidence from Chinese Listed Companies", Financial Research, 6, 86—99.

[117] Xie, Zuo-Miao and Juan-Juan Peng (2006), "The Experience and Enlightenment which Technology Innovation in Samsung Brings Us", Scientific Management Research, 24 (4), 117—120.

[118] Xu, Ning (2013), "Executive Equity Incentive's Positive Effects on R&D Input in High-Tech Companies: An Empirical Study Based on Nonlinearity Perspective", Science of Science and Management of S. & T, 2, 12—20.

[119] Yin, Xiu-Fang (2019), "Human Capital Agglomeration, Urbanization and Industrial Structure Upgrading: An Empirical Analysis Based on the Yangtze River Delta Urban Agglomeration", Journal of Changchun University of Science and Technology (Social Science Edition), 32 (5), 97—103.

[120] Yu, Yong-Ze and Da-Yong Liu (2013), "The Effect of the Space Outflow of China's Regional Innovation and the Effect of the Outflow oF值 Chanins: A Study, from the Perspective of the Innovative Value Chain, on the Model of the Panel of Multidimentsional Space", Management World, 7, 6—

23.

[121] Zhang, Qian-Xiao, and Gen-Fu Feng (2008), "Three Different R&D Spillovers and Technological Innovation of Local Enterprises: Evidence from Chinese High-tech Industries", China Industrial Economy, 11, 64—72.

[122] Zhou, Di, and Mao-Xiang Huang (2019), "The Research on Coupling Level Difference and Path of Human Capital and Economic Growth in China's Five Urban Agglomerations", Advances in Economics, Business and Management Research, 85, 223—234.

[123] ZHENG Xiao-bi, PANG Chun, LIU Jun-zhe. Structural Changes in Outsourcing and High-Quality Economic Development in the Digital Era——An Inframarginal Analysis to the Division of Labor[J]. China Industrial Economics, 2020(07): 117—135.

[124] NING Chao-shan. Digital Economy, Factor Marketization and High-Quality Development of Economy[J]. Changbai Journal, 2021(01): 114—120.

[125] DING Zhi-fan. Research on the Mechanism of Digital Economy Driving High-Quality Economic Development: A Theoretical Analysis Framework[J]. Modern Economic Research, 2020(01): 85—92.

[126] JIN Fan. Value Ecosystem: Value Creating Mechanism in Cloud Economy Era[J]. China Industrial Economics, 2014(4): 97—110.

[127] LIU Hu, ZHANG Jia-ping. Empirical Analysis on the Relationship Between ICT and Economic Growth Under Internet+ Background: From the Chinese Provincial Panel Data Research[J]. Statistics & Information Forum, 2015, 30(12): 73—78.

[128] Pedro R. Palos-Sanchez, Francisco J. Arenas-Marquez, Mariano Aguayo-Camacho. Cloud Computing (SaaS) Adoption as a Strategic Technology: Results of an Empirical Study[J]. Mobile Information Systems, 2017(20): 1—21.

[129] CAO Zheng-yong. Research on the New Manufacturing Model to Promote High-Quality Development of China's Industry under the Background of Digital Economy[J]. Theoretical Investigation, 2018（02）: 99—104.

[130] WANG Li-na, TANG Chuan, FANG Jun-min, ZHANG Juan, TIAN Qian-fei, XU Jing. Analysis on the Development Strategies and Trends of Semiconductors in 2018[J]. World Sci-Tech R&D, 2019, 41（02）: 120—126.

[131] Wang Juan. Digital Economy Drives High-Quality Economic Development: Factor Allocation and Strategic Choice[J]. Ningxia Social Sciences, 2019（05）: 88—94.

[132] ZHAO Tao, HANG Zhi, Liang Shang-kun. Digital Economy, Entrepreneurial Activity and High-Quality Development: Empirical Evidence from Chinese Cities[J]. Management World, 2020, 36（10）: 65—76.

[133] GE He-ping, WU Fu-xiang. Digital Economy Empowers High-Quality Economic Development: Theoretical Mechanism and Empirical Evidence[J]. Nanjing Social Sciences, 2021（01）: 24—33.

[134] JIN Re-qin, LIU Rui. Low-Carbon Economy and the Transformation of China's Economic Development Model[J]. Exploration of Economic Issues, 2009（01）: 84—87.

[135] LIN Bo-qiang, SUN Chuan-wang. How to Complete the Carbon Emission Reduction Target Under the Premise of Ensuring China's Economic Growth[J]. Chinese Social Sciences, 2011（01）: 64—76+221.

[136] Noseleit F. Entrepreneurship, Structural Change, and Economic Growth[J]. Journal of Evolutionary Economics, 2013, 23（4）: 735—766.

[137] LI Bai-xing, WANG Bo. Has the Implementation of the New Environmental Protection Law Increased the Company's Investment in Technological Innovation? ——Research Based on the PSM-DID Method [J],

Audit and Economic Research, 2019 (1): 87—96.

[138] YUAN Wei-peng, SUN Hui, YAN Min. Can Dual Environmental Regulations Help the Win-Win Development of High-Quality Economy and Carbon Emission Reduction? ——Based on the Governance Perspective of a Chinese-Style Decentralized System[J]. Journal of Yunnan University of Finance and Economics, 2021, 37 (03): 67—86.

[139] Yilmaz S, Haynes K. E, Dinc M. Geographic, and Network Neighbors: Spillover Effects of Telecommunications Infrastructure[J]. Journal of Regional Science, 2002, 42 (2): 339—360.

[140] Keller W. Trade and the Transmission of Technology[J]. Journal of Economic Growth, 2002, 7 (1): 5—24.

[141] Audretsch D. B, Heger D, Veith T. Infrastructure and Entrepreneurship[J]. Small Business Economics, 2015, 44 (2): 219—230.

[142] Glaeser E l, Kerr S. P, Kerr W R. Entrepreneurship and Urban Growth: An Empirical Assessment with Historical Mines[J]. Review of Economics and Statistics, 2015, 97 (2): 498—520.

[143] LIN J, YU Z, WEI Y. D, WANG M. Internet Access, Spillover and Regional Development in China[J]. Sustainability, 2017, 9 (6): 946—951.

[144] REN Bao-ping. The Logic, Mechanism and Path of Digital Economy Leading High-Quality Development[J]. Journal of Xi'an University of Finance and Economics, 2020, 33 (02): 5—9.

[145] ZHU Tan. Research on the Development of Circular Economy Under the New Development Pattern[J]. People's Forum: Academic Frontiers, 2021 (05): 46—51.

[146] LIN Yi-fu, CHEN Bin-kai. Development Strategy, Industrial Structure, and Income Distribution[J]. Economics (Quarterly), 2013, 12 (4): 1109—1140.

[147] XIAO Wen, LIN Gao-bang. Government Support, R&D management, and Technological Innovation Efficiency[J]. Management World, 2014（4）: 71—80.

[148] MA Xiao-wei, ZHANG Yan. A Preliminary Study on the Quantification of the Economic Contribution of Urban Floating Population[J]. Population Research, 2004（7）: 63—67.

[149] SHI You-qi, CHEN Ke-xiang. The Construction of a Legalized Business Environment in the Context of Cooperative Governance[J]. Law Research, 2021, 43（02）: 174—192.

[150] WU Yi-shuang, BO Lin. Has the Improvement of China's Inter-Provincial Business Environment Promoted the Upgrading of Local Industrial Structure? ——Based on the Perspective of Government Efficiency and Internet Development[J]. Exploration of Economic Issues, 2021（04）: 110—122.

[151] CHENG Li-wei, GUAN Shu. FDI, the Complexity of Production Structure and Income Inequality: An Economic Complexity Index based on Reflection Method[J], World Economic Research, 2019（4）: 47—60.

[152] LI Zhou, MA Ye-qing. The Complexity of China's Export Technology from the Perspective of the Decomposition of the Value Added of the Three Industries, and the Importance of Economic Development to the Upgrading of Industrial Technology[J]. International Trade Issues, 2020（1）: 1—15.

[153] TIAN Zheng. Research on the Development of the Japanese Semiconductor Industry under the Impact of the "Japan-US Semiconductor Agreement" ——Based on the Analysis of the Operating Performance of Japanese High-Tech Companies[J]. Japan Journal, 2020（01）: 115—137.

[154] ZHAO Xin-yu, LI Ning-nan. Energy Investment and Economic Growth: Based on the Perspective of Energy Transition[J]. Guangxi Social Sciences, 2021（02）: 112—120.

[155] MA Hai-yan, YAN Liang. Product Complexity, System Quality, and Industrial Upgrading[J], Journal of Wuhan University (Philosophy and Social Sciences Edition), 2019, 72 (6): 116—129.

[156] ZUO Peng-fei, JIANG Qi-ping, CHEN Jing. Digital Economy and Economic Growth from the Perspective of High-Quality Development[J/OL]. Research on Financial Issues: 1—10[2021—06—05]. http://kns.cnki.net/kcms/detail/21.1096.F.20210310.1738.002.html.

[157] HU Bei-bei, JIN Yu-ying, YAO Hai-hua, WANG Kai, Research on the Conversion and Upgrade of Chinese Enterprises' Export Products——An Analysis Based on the Perspective of Product Space[J], International Trade Issues, 2019 (5): 41—53.

[158] WU Chu-hao, WANG Shu-li. Provincial-Level Economic Integration, Technical Complexity of Provincial-Level Product Export, and Regional Coordinated Development[J]. Quantitative and Technical Economic Research, 2019 (11): 121—139.

[159] ZHANG Xiao-lan, HUANG Wei-rong. The Experience and Enlightenment of Financial Support from Superior Countries and Regions in the Semiconductor Industry[J]. Economic Aspects, 2020 (08): 86—92.

[160] ZHENG Jiang-huai, SONG Jian, ZHANG Yu-chang, ZHENG Yu, JIANG Qing-ke. Review on the Progress of the Transformation of China's Economic Growth from New to Old Kinetic Energy[J], China Industrial Economics, 2018 (6): 24—43.

[161] Baron M R, Kenny D A. The Moderator-mediator Variable Distinction in Social Psychological Research: Conceptual, Strategic, and Statistical Considerations[J]. Journal of Personality and Social Psychology, 1986, 51 (6): 1173—1182.

[162] EI-ERIAN M. Understanding today's trade friction [J]. International

Economic Policy, 2018 (1): 40—41.

[163]赵瑾. 中美经济摩擦的焦点和主要问题[J]. 世界经济, 2004 (3): 17—21.

[164]邓建平, 曾勇. 政治关联能改善民营企业的经营增长吗[J]. 中国工业经济, 2009 (2): 98—108.

[165] KIM S H, MARTIN-HERMOSILLO M, JUNHUA J. The US-China trade friction: Causes and proposed solutions [J]. Journal of Applied Business and Economics, 2014 (5): 63—74.

[166] MALKAWI B H. Japan South Korea trade friction [J]. Winter January, 2020 (5): 1—4.

[167] YUQING X, DETERT N. How iPhone widens the US trade deficits with PRC [J]. GRIPS Policy Research Center, 2010 (1): 10—21.

[168] CHUANMIN S, XI W. Comparative advantages and complementarity of the Sino-US agricultural trade: An empirical analysis [J]. Agricultural Economics, 2011 (3): 118—131.

[169] DAN T, XIAOYU S. Analysis on the causes and countermeasures of Sino-US trade friction [J]. Archives of Business Research, 2017 (5): 1—9.

[170]张岩. 经济增长差异、贸易逆差与我国的应对策略——基于中美贸易摩擦视角的深层分析[J]. 经济论坛, 2019 (11): 43—51.

[171]陈宏, 马学俊. 中美贸易摩擦的经济影响分析——基于GTAP模型[J]. 扬州大学学报(人文社会科学版), 2019 (6): 53—63.

[172]邵冠华. 中美贸易摩擦对我国光伏产业的影响分析[J]. 对外经贸实务, 2019 (12): 7—9.

[173]张海冰. 欧洲一体化历程对东亚经济一体化的启示[J]. 世界经济研究, 2003 (4): 75—80.

[174] HAUSMANN R, KLINGER B. Structural transformation and patterns of comparative advantage in the product space [J]. Ssrn Electronic Journal, 2006

（8）：1—39.

[175]刘守英，杨继东. 中国产业升级的演进与政策选择——基于产品空间的视角[J]. 管理世界，2019（06）：81—94+194+195.

[176]鲍健强，苗阳，陈锋. 低碳经济：人类经济发展方式的新变革[J]. 中国工业经济，2008（4）：153—160.

[177]童迪，张文彬. 东亚经济周期同步性研究[J]. 世界经济研究，2009（8）：80—86+89.

[178]吴宏，刘威. 全球经济失衡的形成机制及其前景[J]. 江西财经大学学报，2008（06）：5—9.

[179]沈铭辉. 亚洲经济一体化——基于多国FTA战略角度[J]. 当代亚太，2010（04）：45—71，44.

[180]周国梅，彭宁，李霖. 亚洲绿色城镇化的调整与政策选择——对中国城镇化可持续发展的启示[J]. 环球经济，2013（12）：26—29.

[181]刘林青，黄起海，闫志山. 国家空间里的能力加值比赛——基于产业国际竞争力的结构观[J]. 中国工业经济，2013（4）：17—29.

[182]王直，王慧炯，李善同，等. 中国加入世贸组织对世界劳动密集产品市场与美国农业出口的影响——动态递推可计算一般均衡分析[J]. 经济研究，1997（4）：54—65.

[183]章树荣. 亚洲国家实施可持续发展环境能源战略目标[J]，能源研究与信息，1998（2）：1—4.

[184]黄先海，陈晓华，刘慧. 产品出口复杂度的测度及其动态演进机理分析——基于52个经济体1993—2006年金属制品出口的实证研究[J]. 管理世界，2010（3）：44—55.

[185]张亭，刘林青. 产品复杂性水平对中日产业升级影响的比较研究——基于产品空间理论的实证分析[J]. 经济管理，2017（5）：115—129.

[186]段小梅. 中国制造业出口技术复杂度的变迁及其影响因素研究——以纺织服装业和机电运输设备业为例[J]. 财贸研究，2017（10）：52—

62,97.

[187]李洲,马野青. 三次产业增加值分解视角下的中国出口技术复杂度——兼评经济开发对产业技术升级的重要性[J]. 国际贸易问题,2020(1):1—16.

[188]曾铮,张路路. 全球生产网络体系下中美贸易利益分配的界定——基于中国制造业贸易附加值的研究[J]. 世界经济研究,2008(1):36—43,85.

[189]刘海建,陈传明. 企业组织资本、战略前瞻性与企业经营增长:基于中国企业的实证研究[J]. 管理世界,2007(5):83—94.

[190]冯宗宪,王青,侯晓辉. 政府投入、市场化程度和中国工业企业的技术创新效率[J]. 数量经济技术经济研究,2011(04):3—17,33.

[191]胡立法. 产品空间结构下的产业升级:中韩比较[J]. 世界经济研究,2015(3):107—118,129.

[192] LIJING L, FELIX C, YUNFEI Y. Environmental and economic impacts of trade barriers: The example of China-US trade friction [J]. Resource and Energy Economics,2019(59):1—15.

[193]傅勇,邱兆祥,王修华. 我国中小银行经营增长及其影响因素研究[J]. 国际金融研究,2011(12):80—87.

[194]顾元媛,沈坤荣. 地方政府行为与企业研发投入——基于中国省际面板数据的实证分析[J]. 中国工业经济,2012(10):77—88.

[195]汪超,张慧智. 韩国发展半导体产业的成功经验及启示[J]. 东北亚经济研究,2018(5):44—53.

[196]李百兴,王博. 新环保法实施增大了企业的技术创新投入吗?——基于PSM-DID方法的研究[J]. 审计与经济研究,2019(1):87—96.

[197] ADLER P S, KWON S W. Social capital: Prospects for a new concept[J]. Academy of management review,2002,27(1):17—40.

[198]腾堂伟,方文婷. 新长三角城市群创新空间格局演化与机理[J].

经济地理,2017(4):66—76.

[199] ANNA A, MIKHAYLOVA, ANDREY S, OKSANA V, SAVCHINA. Macroeconomic dataset for comparative studies on coastal and inland regions in innovation space of Russia[J]. Data in brief, 2019(27):1—20.

[200]王俊松,颜燕,胡曙虹.中国城市技术创新能力的空间特征及影响因素——基于空间面板数据模型的研究[J].地理科学,2017(1):11—18.

[201]方创琳,马海涛,王振波,李广东.中国创新型城市建设的综合评估与空间格局分异[J].地理学报,2014(4):459—473.

[202]程中华,刘军.产业集聚、空间溢出与制造业创新——基于中国城市数据的空间计量分析[J].山西财经大学学报,2015(4):34—44.

[203]梅琳,严静,周唯,敖荣军.长江经济带城市创新水平的时空格局及影响因素研究[J].华中师范大学学报(自然科学版),2019(5):715—724.

[204]刘鹏,张运峰.产业集聚、FDI与城市创新能力——基于我国264个地级市数据的空间杜宾模型[J].华东经济管理,2017(5):56—65.

[205]李婧,谭清美,白俊红.中国区域创新生产的空间计量分析——基于静态和动态空间面板模型的实证研究[J].管理世界,2010(7):43—47.

[206]赵增耀,章小波,沈能.区域协同创新效率的多维溢出效应[J].中国工业经济,2015(1):32—45.

[207]纪玉俊,李超.创新驱动与产业升级——基于我国省际面板数据的空间计量检验[J].科学学研究,2015(11):1651—1660.

[208]余泳泽,刘大勇.我国区域创新效率的空间外溢效应与价值链外溢效应——创新价值链视角下的多维空间面板模型研究[J].管理世界,2013(7):6—23.

[209]谢家智,刘思亚,李后建.政治关联、融资约束与企业研发投入

[J]. 财经研究, 2014 (8): 81—94.

[210] 吕拉昌, 李勇. 基于城市创新职能的中国创新城市空间体系[J]. 地理学报, 2010 (2): 177—190.

[211] CARILSSON B. Internationalization of innovation systems: A survey of the literature[J]. Research policy, 2006, 35 (17): 56—67.

[212] JANET B, MARYANN F. Fishing upstream: Firm innovation strategy and university research alliances[J]. Research policy, 2017, 36 (7): 930—948.

[213] 白俊红, 蒋伏心. 协同创新、空间关联与区域创新绩效[J]. 经济研究, 2015 (7): 174—188.

[214] JEROME H, FRIEDMAN. Greedy function approximation: A gradient boosting machine[J]. The annals of statistics, 2001, 29 (5): 1189—1232.

[215] 白俊红, 江可申, 李婧. 中国地区研发创新的相对效率与全要素生产率增长分解[J]. 数量经济技术经济研究, 2009 (3): 139—152.

[216] 韩玉雄, 李怀祖. 关于中国知识产权保护水平的定量分析[J]. 科学学研究, 2015 (6): 377—382.

[217] 孙早, 宋炜. 企业R&D投入对产业创新绩效的影响[J]. 数量经济技术经济研究, 2012 (4): 49—65.

[218] CASSIMAN B, VEUGELERS R. In search of complement in innovation strategy: Internal R&D and external knowledge acquisition[J]. Management science, 2006, 52 (1): 68—82.

[219] 钱晓烨, 迟巍, 黎波. 人力资本对我国区域创新及经济增长的影响——基于空间计量的实证研究[J]. 数量经济技术经济研究, 2010 (4): 107—125.

[220] LANDRY R, AMARA N, LAMARI M. Does social capital determine innovation? To what extent? [J]. Technological forecasting and social change, 2003, 69 (7): 681—701.

[221] KATILA R, AHUJA G. Something old, something new: A longitudinal study of search behavior and new product introduction[J]. Academy of management journal, 2002, 45(6): 1183—1194.

[222] DUAN S. Research of the construction of regional innovation capability evaluation system: based on indicator analysis of Hangzhou and Ningbo[J]. Procedia engineering, 2017, 174(2): 1244—1251.

[223] ISAKESEN A, TRIPPL M. Innovation in space: the mosaic of regional innovation patterns[J]. Oxford Review of economic policy, 2017, 33(1): 121—140.

[224] CHEN H, YOON S S. Government efficiency and enterprise innovation - evidence from China[J]. Asian journal of technology innovation, 2019, 77(3): 280—300.

[225]刘守英,杨继东. 中国产业升级的演进与政策选择——基于产品空间的视角[J]. 管理世界, 2019(6): 81—94.

[226] HUANG Y L, INTARAKUMNERD P. Alternative technological learning paths of Taiwanese firms[J]. Asian journal of technology innovation, 2019, 27(3): 301—314.

[227]郑江淮,宋建,张玉昌,郑玉,姜青克. 中国经济增长新旧动能转换的进展评论[J]. 中国工业经济, 2018(6): 24—43.

[228]宁朝山. 数字经济、要素市场化与经济高质量发展[J]. 长白学刊, 2021(01): 114—120.

[229]柯颖,何根源,刘昱影. 逆向外包能提升中国半导体产业创新效率吗[J/OL]. 科技进步与对策: 1—10[2021—02—16]. http://kns.cnki.net/kcms/detail/42.1224.G3.20210202.1359.008.html

[230]孙楚仁,易正容. 对华大宗商品出口、产品空间关联与"一带一路"沿线国家出口产品比较优势提升[J]. 国际贸易问题, 2019(12): 76—90.

[231]赵涛,张智,梁上坤.数字经济、创业活跃度与高质量发展——来自中国城市的经验证据[J].管理世界,2020(10):65—76.

[232]曹正勇.数字经济背景下促进我国工业高质量发展的新制造模式研究[J].理论探讨,2018(02):99—104.

[233]鲁桐,党印.公司治理与技术创新:分行业比较[J].经济研究,2014(06):115—128.

[234] Sung-Hyun Kim., and Si-Young Jang and Kyung-Hoon Yang. Analysis of the Determinants of Software - as - a - Service Adoption in Small Businesses: Risks, Benefits, and Organizational and Environmental Factors[J]. Journal of Small Business Management, 2019, 55(2): 303—325.

[235]周国梅,彭宁,李霖.亚洲绿色城镇化的调整与政策选择——对中国城镇化可持续发展的启示[J].环球经济,2013(12):26—30.

[236] Ying-kai Tang., and Shuang-Hong Ye., and Jing Zhou. Political Connections, Legal Environment, and Corporate Valuation in Chinese Public Family Firms[J]. Chinese Economy, 2013, 46(6): 32—49.

[237]张睿,钱省三.比较优势发展战略与中国半导体产业的发展[J].科学学研究,2005(12):119—124.

[238]黄先海,陈晓华,刘慧.产品出口复杂度的测度及其动态演进机理分析——基于52个经济体1993—2006年金属制品出口的实证研究[J].管理世界,2010(3):44—55.

[239]王立娜,唐川,房俊民,张娟,田倩飞,徐婧.2018年全球半导体领域规划与发展态势分析[J].世界科技研究与发展,2019(02):120—126.

[240]方荣贵,王敏.半导体产业共性技术供给研究——基于日、美、欧典型共性技术研发联盟的案例比较[J].技术经济,2010(11):47—54.

[241]林伯强,孙传旺.如何在保障中国经济增长前提下完成碳减排目标[J].中国社会科学,2011(01):64—76+221.

[242]谢泓材,周志中.利益嵌入视角下的半导体产业培育路径研究[J].科技管理研究,2020(07):200—210.

[243] Chen, D. Y., and Han, C. D. A Comparative Study of Online P2P Lending in the USA and China[J]. Journal of Internet Banking and Commerce,2012,17(2):1—15.

[244]吴楚豪,王恕立.省级经济融合、省级产品出口技术复杂度与区域协调发展[J].数量经济技术经济研究,2019(11):121—139.

[245]苗文龙,何德旭,周潮.企业创新行为差异与政府技术创新支出效应,经济研究,2019(1):85—100.

[246]田正.《日美半导体协议》冲击下的日本半导体产业发展研究——基于日本高科技企业经营业绩的分析[J].日本学刊,2020(01):115—137.

[247]范旭,刘伟.中美贸易冲突下的半导体创新政策工具选择[J].科学学研究,2020(07):1176—1184.

[248]曹洪军,赵翔,黄少坚.企业自主创新能力评价体系研究[J].中国工业经济,2009(9):105—114.

[249]王鹏,李健,张亮.中部地区自主创新能力评价及提升路径分析[J].中国工业经济,2011(5):37—46.

[250]丁志帆.数字经济驱动经济高质量发展的机制研究:一个理论分析框架[J].现代经济探讨,2020(01):85—92.

[251]郑小碧,庞春,刘俊哲.数字经济时代的外包转型与经济高质量发展——分工演进的超边际分析[J].中国工业经济,2020(07):117—135.

[252]左鹏飞,姜奇平,陈静.高质量发展视角下的数字经济与经济增长[J/OL].财经问题研究:1—10[2021—06—05].http://kns.cnki.net/kcms/detail/21.1096.F.20210310.1738.002.html.

[253]张振华.我国半导体显示产业财政补贴效应及研发效率研究[J].

工业技术经济，2020（02）：151—160.

[254]葛和平，吴福象．数字经济赋能经济高质量发展：理论机制与经验证据[J]．南京社会科学，2021（01）：24—33.

[255] Salah E. Elmaghraby. Project bidding under deterministic and probabilistic activity durations[J]. European Journal of Operational Research，1990，49（1）：14—34.

[256] DAVID FLATH. A perspective on Japanese trade policy and Japan-US trade friction[J]. Japanese Economy，1998（8）：1—20.

[257] Lester M. Salamon，Stefan Toepler. THE INFLUENCE OF THE LEGAL ENVIRONMENT ONTHE DEVELOPMENT OF THE NONPROFIT SECTOR[R]. Center for Civil Society Studies Working Paper Series，2000（17）：1—23.

[258] Yilmaz S.，Haynes K，E.，Dinc M. Geographic，and network neighbors：Spillover effects of telecommunications infratructure[J]. Journal of Regional Science，2002，42（2）：339—360.

[259] Keller W. Trade and the transmission of technology[J]. Journal of Economic Growth，2002，7（1）：5—24.

[260] Marianne Bertrand，Sendhil Mullainathan. Cash Flow and Investment Project Outcomes：Evidence from Bidding on Oil and Gas Leases[J]. Citeseer，2003（8）：1—38.

[261] ART DURNEV，E. HAN KIM. To Steal or Not to Steal：Firm Attributes，Legal Environment，and Valuation[J]. JOURNAL OF FINANCE，2005（3）：1461—1493.

[262]黄先海，谢璐．中国汽车产业战略性贸易政策效果的实证研究[J]．世界经济研究，2005（12）：59—63.

[263]陈德民．建立中韩自由贸易区推动东亚经济一体化发展[J]，东北亚论坛，2005，14（1）：13—17.

[264] Alexander J. S，Colvin. Flexibility and Fairness in Liberal Market

Economies: The Comparative Impact of the Legal Environment and High-Performance Work Systems[J]. British Journal of Industrial Relations, 2006, 44（1）: 73—97.

[265]连玉君, 程建. 不同成长机会下资本结构与经营增长之关系研究[J], 当代经济科学, 2006（2）: 97—105.

[266]田国强, 刘春晖. 密封价格拍卖或招标中的有限腐败[J]. 经济研究, 2008（05）: 116—127.

[267]万弋芳, 谢海东. 投资经营环境与民营企业经营增长的相关性研究——来自企业层面的经验证据[J], 华东经济管理, 2006（6）: 66—71.

[268]尹翔硕, 李春顶, 孙磊. 国际贸易摩擦的类型、原因、效应及化解途径[J], 世界经济, 2007（7）: 74—86.

[269]刘海建, 陈传明. 企业组织资本、战略前瞻性与企业经营增长: 基于中国企业的实证研究[J], 管理世界, 2007（5）: 83—94.

[270]王俊秋, 张奇峰. 法律环境、金字塔结构与家族企业的"掏空"行为[J]. 财贸研究, 2007（5）: 97—104.

[271]曾铮, 张路路. 全球生产网络体系下中美贸易利益分配的界定——基于中国制造业贸易附加值的研究[J], 世界经济研究, 2008（1）: 36—45.

[272]吕长江, 肖成民. 法律环境、公司治理与利益侵占——基于中、美股票市场的比较分析[J]. 中国会计评论, 2008, 6（2）: 141—162.

[273]吴宏, 刘威. 全球经济失衡的形成机制及其前景[J], 江西财经大学学报, 2008, 60（6）: 5—10.

[274] Benlian, A., Hess, T., and Buxmann, P.（2009）. Drivers of SaaS-Adoption - An empirical study of different application types[J]. Business of Information Systems Engineering, 5（1）: 357—369.

[275]邓建平, 曾勇. 政治关联能改善民营企业的经营增长吗[J], 中国工业经济, 2009（2）: 98—109.

[276]童迪，张文彬．东亚经济周期同步性研究[J]．世界经济研究，2009（8）：80—87．

[277]朱松，夏冬林．制度环境、经济发展水平与会计稳健性[J]．审计与经济研究，2009，24（6）：57—63．

[278]任力．低碳经济与中国经济可持续发展[J]．社会科学家，2009（02）：47—50．

[279]金乐琴，刘瑞．低碳经济与中国经济发展模式转型[J]．经济问题探索，2009（01）：84—87．

[280] YUQING XING，NEAL DETERT. How iPhone Widens the US Trade Deficits with PRC[J]. GRIPS Policy Research Center，2010（1）：10—21.

[281]孙亦军．信用评级与中国的金融安全[J]．中央财经大学学报，2010（9）：33—37．

[282]翟华云．法律环境、审计质量与公司投资效率[J]．南方经济，2010（8）：29—40．

[283]郑志刚，邓贺斐．法律环境差异和区域金融发展[J]．管理世界，2010（6）：14—28．

[284] CHUANMIN SHUAI，XI WANG. Comparative advantages and complementarity of the Sino-US agricultural trade：An empirical analysis[J]. Agric. Econ. - Czech，2011，57（3）：118 - 131.

[285] Hung Ming-Te，Tony Tai-Ting Liu.（2011）. Sino-U.S. Strategic Competition in Southeast Asia：China's Rise and U.S. Foreign Policy Transformation since 9/11. Political Perspectives，5（3），96—119.

[286]冯宗宪，王青，侯晓辉．政府投入、市场化程度和中国工业企业的技术创新效率[J]．数量经济技术经济研究，2011（4）：3—17．

[287]傅勇，邱兆祥，王修华．我国中小银行经营增长及其影响因素研究[J]．国际金融研究，2011（12）：80—88．

[288]纪晓丽．市场化进程、法制环境与技术创新[J]．科研管理，

2011,32(5):8—16.

[289] Chen, D. Y., and Han, C. D. A comparative study of online p2p lending in the USA and China[J]. Journal of Internet Banking and Commerce, 2012, 17(2), 1—15.

[290] Motheo Lechesa, Lisa Seymour, and Joachim Schuler. ERP Software as Service(SaaS): Factors Affecting Adoption in South Africa[J]. International Federation, 2012(105): 152—167.

[291]范建亭. 国内工程招投标研究现状述评[J]. 经济问题探索,2012(9): 141—146.

[292] Hong-Kyu Kwon, and Kwang-Kuyu Seo. Application oF值-based Adoption Model to Analyze SaaS Adoption Behavior in Korean B2B Cloud Market[J]. International Journal of Advancements in Computing Technology, 2013, 12(5): 368—374.

[293] Yingkai Tang, Shuanghong Ye, Jing Zhou. Political Connections, Legal Environment, and Corporate Valuation in Chinese Public Family Firms[J]. Chinese Economy, 2013, 46(6): 32—49.

[294]李新明,廖貅武,刘洋. 基于SaaS模式的服务供应链协调研究[J]. 中国管理科学,2013,21(2): 98—106.

[295]曹向,匡小平. 制度环境与商业信用融资有效性[J]. 当代财经,2013(5): 15—28.

[296]万良勇. 法治环境与企业投资效率——基于中国上市公司的实证研究[J]. 金融研究,2013(12): 154—166.

[297]郑军,林钟高,彭琳. 法制环境、关系网络与交易成本——来自中国上市公司的经验证据[J]. 财经研究,2013,39(6): 51—63.

[298]杨典. 公司治理与企业绩效——基于中国经验的社会学分析[J]. 中国社会科学,2013(01): 72—94+206.

[299] Noseleit F.Entrepreneurship, structural change, and economic

growth[J]. Journal of Evolutionary Economics, 2013, 23 (4): 735—766.

[300] SUK HI KIM, MARIO MARTIN HERMOSILLO, JUNHUA JIA. The U.S.-China Trade Friction: Causes and Proposed Solutions[J]. Journal of Applied Business and Economics, 2014, 16 (5): 63—74.

[301]金帆. 价值生态系统：云经济时代的价值创造机制[J]. 中国工业经济, 2014 (4): 97—110.

[302]李经龙, 陈冉, 徐玉梅. 政企关系、财政补贴与企业经营增长——基于中国旅游上市企业的经验证据[J], 华东经济管理, 2014 (07): 126—131.

[303]梁平汉, 高楠. 人事变更、法制环境和地方环境污染[J]. 管理世界, 2014 (6): 65—78.

[304]张其仔. 中国能否成功地实现雁阵式产业升级[J], 中国工业经济, 2014 (6): 18—31.

[305]谢获宝, 惠丽丽. 代理问题、公司治理与企业成本粘性——来自我国制造业企业的经验证据[J]. 管理评论, 2014, 26 (12): 142—159.

[306]张兵, 乐云, 王予红. B2G关系视角下的招投标腐败研究[J]. 公共行政评论, 2015 (1): 141—165.

[307]张兆国, 郑宝红, 李明. 公司治理、税收规避和现金持有价值——来自我国上市公司的经验证据[J]. 南开管理评论, 2015, 18 (01): 15—24.

[308] Audretsch, D, B., Heger, D., Veith, T.Infrastructure and enterpreneurship[J]. Small Business Economics, 2015, 44 (2): 219—230.

[309] Glaeser E, l., Kerr S, P., Kerr W, R., Enterpreneurship and urban growth: An empirical assessment with historical mines[J]. Review of Economics and Statistics, 2015, 97 (2): 498—520.

[310] JONATHAN EATON, ASMUEL KORTUM, BRENT NEIMAN, JOHN ROMALIS. Trade and the Global Recession[J]. American Economic

Review, 2016, 106(11), 3401—3428.

[311] Mutlaq B. and Alotaibi. (2016). Antecedents of software-as-a-service(SaaS) adoption: a structural equation model[J]. International Journal of Advanced Computer Research, 25(6): 114—130.

[312]王彦超,姜国华,辛清泉. 诉讼风险、法制环境与债务成本[J]. 会计研究, 2016(6): 30—38.

[313]周振,张充. 金融业营改增、税收负担与经营增长——基于沪深A股上市企业的经验数据分析[J], 华东经济管理, 2016(9): 100—105.

[314]叶陈刚,裘丽,张立娟. 公司治理结构、内部控制质量与企业财务绩效[J]. 审计研究, 2016(02): 104—112.

[315] Dan Tan, Xiao-yu Shuai. Analysis on the Causes and Countermeasures of Sino-US Trade Friction. Archives of Business Research, 2017, 11(5), 1—9.

[316] Pedro R. Palos-Sanchez, Francisco J. Arenas-Marquez, and Mariano Aguayo-Camacho. Cloud Computing(SaaS) Adoption as a Strategic Technology: Results of an Empirical Study[J]. Mobile Information Systems, 2017(20): 1—21.

[317] TAKESHI ABE. The History & Significance of Japan's Trade & Industrial Policy — a Case Study of Trade Friction at the End of the 20th Century[J]. Japan SPOTLIGHT, 2017(10), 50—54.

[318]贺灿飞,金璐璐,刘颖. 多维邻近性对中国出口产品空间演化的影响[J], 地理研究, 2017, 36(9): 1613—1626.

[319]马海燕,刘林青. "金砖五国"竞争力演化及升级路径选择[J], 经济管理, 2017(11): 21—39.

[320]白重恩,张琼. 中国经济增长潜力预测:兼顾跨国生产率收敛与中国劳动力特征的供给侧分析[J], 经济学报, 2017, 4(4): 1—27.

[321]权衡,张鹏飞. 亚洲地区"一带一路"建设与企业投资环境分析

[J],上海财经大学学报,2017,19(1):88—102.

[322]杨飞.中美制造业技术差距及其影响因素研究[J],世界经济研究,2017(8):122—136.

[323]闫森.经济增长收敛与"中等收入陷阱"——基于亚洲经济体的实证研究[J],亚太经济,2017(1):5—13.

[324]张亭,刘林青.产品复杂性水平对中日产业升级影响的比较研究——基于产品空间理论的实证分析[J],经济管理,2017,557(5):115—129.

[325]张立民,李琰.持续经营审计意见、公司治理和企业价值——基于财务困境公司的经验证据[J].审计与经济研究,2017,32(02):13—23.

[326] Lin J., Yu Z., Wei Y, D., Wang M. Internet access, spillover, and regional development in China[J]. Sustainability, 2017, 9(6): 946—951.

[327]赵玉焕,李彦敏.中国光电设备制造业出口增加值及在全球价值链中的地位研究[J].国际贸易问题,2018(1):71—82.

[328]李俊生,姚东旻.财政学需要什么样的理论基础——兼评市场失灵理论的"失灵"[J].经济研究,2018(9):20—36.

[329]朱敏.我国上市证券公司高管薪酬与公司治理研究——基于2011—2016年的经验数据[J].常州工学院学报,2018,31(04):72—78.

[330] LIJING LIU, FELIX CREUTZIG, YUNFEI YAO. Environmental and economic impacts of trade barriers: The example of China‐US trade friction[J]. Resource and Energy Economics, 2019(59):1—15.

[331] Sung Hyun Kim, Si Young Jang, and Kyung Hoon Yang.(2019). Analysis of the Determinants of Software‐as‐a‐Service Adoption in Small Businesses: Risks, Benefits, and Organizational and Environmental Factors[J]. Journal of Small Business Management, 2019, 55(2):303—325.

[332]成力为,关书.FDI、生产结构的复杂性与收入不平等:基于反射

法测算的经济复杂度指数[J],世界经济研究,2019(4):47—60.

[333]胡贝贝,靳玉英,姚海华,王开.中国企业出口产品转换与升级研究——基于产品空间视角的分析[J],国际贸易问题,2019(5):41—53.

[334]余泳泽,张少辉,杜运苏.地方经济增长目标约束与制造业出口技术复杂度[J].世界经济,2019(10):120—142.

[335]李百兴,王博.新环保法实施增加了企业的技术创新投入吗?——基于PSM-DID方法的研究[J],审计与经济研究,2019(1):87—96.

[336]徐孝新,李颢.生产能力禀赋与中国产业转型升级路径——基于产品空间理论的视角[J].当代财经,2019(2):98—107.

[337]马海燕,严良.产品复杂度、制度质量与产业升级[J],武汉大学学报(哲学社会科学版),2019,72(6):116—129.

[338]肖文,薛天航.劳动力成本上升、融资约束与企业全要素生产率变动[J],世界经济,2019(1):76—95.

[339]贾根良,楚珊珊.中国制造愿景与美国制造业创新中的政府干预[J].政治经济学评论,2019,10(04):88—107.

[340]李宏宽,何海燕,单捷飞,姜李丹.特征分析视角下半导体制造产业关键技术分布研究[J].中国科技论坛,2019(06):80—94.

[341]金瑛,胡智慧,刘涛,方晓东.韩国攻克半导体关键技术的组织管理模式及启示[J].世界科技研究与发展,2019,41(01):97—101.

[342]王娟.数字经济驱动经济高质量发展:要素配置和战略选择[J].宁夏社会科学,2019(05):88—94.

[343]荆文君,孙宝文.数字经济促进经济高质量发展:一个理论分析框架[J].经济学家,2019(02):66—73.

[344]王梦怡.国际化战略、研发投入与企业经营绩效——基于面板门限模型的分析[J].常州工学院学报,2019,32(01):51—57.

[345]沈昊,杨梅英.国有企业混合所有制改革模式和公司治理——基于招商局集团的案例分析[J].管理世界,2019,35(04):171—182.

[346]宋洋．经济发展质量理论视角下的数字经济与高质量发展[J]．贵州社会科学，2019（11）：102—108．

[347]何宏庆．数字金融：经济高质量发展的重要驱动[J]．西安财经学院学报，2019，32（02）：45—51．

[348] BASHAR H MALKAWI. Japan South Korea Trade Friction[J]. Winter January, 2020（5）：1—4.

[349]李洲，马野青．三次产业增加值分解视角下的中国出口技术复杂度——兼评经济开发对产业技术升级的重要性[J]．国际贸易问题，2020（1）：1—15．

[350]李韵，丁林峰．新冠疫情蔓延突显数字经济独特优势[J]．上海经济研究，2020（4）：59—65．

[351]王广谦．中国对外投资与引进外资的新变化及政策建议[J]．金融论坛，2017（7）：3—5．

[352]周金凯．日美贸易失衡与中美贸易失衡的对比分析——以产业冲击为视角[J]．日本学刊，2020（01）：138—158．

[353]雷小苗，高国伦，李正风．日美贸易摩擦期间日本高科技产业兴衰启示[J]．亚太经济，2020（03）：65—73+150．

[354]刘碧莹，任声策．中国半导体产业的技术追赶路径——基于领先企业的经验对比研究[J]．科技管理研究，2020，40（11）：82—90．

[355]陈钰．美国智库对中国科技创新能力和影响的评估——基于国际战略研究中心报告的分析[J]．全球科技经济瞭望，2020，35（06）：48—52．

[356]马文君，蔡跃洲．日美半导体磋商对中美贸易摩擦下中国集成电路产业的启示[J]．中国科技论坛，2020（10）：160—168+178．

[357]陈茜．两岸IC产业发展的比较分析——基于后发优势的视角[J]．广东社会科学，2019（04）：53—59．

[358]张晓兰，黄伟熔．半导体产业优势国家和地区资金支持的经验及

启示[J]. 经济纵横, 2020（08）: 86—92.

[359]任保平. 数字经济引领高质量发展的逻辑、机制与路径[J]. 西安财经学院学报, 2020, 33（02）: 5—9.

[360]余南平, 戢仕铭. 技术民族主义对全球价值链的影响分析——以全球半导体产业为例[J]. 国际展望, 2021, 13（01）: 67—87+155—156.

[361]谢海波. "放管服"背景下环境影响评价行政审批改革的法治化问题与解决路径[J]. 南京工业大学学报（社会科学版）, 2021, 20（02）: 26—36+111.

[362]蒋博涵. 法治化营商环境: 内涵、困境与进路[J]. 长春理工大学学报（社会科学版）, 2021, 34（02）: 29—34.

[363]石佑启, 陈可翔. 合作治理语境下的法治化营商环境建设[J]. 法学研究, 2021, 43（02）: 174—192.

[364]吴义爽, 柏林. 中国省际营商环境改善推动地方产业结构升级了吗?——基于政府效率和互联网发展视角[J]. 经济问题探索, 2021（04）: 110—122.

[365]王植, 张慧智, 黄宝荣. 有效治理视角: 现代城市建设绿色低碳循环发展的经济体系——基于深圳实践与政企调查研究[J]. 当代经济管理, 2021, 43（03）: 63—71.

[366]朱坦. 新发展格局下的循环经济发展研究[J]. 人民论坛·学术前沿, 2021（05）: 46—51.

[367]原伟鹏, 孙慧, 闫敏. 双重环境规制能否助力经济高质量与碳减排双赢发展?——基于中国式分权制度治理视角[J]. 云南财经大学学报, 2021, 37（03）: 67—86.

[368]赵新宇, 李宁男. 能源投资与经济增长: 基于能源转型视角[J]. 广西社会科学, 2021（02）: 112—120.

[369]吴丰华, 刘瑞明. 产业升级与自主创新能力构建——基于中国省际面板数据的实证研究[J]. 中国工业经济, 2013（5）: 57—69.

[370]胡丽娜,薛阳.财政分权对区域创新活跃度激励效应及传达机制研究[J].经济经纬,2021(3):14—22.

[371] Alexis, Littlefield.(2010). Exploring the Security Dimension of Sino‐US Trade Asymmetry: Implications for the International Trade System. Strategic Studies Quarterly,4(1),90—110.

[372] Joseph Schumpeter. The Instability of Capitalism[J]. The Economic Journal,1928,151(38):361—386.

[373] Dementyev, V., Dalevska, N., & Kwilinski, A. Innovation and Information Aspects of the Structural Organization of the World Political and Economic Space[J]. Virtual Economics,2021,4(1),54—76.

[374] Claudine Gay, and Bérangère L. Szostak. From Territorialised Innovation to Collaborative Innovation Space: What Are the Issues for Contemporary Organisations? [J]. Dans Journal of Innovation Economics & Management,2020,32(2):135—158

[375] Julien Gourdon, Laura Hering, Stéphanie Monjon, Sandra Poncet. Trade policy repercussions: the role of local product space –Evidence from China[J]. German Economic and Finances,2019(14):12—33.

[376] Pérez-Hernández CC, Salazar-Hernández BC, Mendoza-Moheno J, Cruz-Coria E, Hernández-Calzada MA. Mapping the Green Product-Space in Mexico: From Capabilities to Green Opportunities[J]. Sustainability. 2021;13(2):945—946.

[377] Muhlis Can, and Buhari Doğan. The Effects of Economic Structural Transformation on Employment: An Evaluation in the Context of Economic Complexity and Product Space Theory[J]. Journal of IGI Global,2020(18):10—40.

[378] Eun-Young Nam, Xiao-Long Wang. Innovation space driving business growth of semiconductor enterprises: A case study of South Korean Samsung's

investment in China[J]. Journal of Korea Trade, 2020, 24(6): 37—60.

[379] Yi-han Wang, and Ekaterina Turkina. Economic complexity, product space network and Quebec's global competitiveness[J]. Canadian Journal of Administrative Science, 2020, 37(3): 334—349.

后 记

国家经济增长一直是学者们理论研究的重点,包括经济学者、政治学者、技术经营学者,以及法学者等;研究对象包括了劳动投入、教育程度、城镇化、投资规模、国际贸易、国家移民数量、法律环境、国际化程度、全要素生产率、研发补贴、贷款利率、军费开支、出口复杂度、二氧化碳排放量等;研究样本涵盖了政策文件、世界银行数据、各国统计局数据、在线调研数据、IMF数据、证券交易所数据、WIOD数据,以及CEIC数据等;分析方法包含OLS回归、共被引社区发现算法、GMM估计、干预效应模型、演化博弈、超边际模型以及VAR模型等。但是,现有的研究尚未形成分析国家经济增长的指标框架体系,或者说,国家经济增长是由创新空间中介产品空间的逻辑路径并未确立,而且,现有研究的样本数据多为短时期、某一区域的数据,不能描绘出全球经济体经济增长的全貌,数据选择可能存在偏差。此外,现有研究较少采用实证分析与案例分析相结合的方法,特别是在当前新冠疫情未能得到有效控制的情况下,研究国家经济增长具有现实的迫切性。

本书建立了各分类变量矩阵对国家经济增长影响的模型,计量了技术创新、政府效率以及控制变量作用于国家经济增长的程度和趋势关系,通过熵值法权重系数建立了国家创新空间综合评价模型,并对全球199个经济体的相关关系进行了验证。但是,研究也存在一定的局限性:例如,未来可引入多元多次项交互模型考量变量对经济增长的非直线性关系,对于连续型时间序列变量,可以考虑VAR结构向量回归模型进一步拓展对国家经济增长的综合分析;运用后向回归和多元多次项交互模型,考量变量对经济增长的非直线性关系,以及引入服务产品作为产品空间的指标,进一步考察自变量对经济增长的影响等。